国家社科基金重大项目阶段性成果
(项目编号：11&ZD171)

大数据时代农村公共危机防控：信息化问题

胡扬名 著

北京理工大学出版社
BEIJING INSTITUTE OF TECHNOLOGY PRESS

图书在版编目（CIP）数据

大数据时代农村公共危机防控．信息化问题/胡扬名著．—北京：北京理工大学出版社，2016．3

ISBN 978-7-5682-1682-1

Ⅰ．①大…　Ⅱ．①胡…　Ⅲ．①农村－突发事件－公共管理－信息化－中国　Ⅳ．①D63-39

中国版本图书馆CIP数据核字(2015)第313533号

出版发行／北京理工大学出版社有限责任公司
社　　址／北京市海淀区中关村南大街5号
邮　　编／100081
电　　话／（010）68914775（总编室）
　　　　　82562903（教材售后服务热线）
　　　　　68948351（其他图书服务热线）
网　　址／http://www.bitpress.com.cn
经　　销／全国各地新华书店
印　　刷／北京紫瑞利印刷有限公司
开　　本／710毫米×1000毫米　1/16
印　　张／13.75
字　　数／279千字
版　　次／2016年3月第1版　　2016年3月第1次印刷
定　　价／49.00元

责任编辑／钟　博
文案编辑／钟　博
责任校对／周瑞红
责任印制／边心超

总　序

洪涝灾害、地震、泥石流等自然灾难；突发动物疫情、人畜共患流行病等公共卫生突发事件；突发工矿灾难等事故灾难；土地、拆迁等引发的群体性事件等各种公共危机事件在农村频频发生，在农村区域，公共危机已由“非常态化的偶发”转变成了“常态化的频发”事件。加强农村公共危机防控已成为农村社会建设的重要方面。现代信息技术的快速发展，为农村公共危机防控提供了新的、可资运用的有效工具。在农村公共危机防控中，由于危机产生的原因复杂，种类繁多，公共危机信息呈现出海量、多源、异构等特点，传统的分析与处理方法显得力不从心，信息技术发展的新趋势——大数据技术则能为解决信息化时代公共危机防控提供最新的技术支持。在大数据时代来临之际，大力推进农村公共危机防控信息化建设，既是加强农村信息化建设的新方向，也是促进公共危机防控科学化的必然要求。

总体来说，我国农村信息化水平不高，信息技术应用是农村公共危机防控领域的一大短板，在大数据技术在各行各业和社会各领域大放异彩的情况下，如何推进农村公共危机防控信息化建设呢？这是我和我的团队近些年来一直思考的问题和努力的方向之一。由我担任首席专家的国家社科基金重大项目“突发性动物疫情公共危机演化机理及应急公共政策研究”团队的部分成员历经两年时间撰写完成的“大数据时代农村公共危机防控信息化”系列著作，即对这一问题的回应。

大数据时代农村公共危机防控信息化建设需要有清晰的战略。“不谋全局者，不足以谋一域”。大数据时代农村公共危机防控信息化建设是一项复杂的系统工程，需要从战略上进行科学谋划。李立清教授牵头负责，吴松江副教授、周贤君博士、江维国博士三位青年学者参与撰写的《大数据时代农村公共危机防控：信息化战略》在对中国农村公共危机防控进行战略分析的基础上，提出了标准化战略、“互联网+危机产业”发展战略、智慧城镇化战略、人才制胜战略、信息化示范省建设战略五大具体战略，并运用大数据理念和战略分析工具，对五大具体战略的战略目标、基本内容、实施环境及战略过程等进行了充分论证并搭建了基本架构。

大数据时代农村公共危机防控信息化建设要找准关键问题所在。习近平同志指出，“深化改革要有强烈的问题意识”，要“以重大问题为导向，抓住重大问题、关键问题进一步研究思考，找出答案”。进行大数据时代农村公共危机防控信息化建设是深化农村公共危机防控体系改革的重要内容，同样需要强烈的问题意识。胡扬名副教授撰写的

《大数据时代农村公共危机防控：信息化问题》聚焦于大数据时代我国农村信息化建设存在的主要问题，即主体作用问题、基础设施建设问题、资源开发利用问题、服务队伍建设问题、建设运行效率问题及农村公共危机管理信息化问题，然后对这些基本问题进行调查和资料整理分析，了解其基本情况、分析其具体问题的表现和原因、探索解决问题的对策，最后从整体上对农村信息化建设问题进行归纳总结，揭示其规律，旨在促进我国农村信息化建设的有序高效发展。

大数据时代农村公共危机防控信息化建设需要明确的标准。大数据的内在特点之一就是“数据共享”，而“共享”的前提则是标准化。标准化是消除和规避“信息孤岛”“信息烟囱”现象的必然要求，是进行信息化建设的依据，也是进行绩效考核和管理控制的依据。刘玮副教授撰写的《大数据时代农村公共危机防控：信息化标准》既从“应然”视角通过文献资料分析了农村信息化标准体系建设的基本内容，又从“实然”视角通过实地调查,分析了农村信息化标准体系建设取得的成就和存在的问题，采取决策实验室分析法和受限因变量模型对当前影响我国农村信息化标准体系建设的内生性和外生性因素进行了综合分析和整理，探索相应对策。

大数据时代农村公共危机防控信息化建设要讲究绩效评价。著名的管理大师德鲁克曾明确指出：“你如果无法度量它，就无法管理它。”大数据时代农村公共危机防控信息化绩效评价不仅是一定阶段建设成效的显示，也是建设战略实施的导航系统、系统控制的仪表盘、建设过程管理的指示器。周晓迅博士、贺林波教授合著的《大数据时代农村公共危机防控：信息化绩效》针对我国大数据时代农村公共危机防控信息化绩效的理论基础、建设实践和目标建构等，进行了深入的文献研究和规范研究。同时，该书还以湖南省农村信息化建设绩效为例，从宏观与微观两个层面，采用计量经济研究方法，分别从影响绩效的内生变量与外生变量两方面，进行了严密的实证研究。

大数据时代农村公共危机防控信息化建设重在能力的提升。信息技术的发展和大数据的利用，为政府、社会和民众有效掌控农村公共危机信息提供了可能。而将“可能”变为“现实”的关键就在于大数据时代农村公共危机防控信息化能力建设。熊春林副教授撰写的《大数据时代农村公共危机防控：信息化能力》对大数据时代农村公共危机防控信息化能力进行宏观（SWOT）和微观（AHP）分析，结合我国农村信息化发展和农村公共危机防控的实际情况，提出了实现思维转变、完善建设机制、创新运行体系、加快技术研发、壮大人才队伍等强化大数据时代农村公共危机防控信息化能力建设的对策。

SARS事件、禽流感事件、汶川地震、天津港爆炸事件还历历在目，深圳工业园山体滑坡事件又近在眼前，这些公共危机事件告诉我们危机就在身边，加强公共危机防控已成为政府的常态化工作和社会各方的共同责任。农村是公共危机频发区域，同时又是防控的薄弱环节。聚焦大数据时代农村公共危机防控信息化建设，既是避免产生城乡新的“信息鸿沟”的需要，也是补齐公共危机防控领域“短板”的必然要求。我翻阅了“大数据时代农村公共危机防控信息化建设”系列五本著作，发现字里行间都倾注了作者们的责任感、热忱、心血和汗水。这五本著作逻辑上一脉相承，相辅相成，体现了系统性和整体性，同时，每本著作又自成特色，各有侧重点，呈现了内容上的丰富性。如前所述，大数据时代农村公共危机防控信息化建设是一项崭新的事业，同时又是在实践与理论上都亟待加强的薄弱环节，这就决定了这套著作的撰写是一项探索性的工作，也决定了这套著作难免存在缺点、不足、疏漏甚至谬误。作者们也曾因此而惴惴不安，然而我以为，毋论正误与功过，完成这样一项探索性的工作，哪怕作为引玉之砖、垫脚之石，那也是贡献，若能为理论界和实践部门提供些许建设性的意见和有益的启发，其功莫大焉！如何做到思想火花升华成系统理论，理论更好地服务于实践，路漫漫其修远兮，吾侪当共努力！

是为序。

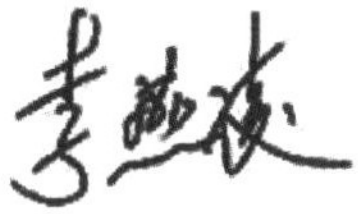

国家社科基金重大项目首席专家

湖南农业大学公共管理与法学学院院长

目　　录

第1章　绪　论

1.1　研究背景与选题意义

1.1.1　研究背景

纵观人类社会发展，每一次新的技术革命都推动着人类社会发展实现质的飞跃。继狩猎技术、农业技术、工业技术之后，以计算机及其网络为核心的信息技术已成为推动人类社会发展的新动力，正推动着人类社会由工业文明迈向信息文明。进入21世纪后，以信息技术创新为特征的信息化浪潮席卷全球，信息技术全方面渗透到人们生产、生活的各个方面，对人类社会发展产生了重要影响。

1.1.1.1　信息技术深刻影响到人类社会的方方面面

信息技术的发展深刻影响着人类的思维方式，深化了人类对物质世界的认识。信息技术的发展使得人类很多无法认识和做到的事情成为可能。如大规模的科学计算和数据处理、人工智能等，信息技术使人类从小到极微小的粒子世界到大到广漠深邃的太空有了更深刻的客观认识。信息技术的发展和应用影响着人类的生活方式，改变了人类的生活面貌。现在信息技术已经全面渗透和介入人们的衣、食、住、行等方面，生活日益便捷化、丰富化。信息技术逐步改变了人类的生产和工作方式，电脑和电脑控制的机器逐步取代传统的体力和脑力劳动。在工业领域内，以信息技术为基础的柔性制造系统（FMS）、计算机集成制造系统（CIMS）、准时生产制（JIT）等新的生产模式逐步出现并成熟。在农业领域内，以信息技术为基础的遥感技术（RS）、地理信息系统（GIS）、全球定位系统（GPS）能够对洪涝灾害、森林虫灾、地震等各种灾害进行检测评估；以信息技术为基础的精确农业、虚拟农业、网络农业等新型农业生产模式不断涌现；作物生长模拟模型、农业专家系统、农业生产实时控制系统、作物遥感估产等信息技术在农业生产中得到了广泛的应用。

1.1.1.2　信息化的发展促进社会经济结构深刻调整

信息技术的发展使信息经济在世界范围内迅速崛起，并深刻调整社会经济结构。以信息技术为基础的信息产业凭借自身的特色和优势，从传统的三大产业结构中独立出来，成为深刻影响世界经济发展的第四产业。信息产业的发展程度已经成为影响世界各国经济竞争力的决定性因素。2003年12月，世界各国首脑在瑞士日内瓦召开“信息社会世界峰会”，在会议发布的原则宣言中指出“我们深信不疑，我们正在共同迈入一个极具潜力的、扩展人类交流的信息社会”，这强烈昭示着信息、信息革命、信息化、信息社会等已经成为当今世界最具震撼力的主题词[①]。“世界潮流，浩浩荡荡，顺之则昌，逆之则亡。”信息技术已经渗透到人类社会发展的血液和脉络之中，信息化已经成为不可逆转的潮流。

1.1.1.3 信息化为解决“三农”问题提供历史机遇

信息化已成为当今世界经济与社会发展的大趋势。信息成为继材料、能源之后的第三资源，这三者共同构成了支撑社会发展的三大支柱。信息化已经成为新一轮全球竞争的焦点。自20世纪90年代以来，欧美发达国家就树立了信息、科技第一的观念，许多国家纷纷确立以推进信息化为特征的发展战略，大力建设“信息高速公路”以抢占信息全球化时代经济社会发展的立足点和制高点。在欧美发达国家，农村信息技术研究应用发展很快，全面实现了网络化、全程化和综合化，信息化技术已经渗透到农村经济社会发展的方方面面，对农业生产、农村经济、农民生活产生了积极影响。发达国家农村信息化建设成就既给我们提供了很多可以借鉴的成果和经验，起到了良好的示范作用，同时也给我们带来了巨大的压力，如果我们不能迎头赶上，将很快落后于信息化潮流。作为世界上农业发展历史最悠久、农村区域广泛、农民数量最多的农业大国，我国迫切需要信息技术的支撑，把农村信息化当作农村经济社会发展的一次历史性机遇，促进“三农”问题的有效解决。

我国是一个农业大国，但不是农业强国。农业人口仍占全国人口总数的半数左右，而在2012年农业产值却只占全国 GDP的10.1%，第一产业的产业贡献率仅有5.6%，对国内生产总值增长的拉动仅为0.4%[②]。“三农”问题解决得好不好，直接影响着我们能否全面建成小康社会。“三农”问题关乎国家兴旺发达和民族伟大复兴，关系到经济社会发展全局的重大问题。党和国家一直十分重视“三农”问题，历代领导人均对“三农”问题的解决做出了重要指示，习近平同志指出：务必执政为民重“三农”、务必以人为本谋“三农”、务必统筹城乡兴“三农”、务必改革开放促“三农”、务必求真务实抓“三农”[③]。自2004年以来，连续十年制定推动“三农”工作的“一号文件”。“三农”问题具有长期性、艰巨性和复杂性。新形势下，三农发展面临着新的瓶颈，主要是：农业结构的转型升级和发展方式的转变，由传统农业向现代农业转变；改变农村长期落后面貌，促进城乡协调统筹发展；关怀农民利益，改善农民民生问题。

1.1.1.4 农村信息化建设问题得到党中央高度重视

国内外成功实践经验表明，信息化能有效促进“三农”发展。近年来，党和国家高度重视信息化建设，党的十六大明确提出：“信息化是我国加快实现工业化和现代化的

---

① 见《建设信息社会——新千年的全球性挑战》的原则宣言。

② 数据来源：国家统计局编.中国统计摘要2013.中国统计出版社，2013.产业贡献率指各产业增加值增量与国内生产总值增量之比，产业拉动指国内生产总值增长速度与各产业贡献率之乘积。

③ 习近平.之江新语[M].杭州：浙江人民出版社，2007.

必然选择”，并把“大力推进信息化”作为21世纪前20年经济建设和改革的主要任务之一。党的十七大提出“大力推进信息化与工业化融合”，将信息化作为与工业化、城镇化、市场化、国际化并列的社会经济五大发展趋势之一。党的十八大报告提出“促进工业化、信息化、城镇化、农业现代化同步发展”，进一步凸显“信息化”的突出地位与特殊作用。党中央在高度重视国家宏观的经济社会信息化建设的同时，日益重视农村信息化建设。在最近10年来有关“三农”发展的中央一号文件中连年明确指出，要加快推进农村信息化建设工作（表1-1）。自2004年中央一号文件提出“支持农民专业合作组织开展信息服务”以来，“中央一号文件”对农村信息化的关注日益增强，政策面也逐渐拓展。2012年中央一号文件特别提出要“全面推进农业农村信息化”，要求“加快国家农村信息化示范省建设”。2013年中央一号文件首次提出“四个同步发展”，将信息化与工业化、城镇化、农业现代化共同作为解决三农问题的重要途径，进一步提出“加快用信息化手段推进现代农业建设，启动金农工程二期，推动国家农村信息化试点省建设”。这标志农村信息化建设将由过去的局部领域引导过渡到全面推进阶段。国家农村信息化示范省建设已经成为推进我国农村信息化建设的战略举措。党和政府的高度重视为农村信息化建设提供了有利良机。

表1-1 关于农村信息化建设问题的10个中央一号文件

时间	主要内容
2004	“从2004年起，中央和地方要安排专门资金，支持农民专业合作组织开展信息、技术、培训、质量标准与认证、市场营销等服务”“有关部门要……为农产品出口企业提供信息服务”
2005	首次明确提出要“加强农业信息化建设”
2006	“要积极推进农业信息化建设，充分利用和整合涉农信息资源，强化面向农村的广播电视电信等信息服务，重点抓好‘金农’工程和农业综合信息服务平台建设工程”
2007	专门提出要“加快农业信息化建设”，并用244字的篇幅对“农业信息化建设”进行具体部署，提出“启动农村信息化示范工程”
2008	专门提出“积极推进农村信息化”，要求“健全农村信息服务体系”，部署推进“金农”“三电合一”、农村信息化示范和农村商务信息服务等一系列农村信息化工程建设，“探索信息服务进村入户的途径和办法”，健全制度，提供有效信息服务
2009	在“加快农村社会事业发展”一节提出“推进广播电视村村通、文化信息资源共享”等工程，在“加快农村基础设施建设”一节提出“发展农村信息化”
2010	具体提出“加强市场动态监测和信息服务”“推进广播电视村村通、文化信息资源共享……”“推进农村信息化，积极支持农村电信和互联网基础设施建设，健全农村综合信息服务体系”
2011	结合加快水利改革发展，提出“推进水利信息化建设，全面实施‘金水工程’”
2012	全文直接出现“信息”“信息化”“信息技术”“信息服务”等有关农村信息化的关键词达16处之多。特别提出要“全面推进农业农村信息化”，要求“加快国家农村信息化示范省建设”
2013	首次提出“四个同步发展”，将信息化与工业化、城镇化、农业现代化共同作为解决三农问题的重要途径，进一步提出“加快用信息化手段推进现代农业建设，启动金农工程二期，推动国家农村信息化试点省建设”

资料来源：根据2004—2013年中央一号文件整理而成。

1.1.1.5 国家农村农业信息化示范省建设逐步推进

加强农村信息化建设是以工带农，以城带乡，互惠发展背景下政府提供农村公共产品和服务的重要内容。在党中央与政府的高度重视下，各中央部委与各级地方政府纷纷采取各种政策措施切实推进农村信息化建设。2009年科技部、工信部、中组部联合启动国家农村农业信息化示范省建设，山东省成为首个国家农村信息化示范省试点省份。2011年3月17日，经科技部办公厅、中组部办公厅、工信部办公厅认真研究，同意湖南省依托全国农村党员干部现代远程教育网络开展国家农村农业信息化示范省建设试点工作（国科办农〔2011〕16号）。湖南省国家农村信息化示范省建设试点工作随即进入实施阶段，国家农村农业信息化示范省建设呈现出“北鲁南湘”的格局。2012年，科技部、中组部、工信部三部委又确定在重庆、广东、湖北、安徽、河南5个省市开展国家农村信息化示范省建设试点工作，国家农村农业信息化示范省建设试点范围进一步扩大，试点范围达7个省（市），呈现出“东西南北中”全面推进的态势。各试点省（市）根据各自的实际情况均制定了农村信息化建设实施方案，各项工作依此有序推进，取得了一定的进展。

在以上背景，农村信息化建设已经成为当前和今后我国“三农”发展领域内的一项重要任务，也是我国统筹城乡发展、全面建设社会主义新农村、实现农业现代化的一项重要内容。在此形势下，深入研究农村信息化建设过程中存在的主要问题，发掘和把握农村信息化建设规律，促进农村信息化建设的有序高效进行就显得十分必要且富有意义。

1.1.2 研究的主要内容

本书以从大数据技术迅猛发展和应用的时代背景下农村公共危机防控的科学防控为着眼点，着力于研究农村信息化建设的基本问题，并以促进农村公共危机管理信息化建设的有序高效推进为直接目标而展开系列研究。

1.1.2.1 展开大数据时代农村信息化建设的基本问题研究

大数据时代是信息化发展的新阶段，也是科学防控农村公共危机的新机遇。在我国要有效推进大数据技术在农村公共危机防控中的应用的一个非常重要前提，就是大力推进农村信息化建设，极力提高农村信息化建设水平。基于农村信息化在农村公共危机防控信息化建设中的重要作用，本书着力研究农村信息化建设的几大基本问题，为大数据技术在农村公共危机防控中的应用奠定基础。

1. 进行农村信息化建设理论分析

主要有三方面的内容：理清农村信息化建设的相关概念、明确农村信息化建设的具体要求和寻求农村信息化建设研究的理论支撑，这些是本书展开研究的基本前提。

涉及农村信息化建设的相关概念主要有：信息、信息化、农业信息化、农村信息化等。这些概念都具有非常丰富的内涵，在不同的角度和背景下有不同的理解，在公共管理实践与理论研究中这些概念之间易相互混淆，对这些概念进行较为清晰的界定是本书展开研究的基础。在这些常用概念中，主要涉及两组概念：一是信息和信息化；二是农业信息化和农村信息化。关于信息和信息化，看起来简单明了，实质上在使用过程中具有诸多歧义，清晰地界定它们的内涵，揭示其特征，是本书研究的一块基石。对于农业信息化和农村信息化来说，两者使用频率更高，更容易混淆，在概念使用过程中有人将两者视为相互独立的概念，也有人将两者无差异地等同，有人为了避免争议将两者结合起来称为“农业农村信息化”或“农村农业信息化”。清晰地界定这两个概念，并剖析其特征，是本书研究的另一块基石。

农村信息化建设应该有所指向，应有具体要求，这样才能保证农村信息化建设的有序和高效。明确农村信息化建设的具体要求是准确确定农村信息化建设问题并进行分析的前提。信息社会理论、信息资源理论、信息传播理论、信息管理理论等信息化相关理论是本书的分析工具。

2. 明确农村信息化建设主要问题

农村信息化建设是一项系统工程，涉及面广，任务艰巨，而且由于全国各地不同区域、不同生态环境、不同社会经济条件和不同产业特点等因素的影响，在进行农村信息化建设的时候所面临的问题也纷繁复杂。在面对众多问题时，国内现有农村信息化建设研究呈现两种倾向，一是过分强调或侧重对农村信息化建设某一特定方面的问题和主题进行研究，对农村信息化建设缺乏整体观和大局观；二是对农村信息化建设存在的问题进行泛化研究，相关研究主要是以经验直觉为基础的议论为主，对农村信息化建设中哪些是焦点问题，为什么这些问题是焦点问题及问题严重程度缺乏科学合理论证，这就导致了相关研究抓不到重点和关键，所提对策和建议难免缺乏科学性，无法对农村信息化建设问题对症施治，这就导致在农村信息化建设实践中难以明确工作重点和分清主次关系，不利于农村信息化建设的有序高效开展。本书拟通过对收集现实数据进行整理、归纳分析，运用主成分分析法确定农村信息化建设的主成分，然后定性和定量论证“我国农村信息化建设过程中”面临的关键问题。

3. 展开农村信息化建设问题分析

根据前文论证并归纳总结出来的农村信息化建设过程中存在的各个关键问题，分别对其进行进一步的详细论证和综合分析。主要是结合国家公布的宏观数据及通过对各样本区进行调研取得的一手资料进行定性和定量分析，对农村信息化建设各方面进行基本分析，详细论证相应方面存在问题的具体表现及其原因，在此基础上，探讨解决相关问题的具体对策。

4. 把握农村信息化建设基本规律

用信息技术改造农村，推进农村信息化，是一项庞大的系统工程，这一过程将持续很长时间，这就要求我们对农村信息化建设基本规律有一个比较客观的认识。只有把握规律，才能从宏观上认清农村信息化建设的整个运动过程和各个发展阶段，把握发展趋势，明确发展目标，驾驭农村信息化建设工作，促进农村信息化建设顺畅、有序、高效地进行，最终促进农村经济社会持续健康发展。本书首先从总体上论证农村信息化建设的主要问题，在此基础上，对各主要问题进行深入细致的论证，力图探索我国农村信息化建设的普遍规律和各阶段各方面的特殊规律，让我们既能对农村信息化建设的客观形势有一个比较全面的把握，同时结合我国现有国情，便于充分利用现有资源条件，集中力量，在农村信息化建设的若干重点问题上取得实质性突破。

1.1.2.2 具体探索大数据时代农村公共危机信息管理问题

现代信息技术的快速发展，为农村公共危机管理提供了新的、可资运用的有效工具。农村信息化建设为农村公共危机管理信息化提供了现实基础，而农村公共危机管理信息化则深化了农村信息化的应用程度、拓宽了农村信息化的具体领域。在农村公共危机管理中，由于危机产生的原因复杂，种类繁多，公共危机信息呈现出海量、多源、异构等特点，传统的分析与处理方法显得力不从心，信息技术发展的新趋势——大数据技术则能为解决信息化时代公共危机管理问题提供最新的技术支持。在大数据时代到来之际推进农村公共危机管理信息化建设是科学防控农村公共危机的重要途径。然而大数据技术仍是一类正在研发和演进中的先进信息技术，尽管在工商业、现代服务业等领域已有较为广泛的应用，而农村公共危机危机管理信息化建设既有一般农村信息化建设的共性特征，还有其自身的特殊规律，将大数据技术与农村公共危机管理信息化建设结合起来仍面临诸多问题与困难。本书在分析大数据技术在农村公共危机管理中应用的优势与重要作用的基础上，着力研究大数据时代背景下公共危机管理信息化建设仍存在的系列问题，诸如信息基础建设滞后、信息资源建设水平低、信息化共享程度不高、信息化传播渠道不畅。进而提出改进对策：统筹规划大数据时代农村公共危机管理的信息化建设；全面布局危机信息基础设施建设；有效提升危机信息资源建设水平；整合资源强化危机信息共享程度；官民合作促进危机信息有序传播。

1.1.3 选题的目的与重要意义

1.1.3.1 选题的目的

“三农”问题在中华民族走向复兴和实现中国梦的伟大征程中处于极其重要的位置。农村信息化为三农问题的解决提供了新的历史机遇，是解决三农问题的重要途径。信息化在促进农业产业结构调整和转变发展方式、促进农村和谐发展、促进农民增收方面具有重要作用。农村信息化建设是当前和今后我国“三农”发展的重要内容，党和政府及各部门均对农村信息化建设做出了重要部署。

本书运用公共管理学、信息学、农业推广学、社会学、经济学等多学科理论，在对国内外学者对农村信息化建设研究的成果进行主要成分分析和逻辑推理分析的基础上进行综合分析和整理，确定当前我国农村信息化建设存在的主要问题，然后对各个方面的主要问题进行调查和资料整理分析，了解其基本情况、分析其具体问题的表现和原因、探索解决问题的对策，最后从整体上对农村信息化建设问题进行归纳总结，揭示其规律，旨在促进我国农村信息化建设的有序高效发展。

1.1.3.2　选题的重要意义

1．*有利于“三农”问题得到有效解决*

（1）有利于农业产业结构调整和发展方式的转变，促进农业增产增效。加强农村信息化建设问题研究，促进农村信息化水平对于推动传统农业向现代农业转变具有显著的带动作用。加强农业信息化建设，将现代信息技术与农业科学技术相结合，可以实现农业科技的新突破及成果的有效推广，实现农业跨越式发展；加强农村信息化建设，可以将农业资源、生产要素、市场信息的运用提升到一个全新的水平，全面提高农业的发展能力；加强农村信息化建设，加快转变农业增长方式，促进农业走高效低碳、资源节约与环境友好的路子，实现农业可持续发展。

（2）有利于提高农民生活质量，改善农村民生。本研究关注农民的信息需求问题及其在农村信息化建设中作用问题。提高农民信息化素养，可以有效提高其对涉农信息的生产、传播和利用水平，促进农民增收；加强农村信息化建设，可以转变农民的生产、生活方式，使其生产生活更便利，能够共享现代社会经济发展成果；农村信息化建设可以促进农村公共服务信息化，推进城乡文化教育、公共卫生、医疗救助、社会保障等方面的资源共享，有效改善农村民生问题。

（3）有利于建设社会主义新农村，改善农村面貌。建设社会主义新农村的目标和要求是：生产发展、生活宽裕、乡风文明、村容整洁、管理民主。社会主义新农村建设内容实质上涵盖了农村政治、经济、文化、社会等各个方面，是解决三农问题的根本途径。社会主义新农村的美好愿景实质上也是中国梦的重要组成部分。现代信息技术具有广泛适用性，能够渗透到农村各个领域，农村信息化建设是信息化时代新农村建设的必然内容，是社会主义新农村建设重要推动力量，农村信息化建设的有效推进，能够全面改变农村面貌。

2．*有利于农村信息化建设的制度创新*

近年来我国农村信息化建设领域的投入越来越多，农村信息化建设也取得了一定的成效。但是从总体来看，我国农村信息化建设速度缓慢，建设秩序较乱，始终难以达到农村信息化建设的预期效果，城乡信息鸿沟现象依然存在。造成这种现象的重要原因，从某种程度上讲是缺乏对农村信息化建设的明确规范。农村信息化建设的规定性、内在要求和发展规律，决定了现阶段政府在农村信息化建设中起主导作用。在市场经济条件

导，是现代科技创新的前沿。现代信息技术在农村领域具有
信息技术与传统农业科技相结合可以产生许多新的技术形态
影响着农村生活方式和形态、社会管理方式和手段等。加强
以使农村科技服务与管理学科研究内容具体化、丰富化和形

1.2　国内外相关研究文献述评

1.2.1　国外相关研究文献述评

自20世纪掀起以信息技术为主要内容的科技革命以来
息技术对人类社会的影响已超过了其他高新技术，信息化
的驱动力量。信息化发展水平业已成为衡量一国或地区综
为了继续保持领先优势，努力推进信息化研究与实践应用
战略，发挥后发优势，则加大了对信息化的投入和建设。
的焦点。农村信息化是国家信息化的重要组成部分，国外
以下几个方面。

1.2.1.1　信息化基本理论研究

国外对信息化的研究可以追溯到信息科学的起源，“
40年代①。Nobert Wiener早在1948年就提出了“信息既不是
是信息”②的著名论断，即信息是继物质、能源之后客观世
Shannon在同年发表了《通信的数学理论》，首次系统地
述，他把信息传递过程中的物质、能量和信息间的相互作
起来了③。

信息化的概念则起源于日本，最早由日本学者梅棹忠夫
业结构演进的角度提出来的，他当时认为：“信息化既是
会的进程。它要求在产品或服务的生产过程中实现管理流
工具的变革”④，梅棹忠夫预言，在农业和重工业发展到
得到迅速发展，由此引起了人们对于“信息化”和“信息
过几十年的发展，信息化这个概念在世界各国的学术界和

① History of Technology Homepage. History of the Information Revolution and C
document. http：//www.geocities.com/Athens/Acropolis/6461/COMM.HTM.
② N・维纳.控制论：或关于在动物和机器中控制和通信的科学[M].郝季仁，译.北
③ Claude Shannon. “The Mathematical Theory of Communication”, Bell Systems Tec
④ 梅棹忠夫于1963年1月在《放送朝日》上发表了《信息产业论》，首次提出“信

下，企业、社会组织及公民个人（农民）都是农村
村信息化建设领域，农村信息化建设制度安排合理
成效。本书通过农村信息化建设问题的研究，对农
农村信息化建设各方面问题的深入分析等进行研究
策，以利于我国农村信息化建设的制度设计。

3．有利于实现国家信息化的战略目标

信息化是当前全球经济社会发展的潮流和趋
影响因素。加强信息化建设是深化我国现代化建设
学发展观的贯彻和落实、全面建成小康社会、建设
必然选择。为了促进我国信息化发展，中共中央
《2006—2020年国家信息化发展战略》，提出到20
“综合信息基础设施基本普及，信息技术自主创新
化，国家信息安全保障水平大幅提高，国民经济和
化发展模式初步确立，国家信息化发展的制度环境
应用能力显著提高，为迈向信息社会奠定坚实基础”
标是“促进经济增长方式的根本转变；实现信息技术
升网络普及水平、信息资源开发利用水平和信息安全
社会主义先进文化传播能力、中国特色的军事变革能

国家信息化战略是一个全方位的战略体系，农
成部分。经过多年发展，我国信息化建设工作取得
提高，但是我国农村信息化水平仍然比较低，是我
住新时期农村信息化建设的目标需求，重点研究农
我国农村信息化建设新的突破口，理顺农村信息化
家信息化战略的宏伟目标具有极为重要的意义。

4．拓宽农村科技服务与管理学科范畴

农村科技服务与管理是一门专门研究“三农”
科技研发推广的组织实施管理及其客观规律的新兴
管理学科的研究范畴主要是良种培育、生物技术、
接作用于农业生产对象的科技研发、创新扩散与应
化是现代信息技术在农村生产、生活和社会管理中
息化建设问题研究就是研究这个过程中存在的主要

① 中共中央办公厅，国务院办公厅.2006—2020年国家信息化发展战略，
② 李燕凌.农村科技服务与管理[M].北京：高等教育出版社，2011.

使用。信息化成为世界范围内不可逆转的潮流。

从经济学的角度研究社会发展问题并提出信息社会概念的早期学者中最具代表性的是信息经济学的创始人马克卢普（Friz Machlup），他在1962年首次提出了“知识产业”“知识经济”的概念和从经济学的角度测度信息社会方法①。1973年，美国哈佛大学社会学家丹尼尔·贝尔（Daniel Bell）发展了“信息经济”的概念，1979年，他用“信息社会”代替了他之前提出的“后工业社会”，使得信息社会的概念为学界普遍接受。美国未来学家阿尔文·托夫勒用“三次浪潮”把人类社会的发展历程分成三个阶段，第一阶段就是以农业经济为主要经济形态的农业社会；第二阶段是以工业经济为主要经济形态的工业社会，第三阶段就是以信息经济高度发展为标志的信息社会。一些学者用社会职业（Occupation）分布来测度信息社会是否来到。德奇（1983）提出以超过一半的从业者在信息经济部门中就业作为定义信息社会的指标，这个方法得到了经济合作与发展组织的采用。社会学家贝尔（Daniel Bell）在其1976年出版的《后工业社会的来临》一书中指出，在后工业社会中，重要的不是自然的、肌肉的力量或能量，而是信息；大多数就业者将不再从事于有形的物质产品的生产②。奥托（Peter Otto）和松特格（Philipp Sonntag）与贝尔持相同观点，他们认为信息社会是大多数就业者皆从事与信息相关的工作的社会③。

美国哈佛大学的奥廷格（Oettinger）在20世纪70年代后期提出了信息资源理论（Information Resources Theory）④。JamesLove（1995）对政府信息资源的发布方式和定价问题进行了研究⑤。有学者对信息资源配置进行了研究，如《Information Resources Allocation（IRA）Report》（2003）、《Information Resources Allocation（IRA） Report》（2004）、《Guiding Principles for the Allocation of UT Libraries Information Resources》等文献对图书馆文献信息资源的管理和配置进行了研究，而《Management of Federal Information Resources》等文献对政府信息资源的管理与配置进行了研究。

在西方国家，信息作为经济商品的特性得到了广泛的认同（Boulding⑥，1966；Hall⑦，1981；Hegenbart⑧，1998；Lamberton⑨，1998），Dertouzos（1997）则指出信息具有某种公共物品的属性，故信息化应通过公共财政予以投资建设⑩。

① Friz Machlup, The Production and Distribution of Knowledge in the United States, Princeton, NJ: Princeton University Press, 1962.
② Daniel Bell, The Coming of Post-Industrial Society, New York, Basic Books, 1976.
③ Peter Otto and Philipp Sonntag, Wege in die Informationsgesellschaft, Muchen, dtv, 1985.
④ Anthony G. Oettinger. Information Resources: Knowledge and Power in the 21st Century. Harvard University, Program on Information Resources Policy, Center for Information Policy Research, 1981 : 8.
⑤ James Love. Pricing Government information Journal of Government Information.1995.363-387.
⑥ Boulding, K. E.（1966）. The economics of knowledge and the knowledge of economics. American Economic Review, 56, 1-13.
⑦ Hall, K.（1981）. The economic nature of information. The Information Society, 1, 143-166.
⑧ Hegenbart, B.（1998）. The economics of the Internet public library. Library HiTech, 16, 69-83.
⑨ Lamberton, D.（1998）. Information economics: Research strategies. International Journal of Social Economics, 25, 338-356.
⑩ Dertouzos, Michael（1997） What Will Be: How the New Information Marketplace will Change our Lives. San Francisco, CA: Harper.

1.2.1.2 信息化对农村经济社会发展的影响研究

在西方发达国家，自从信息技术出现以来就被应用于农业生产实践，目前有关农业的各种信息均被纳入本国的信息网络以及国际互联网络。M.A.Tomaszewskia（2000）建立了奶牛场Management Information Systems（MIS，即管理信息系统）年产量测算模型并据此分析，发现了管理信息系统（MIS）有助于提高产奶量，这证明了信息技术在农业生产中的经济价值①。英国国际发展部（DFID，2001）报告采用实地问卷调研和访谈的方法对印度、莫桑比克和坦桑尼亚两个国家手机和互联网的使用方面的信息技术给农民带来的改变进行了描述②。Hollifield C.A.&Donnermeyer J.F.（2003）指出，在21世纪，信息技术的运用对于发展农村商业具有积极作用，他建议应鼓励地处农村社区的乡镇企业采用信息技术最大化地扩散信息和提高信息需求水平③。Kerry McNamara（2008）在其报告中对现有的信息通信技术对农业市场、农民健康、农村金融、农村土地租赁和农业预测方面的影响进行了比较全面的研究和总结④。Bjorn-Soren Gigler（2004）以阿玛蒂亚·森的能力建设方法为理论基础，构建了一个评估农村信息化建设对农民和农村社区的影响的框架，通过研究发现：农村信息化建设能够在一些特定条件下增强穷人的人力和社会能力⑤。美国学者柯克·约翰逊（2005）还深入研究了前互联网时代的信息技术产品——电视对印度农村社会生活的影响，分析了电视进入农村后对人们消费观念的变换、人际关系的重构等方面的作用⑥。

1.2.1.3 信息技术在农村生产生活中的应用研究

在发达国家信息技术已经渗透到了农村生产生活的方方面面，给农业生产管理、农村生活等带来了极大的便利。国外的相关研究主要就是研究在农村生产生活中的信息技术应用问题，主要集中在以下几个方面。

1．农业生产管理软件的开发应用

Harrison（1986）认为，信息技术的发展为农场进行信息管理提供了可能性，他对整个农场进行信息管理所需要的全部要素进行了整理分析，提出在农场农业生产的产前、产中和产后等各个环节分别运用相应的信息技术可以实现有效快捷的信息管理，农

---

① M.A.Tomaszewskia.Determining farm effects attributable to the introduction and use of a dairy management information system in the Netherlands.Agricultural Economics.2000.79-86.

② DFID（2004） ‘Public Information Note: Drivers of Change’ http: //139.184.194.47/docs/open/DOC59.pdf,（accessed 21 February 2011）.

③ Hollifield C.A.; Donnermeyer J.F. Creating demand: influencing information technology diffusion in rural communities, Government Information Quarterly, Volume 20, Number 2, May2003, pp. 135-150（16） Publish- er: Elsevier.

④ Kerry McNamara.Role of Information and Communication Technology in Support of Poverty Alleviation Policies for Rural Populations—AGRI-ICT Project Report（Working Paper 76），UNESCAP-CAPSA, Centre for Alleviation of Poverty through Secondary Crops' Development in Asia and the Pacific, Bogor, Indonesia.

⑤ Gigler, Bjorn-Soren, ‘Empowerment through the Internet: Opportunities and Challenges for Indigenous Peoples’,（November 17, 2004）.

⑥ 柯克·约翰.电视与乡村社会变迁——对印度两个村庄的民族志调查[M].北京：中国人民大学出版社，2005.

靠人的智力和知识的投入[①]。农村信息化是农业现代化的助推力量，是农业现代化的标志和实现途径。前农业部长杜青林（2005）指出，大力推进农业信息化，既有助于现代农业的加速发展、农业市场竞争力的提高以及农民更好地掌握先进技术与市场信息，提高其就业、增收与维权的能力，同时对实现城乡经济社会的统筹发展非常有益[②]。李道亮（2008）认为，农业信息化是现代农业建设的重要组成部分，在我国建设现代农业，必须通过信息化带动农业现代化的实现，应通过现代信息技术在现代农业中的推广应用来改造传统农业；依靠农业科技与IT技术的结合，促进农业科技创新发展及成果的推广应用，应用IT技术，将各类农业资源与生产要素及涉农市场信息的运用提高到更好的水平，实现农业发展能力的全面提高；现代信息技术的充分应用能促进农业增长方式的转变，进而实现农业高效与可持续发展[③]。

一些学者着重研究了信息化对农业产业化的影响。农业信息化是农业产业化的推进器，能对产业化进行提升[④]；农业产业化是农业信息化的基础，农业信息化必须要以一定程度的农业产业化为前提，因为只有在一定程度农业产业化的基础上才能够实施农业信息化（卢光明[⑤]，2007）。缪小燕（2003）认为，农业信息化的注入，能使农业基础设施装备信息化、农业技术操作自动化、农业经营管理信息网络化，有利于促进农业科学技术的创新与进步以及农业科技成果的推广与应用；有利于提高农业生产经营的国际化程度与市场化水平；有利于战略性地调整农业生产与农村经济社会结构；有利于农业的产业化经营；有利于对农业生产经营进行有效的宏观调控和促进其可持续发展；有利于各类农业生产经营要素的优化配置；有利于农业生产资源的节约和有效利用等[⑥]。郭晓燕等认为，农业信息化可以加强农业的抗风险能力，提高农产品的科技含量和附加值，改变现有的生产经营模式，提高政府对农业的科学决策和调整农业产业结构等，最终实现农民增收[⑦]。白硕（2003）也提出农村信息化能促进农民增收，主要表现为：网络信息使农民的传统生产观念和生产方式大为改变，促进了农副产品的流通，为农业的发展提供了巨大的市场空间，激发了农民学习科学技术知识的积极性，促进了现代农业信息技术和生产技术的推广[⑧]。俞乔、童晓渝（2008）通过实证研究分析了信息化与农村发展之间的关系，他们认为在信息化时代农村地区趋于边缘化，信息贫困制约着农村经济的发展，信息化对于增加农民收入具有重要作用[⑨]。此外，王文强（2003）认为农业信息

---

① 贾善刚.农业信息化与农业经济发展[J].农业经济问题，1999（2）.
② 杜青林.农业信息化是构建现代农业的绿色通道[J].人民论坛，2005（10）.
③ 李道亮.现代农业与农业信息化[J].中国信息界，2008（5）.
④ 张雷，许云华，郑霞.论农业信息化对我国农业产业化的影响[J].现代农业科技，2009（8）.
⑤ 卢光明.农业信息化是促进农业产业化的重要手段[J].中国管理信息化，2007（6）.
⑥ 缪小燕.试论我国农业信息化的发展[J].图书情报知识，2003（4）.
⑦ 郭晓燕，王俊平.通过农业信息化解决农民增收难的问题[J].农业经济问题，2002年增刊.
⑧ 白硕.论农业信息化与农民增收[J].农村经济，2003（6）.
⑨ 俞乔，童晓渝.信息化与农村发展——基于四川联通“天府信息网”的实证研究[M].北京：人民邮电出版社，2008: 126-127.

化改变了农业宏观管理方式，农业的信息化发展可以为政府提供便捷而高效的宏观管理模式与手段，借助信息技术实现农业产业化管理方式的重大转变[①]。刘芬（2009）认为信息化发展为农业、旅游业带来新的活力。[②]

一些学者对农村信息化与城乡统筹发展的关系进行了研究，有学者指出，农村信息化建设是我国信息化建设的重要内容，同时影响着城市与农村之间的经济、社会等各方面的协调发展[③]（李荣华、柳思维，2007），农村信息化建设是促进城乡经济社会统筹协调发展的有效途径[④]（赵保佑，2008），加强农村信息化建设，能有力推进新农村建设，优化城乡之间固有的二元化经济社会结构，逐步缩小城市与农村之间的发展差距，有利于城乡之间的协调发展和共同富裕[⑤]（汪礼俊等，2007）。陆益民（2011）认为加强农村信息化建设是城市和乡村之间统筹发展的重要内容和保障，表现为信息化是传统农业向现代农业发展和转变的"转换器"；信息化同时也是农村发展的"倍增器"，主要是通过信息化促进农村基础设施的优化升级、以倍增效应推动农村经济社会的发展；信息化还是农村公共服务的"助推器"，能有效提升农村公共服务效率，进而促进农民民生的改进[⑥]。有学者指出"统筹城乡发展、统筹区域发展、统筹经济社会发展、统筹人与自然和谐发展、统筹国内发展和对外开放"中无论哪一个"统筹"都与信息化紧密相关，从本质上讲，信息化就是统筹，统筹城乡发展就必须推进信息化[⑦]。许大明等（2004）认为，信息化能重塑城乡之间的地理空间结构，促进经济的统筹协调、人员的有序合理流动、思想与价值观念及文化的交融创新，进而有效促进城乡一体化[⑧]。

大多数学者就信息化对农村经济社会发展的影响和作用主要是进行定性研究和简单的理论概括，也有部分学者开始探索从实证角度和运用定量方法研究农村信息化水平对现代农业发展的作用机理、内在联系等方面。邓培军，陈一智（2010）综合运用理论与实证的方法研究了信息化对农村经济增长的促进作用，其实证分析结果表明，信息化水平与农业生产总值之间具有明显的正向关系，前者每提高1%，后者就增加0.733%[⑨]。张鸿等运用多元线性回归方法研究农村信息化对农村经济增长的影响，他们研究得出结论，在确保劳力投入及资本投入等其他因素不变的情况下，信息化水平的提高能导致农业产出的增加，表现为前者每提高1%就会使后者平均提高0.735%[⑩]。李治宇，胡志全

---

① 王文强.以信息化促进中国农业产业化发展[J].世界农业，2003（3）.

② 刘芬.信息化背景下农业旅游业发展对策研究[J].中国证券期货，2009（10）.

③ 李荣华，柳思维.借力信息业，实现城乡和谐发展[J].中国电信业，2007，（7）：28-31.

④ 赵保佑.依托信息化推进城乡经济协调发展[J].中州学刊，2008，（3）：38-41.

⑤ 汪礼俊，初蕾.浅析新农村建设过程中信息化的战略、模式及文化意义[J].中国软科学，2007，（12）：22-27.

⑥ 陆益民.加快农业农村信息化建设促进城乡统筹发展[N].学习时报，2011-11-04.

⑦ 姜奇平，汪向东."五个统筹"与中国特色信息化道路[J].数量经济技术经济研究，2004，（3）：5-8.

⑧ 许大明，修春亮，王新越.信息化对城乡一体化进程的影响及对策[J].经济地理，2004（3）.

⑨ 邓培军，陈一智.我国农业信息化与农村经济增长相关性研究[J].资源开发与市场，2010（26）.

⑩ 张鸿，等.农村信息化对农业经济增长的影响[J].统计与决策，2008，（1）：100-102.

（2010）对农村信息化与农业经济发展的因果关系进行了检验，结果显示，我国农村社区信息化的发展对农村经济具有显著促进作用，农村信息化发展与农村经济发展互为因果关系，农业经济的发展会带动农村信息化的发展，农村社区信息化的推进有利于农业经济的发展[①]。高梦滔等（2008）采用GMM工具变量方法估算了农户的信息服务利用率对农户收入和贫困发生率的影响，结果表明农村社区信息服务利用水平对于农户增收和降低贫困发生率都有积极的意义[②]。于淑敏、朱玉春（2011）运用双对数模型检验农业信息化与农业全要素生产率（TFP）之间的关系，结果显示农业信息化对农业全要素生产率具有显著的正向促进作用[③]。

国内学者们通过定性与定量研究，充分论证了农村信息化建设与农村经济社会各方面的发展具有正相关关系。从某种程度上讲，农村信息化程度的高低已成为衡量一国农村现代化的重要标准。加强农村信息化建设是促进农村全面发展的重要途径。

1.2.2.2 我国农村信息化建设现状及问题研究

通过多年的农村信息化建设，我国农村信息化建设取得了一定的成效。主要表现在农业农村信息化基础设施不断完善、业务应用深入发展、物联网技术在农业中逐步推广应用等方面。但是由于我国农村经济社会发展水平较低，加之全国各地经济社会发展不平衡，各地的实际情况也千差万别，所以我国农村信息化建设面临的问题也非常复杂。研究农村信息化建设实际存在问题服务于农村信息化建设实践是广大理论工作者展开农村信息化研究的出发点和最终归宿，因此对农村信息化建设问题研究成了农村信息化建设研究的主体。国内学者由于研究视角的差异、侧重点的不同及所掌握的调查数据和文献资料的不同，所提出的农村信息化建设存在的问题也非常繁杂。总体而言，当前农村信息化建设存在的问题主要有以下五个方面。

1．农村信息化建设主体作用问题

当前普遍存在对农村信息化的认识不够充分，农村信息化供给主体缺位[④]（王松梅，2007），李习文等（2009）指出农村信息化主体无论是从整体上还是某一群体看，信息意识均不高[⑤]；政府在农村信息化建设过程中主导作用发挥不够，政府在农村信息化建设投入方面资金来源渠道单一，投资不足（王玉珍[⑥]，2005；白桂清[⑦]，2010）。社会力量参与农村信息化建设严重不足（张立新[⑧]，2011），运营商投资农村信息化建设

① 李治宇，胡志全.农村信息化与农村经济发展分析[J].农业经济问题，2010年增刊.

② 高梦滔，等.信息服务与农户收入：中国的经验证据[J].世界经济，2008（6）.

③ 于淑敏，朱玉春.农业信息化水平的测度及其与农业全要素生产率的关系[J].山东农业大学学报（社会科学版），2011（3）.

④ 王松梅.我国农村信息化建设存在的问题及对策[J].理论导刊，2007（10）.

⑤ 李习文，梁春阳，张玉梅.宁夏新农村信息化建设的基本经验与存在的问题[J].宁夏社会科学，2009（3）.

⑥ 王玉珍.我国农村信息化建设存在的问题及对策研究[J].农业网络信息，2005（9）.

⑦ 白桂清.新农村信息化建设模式与对策研究[J].情报科学，2010（7）.

⑧ 张立新.试论农业和农村信息化建设[J].农业经济，2011（2）.

的利益机制不健全制约了其参与农村信息化建设的积极性（王松梅，2007），农业经济合作组织建设还不够完善其作用有限（张立新，2011），仅靠政府的单一投资难以满足现实需求（李道亮[①]，2010），而广大农民由于文化水平不高，对农村信息化认识不够，参与度不高（胡大平[②]，2005），农民信息利用水平低也一直是讨论的热点。

2．*基层信息化基础设施建设问题*

农村信息化建设的一个重要问题，也是最显而易见的问题就是农村信息基础设施的建设，经过多年的努力，我国农村信息基础设施建设成效显著，但是从总体来看，我国农村信息基础设施还是比较落后（王玉珍，2005；胡大平，2005；高伟等，2007；杨晓蓉[③]，2008；杨成洲[④]，2009），“信息鸿沟”持续拉大（白桂清，2010），主要表现为农业农村信息化基础网络设施覆盖有“盲区”、农户信息终端拥有率较低（郭永田，2012）。尤为明显的是农村基层基础设施建设滞后，农村信息化推进到县一级以后，下乡、进村、入户面临困难，农村信息化的脚步最终难以真正走到农民的家中，这常被称为农村信息化建设的“最后一公里问题”。农村信息化建设的“最后一公里问题”被大家公认为农村信息化建设的难点，是制约农村信息化工作取得应有效应的关键瓶颈（谢方等[⑤]，2005；王恒玉[⑥]，2005；郭婧等[⑦]，2006；李道亮[⑧]，2008；王来[⑨]，2011）。

3．*农村信息资源的开发利用问题*

农业信息资源作为国家信息资源的重要组成部分（张晶等[⑩]，2009），是一种基础性、战略性的资源，是农村信息化的核心和关键，是农业信息化“活的灵魂”（李道亮，2008）[⑪]，加强农村信息资源的开发利用是农村信息化建设的重要内容。梅方权（2007）认为，我国农村信息化建设中存在信息的供给和发布缺乏统--部署和协调，重复信息多，有价值信息少，信息供给渠道少，发布频率低，信息资源开发、数据库建设能力薄弱[⑫]。农村信息化建设中存在信息采集、信息处理比较落后，信息发布、传输滞后现象（王玉珍，2005），还有网络信息资源冗余，时效性差（高伟等，2007）、信息内容开发粗放，浅层重复等问题（张红胜[⑬]，2008）。吴元升等（2011）指出当前我国

① 李道亮.中国农村信息化发展报告（2010）[M].北京：北京理工大学出版社，2011.

② 胡大平，陶飞.农村信息化建设的基本内涵及解决对策[J].科技进步与对策，2005（3）.

③ 杨晓蓉，王文生，姜丽华.中国农村信息化建设的思考[J].世界农业，2008（3）.

④ 杨成洲，余璇，何树燕.对加快我国农业和农村信息化建设的整体思考[J].农业经济，2009（3）.

⑤ 谢方，等.农业信息到户“最后一公里”问题探讨[J].西北农林科技大学学报（社会科学版），2005（4）.

⑥ 王恒玉.甘肃农业信息基础设施建设问题研究[J].开发研究，2005（3）.

⑦ 郭婧，等.农业信息化“最后一公里”问题的典型调研与分析[J].河北农业大学学报（农林教育版），2006（4）.

⑧ 李道亮.中国农村信息化发展报告（2008）[M].北京：电子工业出版社，2008.

⑨ 王来.农村信息化发展“最后一公里”问题浅议[J].农业科技管理，2011（3）.

⑩ 张晶，等，我国农业信息资源开发问题探析[J].农业图书情报学刊，2009（11）.

⑪ 李道亮.农业信息资源开发利用[J].中国信息界，2008（6）.

⑫ 梅方权.农业信息化带动农业现代化的战略分析[J].中国农村经济，2001，（12）.

⑬ 张红胜.我国新农村信息化建设的问题与对策探讨[J].中共四川省委省级机关党校学报，2008（1）.

农村信息资源开发与利用存在着信息市场混乱，信息质量低，信息得不到有效传播，信息资源未能有效共享，出现“信息孤岛”现象[①]。孙艳玲等（2009）运用数据包络分析方法对农业网站进行评价研究，结果表明，西部农业网站信息资源的开发效率和利用效率普遍偏低[②]。林涛（2006）提出了在硬件建设基本到位情况下的农村信息化的“最前一百米”问题，即涉农信息资源的采集、加工、报送、发布、共享等规范化、标准化运作机制却没有建立起来[③]，导致信息资源低水平重复建设，信息共享程度低，信息孤岛现象严重，难以实现信息资源与农村经济社会发展实践的有机结合，农村信息化服务“三农”的优势得不到有效发挥。李道亮（2008）认为以基层农村信息资源有效整合为核心的“最初一公里”问题已成为农村信息化发展的最大瓶颈。

4. 农村信息化服务队伍建设问题

农村信息化系统的规划设计需要大量既懂农业又懂信息技术的复合型人才，而在建设、运营和维护过程中也需要大量懂信息技术的专业技术人员，但是这方面的人才严重匮乏，基层农业信息管理服务人员数量也极少[④]（郭永田，2012），大部分乡镇层面的信息服务站与农技站为同一机构和同一套人马，工作人员既是农技员又是信息员，然而这些农技员的信息化方面的技术和知识相当匮乏，服务队伍的知识和技术的培训工作跟不上信息化发展的步伐[⑤]（李道亮，2008）。农村信息化建设的人才队伍问题被视为制约农村信息化建设一大瓶颈，也是大家关注的焦点问题，胡大平等（2005）、王玉珍（2005）、高伟等（2007）[⑥]、王松梅（2007）、白桂清（2010）等都对此进行了研究分析。

5. 农村信息化建设的组织运行问题

农村信息化规划设计思想不明确（高伟等，2007），缺乏顶层设计（郭永田，2012），受条块分割的管理体制制约，各部门各行其道，缺少有效的统筹和协调，难以形成合力（李道亮，2010）。李习文等（2009）在研究宁夏新农村信息化建设存在的问题时，指出新农村信息化运行的长效机制尚未健全，主要表现为：还需深入探索新农村信息化中公益服务和有偿服务的边界与结合点；仍需健全和加强具有本地特色和各类个性化需求的信息资源共建体系的建设；必须继续探索信息服务体系的扁平化及其管理、运作制度体系的探索和建设；进一步研究各类企业在农村信息化中的投入、建设及运营中的风险防范机制及反垄断机制等方面（李习文等，2009）。这些问题实际上是全国农村信息化建设过程中都得面临的重要问题，具有普遍性。

---

① 吴元升，等.我国农村信息资源开发与利用存在的问题及对策[J].现代农业科技，2011（1）.

② 孙艳玲，等.基于DEA的西部农业网站效率评价[J].情报杂志，2009（2）.

③ 林涛.论农业信息化建设的“最前一百米”问题[J].西南农业学报，2006（5）.

④ 郭永田.中国农业农村信息化发展成效与展望[J].电子政务，2012（2-3）.

⑤ 李道亮.中国农村信息化发展报告（2008）[M].北京：电子工业出版社，2008.

⑥ 高伟，陶诏灵，孙胜楠.农村信息化体系及发展对策[J].现代农业科技，2007（12）.

1.2.2.3 我国农村信息化建设的路径与对策研究

加强农村信息化建设，第一，要充分发挥农村信息化建设主体作用。农村信息化具有很强的公共产品性质，因此政府应是农村信息化建设的主导力量（邱建军[①]，2010）。李广乾（2008）提出把促进信息化作为农村基本公共服务的政策措施[②]。明确和落实信息化工作的各类主体（高伟等，2007），要采取多种政策和措施鼓励和引导各种社会力量进入农村信息化领域（郭永田，2007），如采取政策优惠措施引导电信运营商开拓农村市场（王玉珍，2005），激励其参与农村信息化建设（王松梅，2007），调动农业龙头企业、农民合作组织、中介组织、农民经纪人等民间力量发挥其辐射和带动作用（李道亮，2008），形成政府主导、多元参与的农村信息化建设格局，加快农村信息化的进程。第二，加强农村信息服务队伍建设。加强农村信息化建设中的人才培养（胡大平，2005；王松梅，2007；杨成洲，2009），通过人才引进、人才培训与培养、人才激励等形式，建立起我国农业信息服务体系的科技人才保障机制（李应博等[③]，2005；杨成洲等，2009；张立新，2011；王君君，2012）。还可以吸收大学生村官、科技特派员等力量充实农村信息化建设服务队伍（程海梅[④]，2011；刘玮、李燕凌[⑤]，2011）。第三，畅通农村信息化建设运行。主要做法是：加强农业信息化发展规划和建设规划，努力做好顶层设计[⑥]（陈晓华，2010），明确农村信息化建设要坚持的工作原则（张立新，2011），理顺体制机制，加大对农村信息化工作的组织协调力度（胡大平，2005），创新农村信息服务机制（李道亮，2010）。第四，整合农村信息资源。通过数据库建设与涉农信息平台的整合、信息服务场所与信息传播梁道的整合、信息服务业务与信息服务队伍的整合[⑦]（李道亮，2008），建立健全信息化法规和标准（杨成洲，2009），促进农村信息资源的共建共享（王松梅，2007；杨晓蓉等，2008），提高农村信息资源利用，破解信息孤岛现象，解决“最初一公里问题”。第五，集中力量解决“最后一公里”问题。加大农村信息化建设的资金支持（杨熹连[⑧]，2009），加强基层农村信息化基础设施建设，推动三网合一，缩小数字鸿沟，解决农村 “最后一公里问题”（杨晓蓉等，2008）。李道亮（2008）提出通过“村村通电话工程”“金农工程”、农村信息化示范基地建设工程、农村党员现代远程教育工程等重大工程的带动，缩短最后一公里。

---

① 邱建军.地方政府在农村信息化建设中的作用分析[J].中国信息界，2010（3）.
② 李广乾.农村信息化：政府主导 公共服务[N].人民邮电报，2008-01-16.
③ 李应博，乔忠，彭影，等.我国农业信息服务体系的科技人才保障机制研究[J].农业科技管理，2005（5）.
④ 程海梅.论大学生村官带动农村信息服务的路径选择[J].中共桂林市委党校学报，2011（1）.
⑤ 刘玮，李燕凌.农业信息化服务现状的个案研究[J].科技与管理，2011（3）.
⑥ 陈晓华.推进农业信息化促进现代农业发展[J].农村工作通信，2010（12）.
⑦ 李道亮.农村信息化新阶段的“最初一公里问题”[J].中国信息界，2008（3）.
⑧ 杨熹连.农村信息化建设的思考[J].情报科学，2009（6）.

1.2.2.4 农村信息化建设的国际经验研究

国外农业发达国家信息化建设起步早、发展快、成效显著，其建设经验和启示值得我国借鉴，因此，国外农村信息化建设情况也是我国学者研究的一大热点。刘丽伟（2012年）研究了美国农业信息化建设情况，指出美国农业信息化的特征为：信息化设施完善、组织化程度高、职能化和个性化服务质量高、法制化管理得力，并总结了其对我国的启示：转变发展方式要运用新科技、新思路；农村信息化建设要坚持政府主导作用；要强化立法与监督[①]。农业部信息中心考察了英国农村信息化建设情况，发现英国农村信息化对中国可资借鉴的经验，主要包括：注重城乡信息化基础设施的统筹均衡发展；把精准农业、智能农业作为生产经营信息化的主攻方向；高度重视农业基础信息资源建设；充分利用市场机制促进农业信息化发展；利用各种社会力量提升农业信息服务能力；通过强化业务应用来促进农业信息化发展；重视通过补贴政策引导农业信息化发展；注重加强农村人口信息化知识和技能培训等（郭永田，2013）[②]。张忠德（2009）研究了美、日、韩三国的农村信息化建设情况，提出三国农业和农村信息化建设对我国的启示，主要包括：注重政府的强有力支持与管理；加强科研、教育与农村和农业实际结合；建立并完善多层次的多元主体互动的信息服务体系；针对多样化信息调动多元主体投资积极性[③]。郭永田（2011）综合考察了发达国家农业信息化建设情况，总结了发达国家农业信息化建设的有益经验和做法，主要包括：注重统筹规划；加强政府扶持；强化制度保障；完善组织体系；提高农民素质[④]。

1.3 研究思路、基本框架与主要方法

1.3.1 研究思路

本书将按照提出问题、分析问题与解决问题的一般研究思路来研究我国农村信息化建设问题，研究工作共分为四个阶段（图1-1）。

第一阶段：进行基础研究。对国内外有关农村信息化建设问题的研究文献进行综述。在此基础上对农村信息化建设相关概念进行界定和对相关理论进行梳理，奠定本书研究基础。

第二阶段：科学确定问题。农村信息化建设过程的问题纷繁复杂，而主要问题只有那么几个。本部分主要通过综合运用主成分分析法和逻辑推理分析确定农村信息化建设

① 刘丽伟.美国农业信息化促进农业经济发展方式转变的路径研究与启示[J].农业经济，2012（7）.

② 郭永田.英国农业、农村的信息化建设[J].世界农业，2013（2）.

③ 张忠德.美、日、韩农业和农村信息化建设的经验及启示[J].科技管理研究，2009（10）.

④ 郭永田.发达国家农业信息化发展实践与经验[J].农村工作通信，2011（23）.

中存在的主要问题，为下文展开研究提供科学依据。

第三阶段：具体问题分析。本部分主要是对前文所确定的核心问题展开具体分析，基本思路是：运用国家公开发布和通过问卷调查所得相关数据及查阅相关文献、报告分析相关问题的基本情况，在此基础上分析相关问题的具体表现及其原因，据此提出解决相关问题和政策建议。

第四阶段：归纳总结及展望。本部分主要是在前文详细论证分析的基础上，得出研究结论，提出研究展望。

1.3.2　基本框架

本书分为四部分，含九章及相关参考文献、附件与后记。各部分基本框架如图1-1所示。

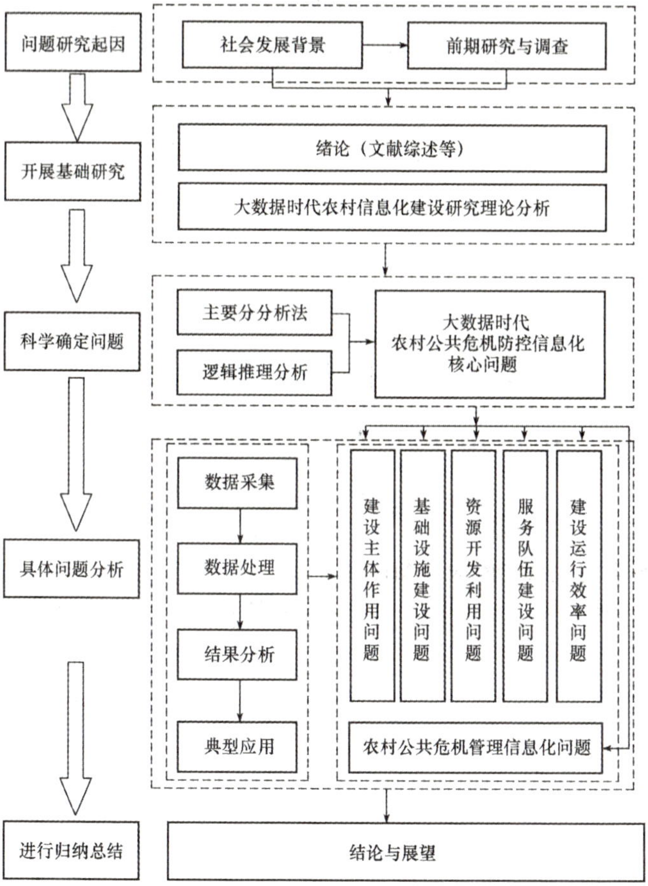

图1-1　研究思路与基本框架

第一部分包括第一章和第二章，其主要任务是进行文献综述、基本概念界定与相关理论梳理。第一章为绪论，包括问题的提出和选题的意义、国内外研究文献综述、研究思路、基本框架与主要方法及可能的创新之处等。第二章对农村信息化建设问题进行理论分析，包括与农村信息化建设紧密相关的基本概念、农村信息化建设的具体要求、农村信息化建设研究的理论支撑等。

第二部分是第三章，其主要任务是综合运用主成分分析法和逻辑推理分析法进行定量和定性分析，确定农村信息化建设中存在的核心问题。通过整合分析，发现农村信息化建设中的五大基本问题：农村信息化建设中的主体作用问题、农村信息化基础设施建设问题、农村信息资源的开发利用问题、农村信息化服务队伍建设问题、农村信息化建设运行效率问题等。

第三部分包括第四章、第五章、第六章、第七章、第八章和第九章。四～八章各章分别对农村信息化建设中的主体作用问题、农村信息化基础设施建设问题、农村信息资源的开发利用问题、农村信息化服务队伍建设问题、农村信息化建设运行效率问题进行具体分析，阐述其基本情况，细致分析问题并提出相应对策。第九章具体论证了大数据时代农村公共危机管理信息化建设问题。深入分析了大数据时代农村公共危机管理信息化建设中存在的诸多具体问题，分析其原因，并提出了促进大数据时代农村公共危机管理信息化建设的对策。

第四部分为第十章，主要包括基本结论与研究展望及参考文献、图表附录、后记等。

1.3.3 主要方法

1.3.3.1 规范分析法

本书的规范研究主要以信息社会理论、信息资源理论、信息传播理论、信息管理理论等为基础。本书综合运用这些理论分析了农村信息化建设主体作用问题、农村信息化基础设施建设问题、农村信息化资源开发利用问题、农村信息化服务队伍建设问题等。

1.3.3.2 社会调查法

本书在前期研究基础上，科学设计农村信息化建设问题调查问卷，于2012—2013年期间先后多次赴湖南省14个地州市共23个县46个乡镇2000余户农户进行了实地调查，取得了大量的一手资料。一是开展了典型调查。在2012年5—6月，深入湖南省科技厅农村处、湖南省农业厅市场信息处、湖南省科学技术信息研究所、安乡县科技局、湖南湘北集团、湘北水产养殖农民专业合作社和安裕乡赵家湖渔村等单位进行了典型调查。二是进行了面上调查。2012年7—8月，深入湖南省11个地州市开展实地调查，详细了解了各县、乡、村农村信息化建设情况，涉农企业、农民对农村农业信息的需求情况、信息采用情况及对信息化服务的满意度评价等。2013年5—7月，进行了补充调查，调查范围扩展到湖南省14个地州市。三是开展了联合问卷调查。作者依托湖南省科技厅重大委托项目，制定了《县域农村信息化服务绩效评价指标（调查问卷）》与湖南省科技厅农村处展开联合调查，由科技厅农村处下发到湖南省的80个县市区科技局，并有效回收了78个县的调查问卷。在前期调查的基础上，本次调查补充了大量数据，掌握了湖南省县域农村信息化建设的一手资料。本研究通过实地收集样本数据和相关信息，建立完善的数据库，为展开论证分析与定量研究提供了数据支持。

1.3.3.3 计量研究法

本书运用主成分分析法定量分析了农村信息化建设的主要问题。同时，还运用DEA-Tobit两步法，定量研究了农村信息化建设运行效率及其影响因素。

1.3.3.4 文献研究法

本书从多视角考察国内外农村信息化建设问题研究的理论与方法，通过图书资料、网络等各种形式，广泛查阅包括近五年来公共管理学、信息学、农业推广学、经济学、社会学等相关学科领域内的权威学术期刊，如《经济研究》《情报理论与实践》《中国行政管理》《农业经济问题》《农业网络信息》《农业科技管理》等期刊上的相关文献资料，并建立起项目的资料库。还通过湖南省高等学校图书馆数字资源共享平台查阅了近10年来出版的五十余部相关学术专著。本书还参考了“第七届中国农村信息化论坛”等学术会议的论文集。

1.4 数据来源与说明

本书在研究过程中所使用的数据主要来源于五个方面：一是典型调查与相关部门资料；二是面上调查；三是联合问卷调查；四是统计年鉴与报告；五是网站与公开报道，见表1-2。

表1-2 本书数据来源与说明

数据类型	具体来源	用 途
典型调查	湖南省科技厅农村处、湖南省科技厅信息情报所、湖南省农业厅市场信息处、安乡县科技局、湘北集团、湘北水产养殖农民专业合作社、桑植县政府、龙山县委、汝城县政府等及相关乡镇	全文各章节相关分析
面上调查	多次进行入户调查。2012年7—8月对湖南省11个地州市进行了入户调查，2013年5—7月进行了补充调查，调查范围扩展到湖南省14个地州市。累计入户调查2 061户，有效问卷2 018份	主要用于第四章、第五章、第六章、第七章农村信息化建设基本情况与问题分析
联合问卷调查	2013年5—7月联合湖南省科技厅农村处下发问卷到80个县科技局，回收78份有效问卷	主要用于第三章农村信息化建设主成分分析、第八章农村信息化建设运行效率与影响因素分析

续表

数据类型	具体来源	用　途
统计年鉴与报告	《中国统计摘要2013》《中国互联网络发展状况统计调查（第三十二次）》（2013.6）、《中国广播电影电视发展报告（2013）》《中国电子商务报告（2012）》《中国统计年鉴2012》《2012年全国电信业统计公报》《2012信息化蓝皮书》《湖南省国家农村农业信息化示范省建设实施方案》《农村基础设施建设发展报告（2011）》《2011年中国农村互联网发展报告》《中国农村信息化发展报告2011》等	全文各章节相关分析
网站与公开报道	国家统计局网站、科技部网站、农业部网站、工信部网站、湖南省农村信息化综合服务平台网站、人民日报、新华社、新浪、搜狐等	全文各章节相关分析

1.5　可能的创新之处

1.5.1　基本研究思路具有探索性

本书通过综合运用主成分分析法对农村信息化建设状况进行分析，结合逻辑推理分析法比较科学地筛选和判断农村信息化建设的核心问题，突破了单纯依靠主观判断确定研究内容的范式，在此基础上对筛选出来的问题进行深入细致的分析研究，也突破了传统的对农村信息化建设问题进行笼统研究的范式。

1.5.2　计量研究方法具有创新性

本书采用DEA–Tobit模型计量分析农村信息化建设运行效率及其影响因素，是在借鉴国内外其他学科研究经验基础上，在农村信息化领域对研究方法的有益尝试。

第2章　大数据时代农村信息化建设研究基本理论分析

2.1　基本概念界定

2.1.1　信息与信息化

2.1.1.1　信息的内涵及其特征

信息的传递与交流是人类生存和发展的基本需求。人类很早就体会到“信息”的重要性，如早在原始社会人们就学会运用结绳、刻契、结珠、编贝、积石、篝火、烽烟等原始的实物进行信息储存和信息传递。“信息”一词在中国的使用最早至少可以追溯到唐朝，唐武宗时期（公元814—846年）著名女诗人鱼玄机有诗云：“春来秋去相思在，秋去春来信息稀”，南唐诗人李中在其《暮春怀故人》中写道：“梦断美人沉信息，目穿长路倚楼台。”之后，“信息”屡见诸文学作品中。宋朝诗人陈亮在其《梅花》诗中写道：“欲传春信息，不怕雪埋藏。”《水浒传》第四回：“宋江大喜，说道：‘只有贤弟去得快，旬日便知信息’。”可见信息一词的使用不是近代才有，在我国至少已有1200年的历史。

“信息”一词在英文、法文、德文、西班牙文中均是“information”，日文中为“情报”，我国台湾称之为“资讯”。人们在日常生活中往往把信息当作消息的同义词进行使用。在英语中，“信息”（information）和“消息”（message）两个词也经常通用。如今人类社会已经迈入了“信息爆炸”的时代，“信息”已经成为当今社会最重要的主题词之一。当然，如今人们使用的“信息”概念，无论内涵还是外延都和以往有很大的不同。但究竟什么是“信息”，人们却众说纷纭，莫衷一是，至今没有一个公认的定义，有学者统计过，目前有文献可查的关于信息的定义已经超过 200个。

“信息”作为科学术语最早出现在1928年哈特莱（R.V.Hartley）撰写的《信息传输》一文中。20世纪40年代后期，随着信息论与控制论的产生和传播，“信息”作为一个科学的概念被哲学、数学、系统论、控制论、经济学、管理学等众多学科所接受和广泛使用。最早给信息以明确定义的是信息科学的奠基人申农（C.E.Shannon），他认为“信息是用来消除随机不确定性的东西”“是关于环境事实的可以通信的知识，是人们对外界事物的某种了解和知识”[①]，这一定义被看作为关于信息的经典表述并被广泛引用。控制论创始人维纳（Norbert Wiener）对信息进行过分析，他指出“信息就是信息，既非物质，也非能量”，他认为信息是“我们在适应外部世界、控制外部世界的过程中，同外部世界交换内容的名称”“信息是控制的指令”[②]（Wiener，1950）。英国学者Ashby（1956）提出“信息是集合的变异度”。意大利学者G・Longo（1975）认为信息是反映事物构成、关系和差别的东西，它包含在事物的差异之中，而不在事物的本身。美国信息管理专家霍顿（F・W・Horton）将信息定义为“为了满足用户决策的需要经过加工处理的数据。”法国学者夏・贝尔泰和符・梅古罗夫（1989）则将信息一词的意义理解为“技术、经济和社会领域中的知识和通信的介质”[③]，这样便将知识和信息（介质）予以区分。我国《信息与文献　术语》（GB/T 4894—2009）中关于“信息”的解释是“被交流的知识。”大多数学者都是结合自己的研究领域来给“信息”下定义，如电子学家、计算机科学家将“信息”定义为“电子线路中传输的信号”；物理学家用“信息熵”的概念来描述系统与环境之间信息交流的程度；经济学家和管理学家则把“信息”定义为“提供决策的有效数据”。可见，至今为止，人们对信息的定义仍是见仁见智。

对于什么是信息，现在确实难以下一个权威的取得共识的定义。但是对于信息的基本内涵，人们的认识基本上是一致的。在当今社会人们普遍认识到：信息是构成世界的基本要素，它与物质、能量共同构成当今世界的三大支柱要素；信息是人类认识世界的中介，从哲学意义上来说，信息是物质、能量和人类意识的中介，列宁曾经指出：“要真正地认识事物，就必须把握住，研究清楚它的一切方面、一切联系和‘中介’[④]。”没有信息这个中介，人们就不可能认识事物、不可能认识世界；信息是现代社会的战略资源，在当今到处充满信息的时代，信息成了人们生产、生活不可或缺的重要资源。在信息社会，谁占有的信息多、掌握的信息准确，谁就有了权威，有了制胜的先机。

了解信息的特征有助于加深我们对信息内涵的理解，一般而言，信息具有以下几个方面的特征。

（1）可识别性。信息既可以由人们通过感观直接识别，也可以由人们通过各种工具间接识别。

（2）可存储性。信息是可以存储的，以便人们的进一步使用。如原始社会人们的结绳记事便是利用了信息的可存储性。在当今社会人们存储信息的方式多样，文件、图案、报表、录音、录像等都是用于存储信息的方式。

---

① 申农（C.E.Shannon）.《通信的数学理论》[M].上海：上海译文出版社，1979.

② 维纳.控制论：或关于在动物和机器中控制和通信的科学[M].北京：北京大学出版社，2007.

③ 夏・贝尔泰，符・梅古罗夫.信息管理[M].庄维汉，译.北京：新华出版社，1989：3.

④ 列宁.列宁全集（第40卷）[M].北京：人民出版社，1959：291.

（3）可加工性。人们可以根据自己的需要，对大量的信息通过识别、分析、选择、综合、概括等方式进行加工处理。

（4）可转换性。信息的形式可以进行多种转换，如语言形式的信息可以转换成图表、图像等形式的信息，电磁波形式的信息经过转换装置可以变成声音形式的信息等。

（5）可传递性。信息可以通过语言表达、印刷出版、电话、广播、电视、网络技术等渠道进行传递。

（6）可共享性。信息区别于物质、能量的是，信息在传递和使用过程中并不是“此消彼长”，同一信息可以在同一时间被多个主体共有，而且还能够无限的复制、传递。

（7）效用性。信息具有一定使用价值，能满足人们的相应需求。

（8）稀缺性。在市场经济条件下，尤其是在知识经济时代，信息的稀缺性表现得越来越明显。另外，信息还具有无限性、动态性、时效性等特性，信息的多样性的特征共同构成了信息在其运动过程中发挥独特作用的基础。

2.1.1.2　信息化的内涵及其特征

如前所述，“信息化”一词最早起源于日本，经过几十年的发展，信息化这个概念已经在世界范围内得到了广泛的认同和使用。在当今信息技术无孔不入的时代，每个人都受到信息化的影响，每个人都会从自身工作或生活的角度去理解信息化，因而人们对信息化的认识也是千差万别，各不相同。如有人说信息化就是网络化，就是计算机使用的普及；有人说信息化是信息技术在各行各业的广泛使用；有人说信息化就是信息产业的发展壮大；有人说信息化就是电子商务＋电子政务＋电子社区；有人比较笼统地说信息化就是将现在社会推进到信息社会的过程；甚至有人对信息化的提法的准确性和科学性提出质疑。当然，毫不质疑的是人们已深刻认识到信息和信息技术的重要性，加强信息化建设也成为世界各国共同的目标。在这样的情境下，如果我们对信息化没有一个比较准确和一致的认识，那么在信息化建设过程中必然会遇到各种困难，甚至要走弯路。

日本学者伊藤阳一（1994）认为信息化就是信息资源（含知识）的空前普遍和高效率的开发、加工、传播和利用，人类的体力劳动和智力劳动获得空前的解放①。我国学者钟义信（1995）将信息化定义为“全面地发展和应用现代信息技术，以创造智能工具，改造更新和装备国民经济的各个部门和社会活动的各个领域（包括家庭），从而大大地增强人们的工作效率、学习效率和创新能力，是社会的物质文明和精神文明空前高涨的过程②。”林毅夫（2003）将信息化定义为：“建立在 IT产业发展与 IT在社会经济各部门扩散的基础之上，运用 IT改造传统的经济、社会结构的过程”③。联合国教科文

① [日]伊藤阳一.日本信息化概念与研究的历史[J].李京文，等.信息化与经济发展[M].北京：社会科学文献出版社，1994：87-88.

② 钟义信.信息化：现代生产力的呼唤——兼评现代通信技术[J].电子展望与决策，1995（4）.

③ 林毅夫.信息化——经济增长新源泉[J].科技与企业，2003（8）：53.

组织在1998年以联合国的名义对信息化进行了界定："信息化既是一个技术的进程，又是一个社会的进程。它要求在产品或服务的生产过程中实现管理流程、组织机构、生产技能以及生产工具的变革①。"

随着信息全球化的推进，我国也不可避免地被卷入到信息化的浪潮。深入研究和准确理解"信息化"的内涵就显得十分必要。我国首次召开的全国信息化工作会议（1997）对信息化进行了一个较为原则性的界定，这次会议指出"信息化"是指"培育、发展以智能化工具为代表的新的生产力并使之造福于社会的历史过程"。为进一步适应信息化发展的需要，我国政府于2006年出台了《2006—2020年国家信息化发展战略》，指出："信息化是充分利用信息技术，开发利用信息资源，促进信息交流和知识共享，提高经济增长质量，推动经济社会发展转型的历史进程"。我国政府机构对信息化的界定对我们理解信息化及中国信息化建设的深刻内涵具有指导意义。

总而言之，信息化具有两方面的含义：一方面，信息化是现代信息技术在人们生产和生活中的扩散应用，以促进生产高效化、生活便利化和高质量化；另一方面，信息化是推动社会变革的过程，推动一国或地区进而是整个人类社会从工业社会向信息社会转型升级的过程。信息化不仅是一个简单的信息技术的应用问题，更重要的是它体现了社会的发展和演变，信息化实质上就是一个由信息技术的广泛应用所引起经济社会变革的过程。有必要指出的是，就像"工业化"描述的是人类由农业社会迈向工业社会的努力过程，"信息化"表征的是人类由传统社会（工业社会、半工业社会）迈向信息社会的历史过程。因而，信息化并不是社会发展的目的，而是社会发展的一个过程，这个过程可能比较漫长，甚至长达百年之久，最终导致信息社会的实现。

信息化是当今社会一股声势浩大的浪潮，是迄今为止对人类影响最广泛、最深远、最深刻的一场技术革命，因而具有丰富的内涵和外延。通过信息化复杂的外在表现，人们依然可以发现信息化所表现出来的特征。总的来看，信息化具有以下几个方面的特征。

（1）广渗透性。表现为信息技术对一个国家或社会的政治、经济、文化、社会生活等全方位地影响，深刻改变着人们生产和生活的各个层面。

（2）强创新性。现代社会经济不断发展的动力之一就是信息化，其核心是现代信息技术的不断创新升级，新的技术形态和方式不断出现，新的信息技术向生产生活扩散应用快以及信息技术与其他技术间的融合快，带动着社会向前发展。

（3）高效益性。信息化在提高生产资源要素的利用效率、社会生产效率及生产与社会管理的效率方面具有显著效果，能明显降低经济（管理）成本，具有较高的社会效益性和经济效益。

① Robin Mansell and Uta When, Knowledge Societies: Information Technology for Sustainable Development, Oxford University Press, 1998.

2.1.2　农业信息化与农村信息化

2.1.2.1　农业信息化的内涵与特征

信息化为国民经济各行业、各领域提供了新的发展机遇。农业信息化是信息时代农业发展的必然趋势，是农业现代化的重要内容。农业信息化是国民经济社会信息化的重要组成部分，是现阶段农业调结构转方式的必经途径。我国的农业信息化研究与实践起步比较晚，农业信息化建设对我国来说还是一项新事物，人们对农业信息化的理解和认识还处在不断的发展过程之中，当前有关农业信息化的概念表述比较多，不同的学者对之有不同的看法。关于农业信息化的定义与内涵主要有以下几种典型观点：有学者从信息技术应用角度来定义农业信息化，有学者认为农业信息化就是培育、发展以计算机为主的智能化工具为代表的新的生产力并使之利用于农业的历史过程①。有学者根据信息技术的应用范畴把农业信息化分为广义和狭义两种含义，广义的农业信息化是指计算机、电视、广播、报纸、电话、现场宣传等各种信息技术手段在农业生产者、经营者和消费者之间进行有效信息传递的过程；狭义的农业信息化指仅使用以计算机网络为主要手段进行信息传递的过程②。刘丽伟（2009）认为农业信息化指的是现代农业发展中广泛采用各类信息化技术的成果及信息化的方法与手段的过程③。一般认为，农业信息化是电脑技术（Computer Technology）、现代通信技术（Communication technology）、遥感技术（Remote sensing technique）、微电子技术（Microelectronic technology）、光电技术（Photoelectric technology）等各种各样的信息技术普遍而系统应用于农业的过程（贾善刚，1999）④。

有学者从农业发展过程来定义农业信息化。如梅方权（1997）认为农业信息化是指农业全过程的信息化，是用信息技术装备现代农业，依靠信息网络化和数字化支持农业经营管理、监测管理农业资源和环境，支持农业经济和农村社会的信息化。

有学者从农业发展领域来定义农业信息化。如郭作玉（2005）指出农业信息化是在农业生产经营管理各领域不断推广和应用计算机、通信、网络等信息技术和其他相关智能技术的动态发展过程⑤。不少学者还通过具体列举农业信息化的发展领域来阐释农业信息化的内涵，如郭作玉（2005）认为农业信息化的内涵主要涉及6个领域，即农村生产管理信息化；农业科学技术信息化；农业经营管理信息化；农村市场流通信息化；农业资源环境信息化和农民生活消费信息化。蔡东宏（2007）从11个方面对农业信息化的内涵进行描述和概括，即农业资源和环境信息化、农业生产与管理信息化、农业生产资

① 郭庆然.农业信息化推进农业产业化的策略研究[J].农业经济，2009（4）：70-72.

② 钱学军.中国农业现代化进程中的农业信息化研究[D].中国农业大学硕士学位论文，2005.

③ 刘丽伟.农业信息化与农业经济增长[M].沈阳：东北大学出版社，2009.

④ 贾善刚.农业信息化与农业经济发展[J].农业经济问题，1999（2）：48.

⑤ 郭作玉.中国农村市场信息服务概论[J].北京：中国农业出版社，2005.

料市场信息化、农产品市场信息化、农业科技信息化、农业教育及培训信息化、农业金融税收信息化、农业政策法规信息化、农村社会经济信息化、农民生活消费信息化、农业基础设施装备信息化等[①]。

现在普遍认为农业信息化是信息技术在农业各领域、各环节、各层面普遍应用的过程。有学者认为农业信息化是指在农业领域全面地发展和应用现代信息技术，使之渗透到农业生产、市场、消费以及农村社会、经济、技术等各个具体环节的全过程（吴宝华[②]，2001；刘忠岫[③]，1998；徐丽敏[④]，2002；高万林[⑤]，2011）。杜乃凡（2007）认为信息化在现代农业发展的各个层面、各个环节上均起到重要作用和深刻影响，他从功能上分析，将农业信息化理解为信息基础应用、生产经营管理、宏观决策监管、社会公众服务等四个方面的内容和作用[⑥]。李道亮（2008）认为农业信息化是信息技术在农业各领域和环节普遍应用的过程，是农业现代化的促进手段和表现形式[⑦]。李道亮还从不同角度，比较全面地阐释农业信息化的内涵：按农业领域划分，农业信息化是指农业资源和环境信息化，农业生产和农业管理信息化，农业生产资料及农产品市场信息化，农业科技教育信息化，农业政策法规信息化，农村社会、经济信息化；按农业层面划分，农业信息化是指农业信息应用技术基础建设、信息技术在现代农业生产领域中的应用、信息技术在农业宏观决策和管理中的应用、信息技术在公众农业信息服务领域的应用；按农业过程划分，农业信息化是指农业生产过程的信息化、农产品流通过程的信息化、农业管理过程的信息化、农村社会服务的信息化；按信息化体系划分，农业信息化的内涵包括信息基础设施建设、信息资源的开发利用、农业信息服务人才队伍建设、服务与应用系统建设及相应的规则体系和运行机制等方面的内容[⑧]。

农业信息化是一个内涵深刻、外延广泛的概念，但目前还没有一个比较权威的界定。尽管人们对农业信息化的理解不尽相同，但是随着人们对农业信息化研究的不断深入，人们对农业信息化的认识也不断深化，人们所描述和阐释的农业信息化几乎具有基本一致的共同特征。全面总结和概括农业信息化的基本特征，有助于我们理解农业信息化的内涵。综合分析当前的各种定义，农业信息化具有以下几个方面的基本特征。

（1）农业信息化的目标是实现农业现代化。农业信息化最直接的目的就是改造传统农业，调整农业产业结构，转变农业发展方式，提高农业生产效率，促进农业增产增效。

① 蔡东宏.热带农业信息化[M].北京：中国农业出版社，2007.

② 吴宝华.我国农业信息化发展的战略构想[J].计算机与农业，2001（11）.

③ 刘忠岫.试论农业信息化[J].计算机与农业，1998（4）.

④ 徐丽敏.试论农业信息化与农业现代化[J].农业经济，2002（10）：15-17.

⑤ 高万林.新农村信息化探索[M].北京：中国农业大学出版社，2011：2.

⑥ 杜乃凡，常中威.以信息化推动现代农业建设[J].农业经济，2007（3）.

⑦ 李道亮.现代农业与农业信息化[J].中国信息界，2008（5）.

⑧ 李道亮.现代农业与农业信息化[J].中国信息界，2008（5）.

（2）农业信息化应是农业发展全方位、全维度、全过程的信息化。如前所述，信息化具有高渗透性，能够在农业发展各领域、各环节、各层面的全过程产生作用和影响。

（3）农业信息化是各种信息技术手段在农业中的广泛应用。信息化是传统农业向现代农业发展的转化器。这里所讲的信息技术手段应是最广义的范畴，凡是有助于农业信息传播的技术手段都可以纳入进来，既包括电视、广播、报纸、电话、现场宣传等传统的信息传播方式，也包括网络技术、物联网、电子商务、微电子技术等现代信息技术。电视、广播、报纸、电话、现场宣传等传统的信息传播方式在农村覆盖面广、农民的接受度高、影响大，对于传递农业信息，消除信息不对称具有很大的优势。而一些技术含量高的现代信息技术由于使用成本、使用者素质要求等因素的制约，在推进农业信息化建设方面反而存在局限性。随着适农信息技术的发展，如三网融合等信息技术的创新和推广应用，电视等传统的信息传播手段的影响力将更好地发挥影响力。

（4）农业信息化是一个不断发展的动态过程。一方面，现代信息技术尚处于不断发展的过程，各种新的技术手段、方式方法不断出现并应用到农业生产各领域、各方面及各环节中来；另一方面，信息技术在农业发展中的应用范畴在不断扩大，应用程度在不断深化，农业信息化服务体系逐步建立和完善，信息化的影响在不断增大，效果不断增强。

2.1.2.2 农村信息化的内涵与特征

农村信息化是信息化与农业、农村发展相融合而成的一个概念，社会主义新农村建设为农村信息化赋予了新的内涵，农村信息化也成了新时期新农村建设的重要内容，加强农村信息化建设，用现代信息技术调整农村产业结构、发展农村社会事业、培育新型农民，是当前农村信息化建设面临的重要任务。农村信息化的概念也是一个发展中的概念，人们在不同时期有不同的认识。有研究认为农村信息化是农业信息化的延伸和扩展；有人认为农村信息化是社会信息化的组成部分；有学者指出农村信息化的说法是相对于城市信息化而言的，与城市信息化共同构成整个国家的国民经济和社会信息化。对于农村信息化的具体内涵，我国学者进行了大量探索，主要有以下观点。

有学者参考林毅夫等对信息化的定义将“农村信息化”定义为：“建立在 IT产业发展与 IT在社会经济各部门扩散的基础之上，运用 IT改造传统的农村经济、社会结构的过程”[①]（万学道，2010）。

有学者在农业信息化的基础上定义农村信息化，如梁敬东（2006）认为农村信息化由利用计算机进行农业科学计算、农业数据处理和农业数据库开发转向农业知识的处理、自动控制的开发以及网络技术的应用[②]。有学者将农村信息化拓展到农村经济发展领域，指出农村信息化是指在农村经济的各个环节，通过普遍采用信息技术和电子信

① 万学道.农村信息员培训教材[M].北京：中国林业出版社，2010：6.

② 梁敬东.我国新农村信息化建设现状、内涵与技术对策[J].南京农业大学学报（社会科学版），2006（9）：26.

息装备，更有效、更合理地开发利用各种农业资源（包括自然资源、人才资源和其他信息资源等），促进农业产业的现代化水平，推动农村经济发展和社会进步的动态演进过程①（黄志文等，2009）。刘世洪认为农村信息化就是指在人类农业生产活动和社会实践中，通过普遍地采用以通信技术和信息技术等为主要内容的高新技术，更加充分有效地开发利用信息资源，推动农业经济发展和农村社会进步的过程②（刘世洪，2005）。

大部分学者认同农村信息化是农村地域范围内政治、经济、文化、社会等各领域内全方位的信息化。郭永田（2007）认为农村信息化是指在广大农村地区，围绕农村经济和社会事业的各个方面，加快农村信息技术发展及其产业化，开发利用各种涉农信息资源，提高农村经济和社会各领域信息技术应用水平，推动农村经济运行机制、社会组织形式和农民生产生活方式变革，加快农村经济发展和社会事业全面进步的过程③。王正瑄（2008）将农村信息化的含义概括为利用信息技术促进农村经济和社会发展的过程，充分运用既包括广播、电视、电话（包括固定电话和移动电话）、传真、报纸、期刊等传统信息传媒技术手段，又包括计算机网络（包括互联网和电子邮件）等现代信息传媒技术手段在内的各种信息技术手段实现信息流动，带动农村社会经济、政治、科技、教育、文化等全面快速发展的过程④。李道亮（2010）提出农村信息化是指通过加强农村广播电视网、电信网和计算机网等信息基础设施建设，充分地开发和利用信息资源，构建信息服务体系促进信息交流和知识共享，使现代信息技术在农村生产经营、公共服务、政务管理及生活消费等各个方面实现普及应用的程度和过程⑤。秦向阳等（2010）认为农村信息化是农村地区利用现代信息技术提升农业生产能力、农村管理水平、农民生活质量的过程，是信息技术在农村应用的过程，从内涵上讲是信息技术应用于农村地区的全方位的信息化⑥。高万林（2011）认为农村信息化就是利用现代计算机和通信等通信技术构建农村综合信息化体系，使农村得以充分开发利用信息资源，加快农村经济、政治、文化发展和社会进步，逐步完善和实现农村现代化发展的过程⑦。

有研究提出要按照中央提出的发展现代农业和建设社会主义新农村的基本要求定义农村信息化，即“要用现代物质条件装备农业，用现代科学技术改造农业，用现代产业提升农业，用现代经营形式推进农业，用现代发展理念引领农业，用培养新型农民发展农业，面向‘生产发展、生活宽裕、乡风文明、村容整洁、管理民主’的发展目标，加强信息化基础设施建设，应用信息技术，开发涉农信息资源，构建服务体系，加速推进农业生

① 黄志文，杨立新.中部农村信息化探索[M].北京：中国农业科学技术出版社，2009：6.
② 刘世洪.农业信息技术与农村信息化[M].北京：中国农业科学技术出版社，2005：91.
③ 郭永田.试论发展农村信息化[J].农业经济问题，2007（1）：44.
④ 王正瑄.农村信息化知识读本[M].哈尔滨：哈尔滨地图出版社，2008：1.
⑤ 李道亮.农村信息化与数字农业[M].北京：中国建筑工业出版社，2010：2.
⑥ 秦向阳，潘瑜春，李瑾，等.中国农村信息化研究[M].贵阳：贵州人民出版社，2010：1.
⑦ 高万林.新农村信息化探索[M].北京：中国农业大学出版社，2011：11.

产经营信息化、农村社会管理信息化和农村公共服务信息化，促进发展现代农业，建设新农村，提升新型农民，统筹城乡经济社会发展，全面实现城乡统筹协调发展[①]。”

为了进一步阐释农村信息化的内涵，一些学者还列举了农村信息化的具体应用领域，见表2-1。

表2-1 农村信息化的具体内涵

作者	论文（著作）发表（出版）时间	主要观点
刘世洪[②]	2005	农村资源环境信息化、农村社会经济信息化、农业生产信息化、农村科技信息化、农村教育信息化、农业生产资料、市场信息化、农村管理信息化等整个农村农业系统
梁敬东[③]	2006	农业科技教育信息化、农村资源环境信息化、农村生活消费信息化、农村生产管理信息化、农村政务管理信息化、农村市场流通信息化
张家麟等[④]	2006	农村经济信息化、农村社会信息化、农村政务信息化
朱金周[⑤]	2007	农业（经济）信息化、农民（人才）信息化、农村（社会、文化、政治）信息化
王正瑄[⑥]	2008	农村行业信息化、行政管理信息化、生活消费信息化及社会资源信息化
黄志文等[⑦]	2009	农村生活信息化、农业基础设施、农业科学技术信息化，农业经营管理信息化、农业资源环境信息化
秦向阳等[⑧]	2010	农民生活消费信息化、农业基础设施信息化、农业科学技术信息化、农业经营管理信息化、农业资源环境信息化和农村管理信息化
高万林[⑨]	2011	农村经济信息化、农村管理信息化、农村文化信息化、农村社会服务信息化

综合分析上述观点，我们可以发现农村信息化实际上就是在农村区域范围内充分利用信息技术开发利用涉农信息资源、促进农业产业信息化、农民生产生活信息化、农村社会（政治、经济、社会、文化等）信息化等，建设社会主义新农村、逐步缩小城乡差距、实现农业现代化、最终实现农村经济社会全面进步的过程。我国的国情决定了我国农村信息化具备以下基本特征。

① 北京市农林科学院农业科技信息研究所.农村信息化理论与实践[M].北京：中国农业科学技术出版社，2010：5-6.

② 刘世洪.农业信息技术与农村信息化[M].北京：中国农业科学技术出版社，2005.

③ 梁敬东.我国新农村信息化建设现状、内涵与技术对策[J].南京农业大学学报(社会科学版)，2006（9）.

④ 张家麟，等.论农村信息化建设与我国农村可持续发展.农业科技管理，2006（2）.

⑤ 朱金周.以信息化带动新农村建设的思考.人民邮电，2007-06-27.

⑥ 王正瑄.农村信息化知识读本[M].哈尔滨：哈尔滨地图出版社，2008.

⑦ 黄志文，杨立新.中部农村信息化探索[M].北京：中国农业科学技术出版社，2009.

⑧ 秦向阳，潘瑜春，李瑾，等.中国农村信息化研究[M].贵阳：贵州人民出版社，2010.

⑨ 高万林.新农村信息化探索[M].北京：中国农业大学出版社，2011.

（1）综合性。农村信息化实际上就是涉农资源通过各种信息技术手段在整个农村区域的扩散应用。农村信息化是一种区域信息化，不是单一某种产业或单一某一领域的信息化，而是整个农村各行各业、各个领域、各个层面的信息化。

（2）地域性。我国农村地域广阔，全国各地的农村地区社会、经济、文化等各方面差异大。农村地域的这些特点决定了我国农村各地信息化基础千差万别，信息化程度各不相同，信息化建设的手段、模式不能一刀切。

（3）复杂性。农村主要产业是农业，这里讲的农业是大农业，即包括农林牧渔业和各种副业，各产业间差异大，农村信息化建设非常复杂；农村信息化还涉及人们的生产、分配、交换、消费等各个环节的经济活动以及农村社会管理活动，这也决定了涉农信息资源的复杂性和信息化建设的高难度性。

（4）特殊性。一切发展都是以人为本，农村信息化建设最终是实现人的发展。这就决定了农村信息化最重要的服务对象、应用主体及必须依靠的力量就是广大农民群众。促进农民增收、实现农民生活便利、保障农民民主权利是农村信息化建设肩负的特殊使命。这个特定群体不仅数量庞大而且信息化素质不高，这也决定了我国农村信息化建设任务的艰巨性和过程的漫长性。

（5）公益性。农村产业的弱质性及长期城乡二元结构导致的农村发展的落后性决定了在以城带乡、以工补农、城乡统筹发展及建设社会主义新农村，发展现代农业的新时期，我国必须把农村信息化建设作为推进农村社会经济发展一项战略举措。加强农村信息化建设，不仅具有明显的经济效益，而且对改变人们思想观念、改进生产生活方式、促进科技教育等社会事业发展、保护生态环境等农村面貌的全新变化具有极大的推动作用，具有明显的社会公益性。

2.1.2.3 农业信息化与农村信息化的关系

准确定位和正确处理农业信息化与农村信息化的关系，是我国国民经济与社会信息化建设顺利、有序进行的必然要求，也是本书展开研究的一个重要基础。然而，在长期的研究与实践过程中，人们未能很好地理清两者的关系，如有些学者常把这两个概念混用，在定义农业信息化的时候，将其范围拓展到农业之外甚至包括农村经济政治社会发展的范畴，有人在定义农村信息化的时候，仅从农业这个农村的重要产业出发进行界定，这实际上是一种只见树木不见森林的行为，这对于开展理论研究和信息化建设实践都是不利的。

总的来说，农业信息化与农村信息化之间既有联系又有区别。一方面，两者紧密相连。不管是农业信息化还是农村信息化都离不开农民这个主体，对于农民增收以及农村经济社会发展都有正相关关系。另一方面，两者差异较大。农业信息化主要针对的是农业这一产业发展的信息化，属于行业信息化的范畴。农村信息化主要指的是农村地域范围内的各方面各行业的信息化，是一种区域信息化，综合程度更高，属于社会信息化的范畴。当然，有必要指出的是，两者也并不是包含与被包含的关系。因为我国的农业是十字形大农业，尽管其生产过程主要发生在农村，但并不完全局限于农村。如农产品的加工和销售，有部分在农村，也有部分在城市；农业科学技术的研究开发与示范推广，一部分在农村，另一部分在城市；农业生产的宏观决策等管理活动上升到省级甚至国家级层面[①]。农村是一个地域概念，相对于城市而言，涵盖了农村区域范围内的政治、经济、文化、社会等各方面的生产、生活和管理等活动，这是农业所不能包含的。因此，本书所研究的对象——农村信息化指的是包括农业的部分环节和内容（即在农村区域内发生的各种农业活动）在内的农村区域范围内的各方面的信息化。

准确定位农村信息化和农业信息化的关系，有利于我们深化对两者的认识，也有利于我们采用不同的策略，进行侧重点不同的建设，也有利于两者相互促进，共同提高，最终促进农业现代化、社会主义新农村建设和城乡统筹发展。

2.2　大数据时代农村信息化建设的具体要求

2.2.1　提升农村公共服务水平

农村信息化既是信息时代农村基本公共服务的基本内容，同时又是促进基本公共服务发展的基本手段，即农村信息化本身既是发展目标，也是工作手段。一方面，农村信息化是农村的一项公益事业与公共服务。我国农村信息化是一项公益性、基础性的事业，在一定时期及一定程度上具有消费的非竞争性和受益的非排他性，农村信息化进程的推进涉及整个农村系统，直接影响到农村经济、政治、文化和社会的方方面面，农村信息化水平的提高对农村各方面的发展都具有促进作用，具有明显的正外部性，因此农村信息化具有明显的公共产品与公共服务的属性。信息化已成为国民经济和社会发展的重要组成内容，在此背景下加强农村信息化建设和提供相关的信息化服务应被纳入政府基本公共服务的范畴。近10年来的中央一号文件从不同角度都提出了加强农村信息化建设，各级政府机构遵循中央精神加强农村的信息基础设施建设、加强农村信息化业务应用，推出了大量农村信息化建设的措施，事实上农村信息化已被纳入政府公共服务的范畴。另一方面，信息化是农村公共服务新的更加高效的技术实现方式，借助现代信息技术能够丰富传统的农村基本公共服务的内容和表现形式，提高农村基本公共服务水平，让广大的农村居民能够更加便利地参与公共生活和享受更高质量的公共服务。因此，农村信息化是信息时代农村公共服务的重要手段，推进农村信息化建设，对于实现农村公共服务的决策科学化、管理现代化、服务人性化，促进三农问题的解决和农村的全面发展具有十分重要的意义。因此，有必要加强农村信息化建设，以信息化提升农

① 高万林.新农村信息化建设探索[M].北京：中国农业大学出版社，2011：5-6.

村公共服务水平。

2.2.1.1 推动农村电子政务

我国电子政务在城市的发展和应用已经比较广泛，大大提高了公共服务水平，但广大农村区域的电子政务建设就相对滞后。推动农村电子政务建设，提供面向“三农”的公共服务，能有效带动农村政治、经济、文化、社会等各方面的发展。以农村信息基础设施建设为重点，加强农村电子政务平台建设，利用数据中心资源、软件资源和网络资源，实现各部门和县—乡—村之间的资源共享和信息传递，提高办公效率；依托互联网，集约建设面向农村的电子政务公共服务平台，进行政务公开和发布信息，整合面向公众的各种服务，实现网上联合办公和“一站式”服务，提供在线投诉和及时反馈的双向互动，提高办事效率。建立村务管理信息网络示范平台，实现村务信息公开和村务管理透明化，保障广大农民知情权，增强农民参与管理能力，促进村民自治和民主管理。加强农村党建工作信息化，增强党员对农村信息化的带动作用等[①]。

2.2.1.2 优化农村文化服务

长期以来，农村精神文化资源匮乏、各类精神文化活动较少并趋于固化，打牌、打麻将甚至赌博成了农民业余活动的主流，看相、算命、巫术治疗、修庙、建坟等迷信活动死灰复燃甚至盛行。信息化为农村精神文化活动的发展提供了新的机遇，农民可以通过电视、电话、手机以及互联网等现代通信手段跟外界进行交流与沟通，极为便利地收看电影、电视、阅读电子书籍、浏览网络新闻或其他信息，文化娱乐生活多姿多彩。总之，农民可以在更大范围内享受各种文化交流与娱乐服务，精神生活得到了极大的丰富，生活质量也大大提高。推进农村信息化建设必须把精神文化活动的开展作为其主要内容之一，要积极推动农村文化信息资源共享建设，满足农民多方面的信息需求。

2.2.1.3 推进美丽农村建设

将现代信息技术应用于农村规划建设，积极开发乡村规划决策系统，根据各地农村经济社会发展的实际情况，对乡村建设进行系统规划，制定符合本地人文社会生态环境的建设方案。充分利用现代信息化手段对农村环境污染与保护的治理工程实施全面监控，为广大农民建设山清水秀的农村环境和美丽家园提供信息化的服务。

2.2.1.4 促进农村和谐发展

要建立惠农政策法规信息资源数据库，实现种粮补贴、良种补贴、农机补贴、农资综合补贴等各项支农惠农政策资源与移动、电信数据库同步联网，互通互享，便于广大农民群众的查询和监督，提高惠农政策的实施效率和监测能力。整合农村信息服务资源，为广大农民提供就业、社保、计生、医疗等民生信息服务。

---

① 农业部.全国农业和农村信息化建设总体框架（2007—2015），2007-11-21.

2.2.2 促进农业现代化的实现

农业现代化是指从传统农业向现代农业转化的过程。综合运用现代科技手段和各种方式方法，促使我国农业由落后的传统农业日益转化为当代世界先进水平的农业是当前我国农业发展面临的首要任务。以信息化的方式改造传统农业，把我国农业发展推进到更高阶段，实现信息时代的农业现代化是加强我国农村信息化建设的必然要求。

2.2.2.1 以信息化提高农业生产设施装备水平

农业设施装备的现代化是农业现代化的重要标志。用信息技术装备农业，是加速传统农业转型的重要途径。因此，加强农村信息化建设，必然就要加强关键技术装备研发推广，如开发应用作物生长、畜禽水产养殖、节水灌溉等农业智能系统、积极推动GPS、GIS、RS、RFIDS等现代信息技术在现代农业生产和经营管理中的应用。推进应急管理信息系统建设，增强农业生产过程中对天气、地质等自然灾害与重大动物疫情及植物病虫害等各类突发危机事件的预测、预报和预警水平，提高事态监控、应急决策和处置能力。进一步推进“宽带下乡”“三网融合”等工程，加强农村信息化基础设施建设。

2.2.2.2 以信息化促进农业科技创新与成果转化

科技进步是农业发展的根本出路，农业科技的应用程度决定着农业现代化程度。加强农业科技创新并把相关成果推广和应用于农业生产的产前、产中、产后等各个环节是农业现代化得以实现的有效途径。信息化建设是当前推进农业科技进步的必备条件和重要手段。信息化建设能够为农业科技的研究与开发提供先进的技术手段和方法，如提供可共享的高性能计算设备和分布式数据库服务、进行协同研发等。信息化建设能够构筑网络化的农业科技推广服务体系，提高农业科技成果的传播、扩散和应用成效。积极打造农业科技创新的信息化平台，整合农村网络资源，搭建三网融合的信息服务快速通道。

2.2.2.3 以信息化促进农业产业结构转型升级

农村信息化建设将极大促进信息渠道的多样化和信息资源的丰富化，农民获取信息的手段将不断提高，掌握信息量也不断增加，这就必将促进农民自觉根据市场需求自觉调整农业生产结构，农民将不再局限在传统农作物和动物的种植及养殖生产上，各种新的农业生产类型不断出现，各种名、特、优的高效益经济作物的种植比例将逐渐增加，而且农民的生产经营将不再局限于土地上，各种农副产品加工业比例也逐渐增多。通过特色产品信息平台、农业（农产品）网站等的信息载体建设和物联网等信息技术的应用及其功能的发挥，观光农业、休闲农业、生态农业等现代农业形态不断增加。

2.2.2.4 以信息化健全农村市场体系

加强农村信息化建设，必然要加强农村市场信息化服务体系建设，实现“小生产”和“大市场”有效的对接。加强全国农产品批发市场信息网络系统、农村农产品市场供求信息系统、农产品电子商务平台及国际农产品市场信息服务系统建设，实现电脑、手机等终端设备进行市场信息的发布、汇集、展示、查询，提高农产品的交易、供求、物流等市场信息资源开发利用水平，加快农产品的流通速度、提高交易效率。推进农业生产资料质量安全监管信息系统和农产品质量溯源信息系统的开发应用，利用现代信息技术加强对农业生产资料和农产品的质量安全监管。

2.2.2.5 以信息化培养新型农民

在传统农业向现代农业的过渡中，农民素质的提高是实现其顺利转化的基础。农业现代化需要大量高素质的新型农民。要用信息化实现农业现代化，其核心问题是农民的知识化问题。要充分利用乡镇农技服务机构、广大农村中小学校和农广校等各类机构的教育资源，结合“跨世纪青年农民科技培训工程”“新型农民创业培植工程”“农村富余劳动力转移就业培训工程”和“农业远程培训工程”等工程计划的推进，采取信息化的远程教育手段，加强农民的农业技能、就业技能及网络技术培训，着力培养信息化时代的新型农民。

2.2.3 加快城乡统筹发展步伐

经过三十余年的改革开放，我国经济结构发生了极大的变化并要求社会结构、政治结构进行变革并向深层次拓展，传统的体制所剩的增长空间已接近极限，长期以来实行的农村支持城市，城乡分割发展形成的城乡二元结构造成的城市与乡村不同待遇、不同标准、不同发展路径的发展方式已经难以为继。2012年全国农村居民人均纯收入中位数7 019元，城镇居民人均可支配收入24 565元，城乡居民的收入差距17 546元，城乡收入差距比为3.10∶1[①]。尽管近十年来农村在中央一系列强农惠农政策作用下发展明显加快、农民收入增长明显提速，但是自2002年以来，我国城乡收入比一直在“3”以上，这说明了我国“三农”问题仅靠有限的政策调整并不能得到根本解决，城乡分割的“二元体制”已经成为农村发展、农民收入增加的最大制约。党的十八大报告指出：“解决好农业农村农民问题是全党工作重中之重，城乡发展一体化是解决‘三农’问题的根本途径。要加大统筹城乡发展力度，促进城乡共同繁荣。”城乡统筹发展是我们孜孜不倦的追求，早在1847年恩格斯在《共产主义原理》中就指出“通过消除旧的分工，……以及城乡的融合，使全体成员的才能得到全面的发展[②]。”城市带乡村是世界经济发展、社会进步的共同规律。埃比尼泽·霍华德在研究西方城乡一体化发展时指出：“城市和乡村必须成婚，这种愉快的结合将迸发出新的希望，新的生活，新的文明[③]。”建立城

① 国家统计局. 2012年国民经济发展稳中有进. http: //www.stats.gov.cn/was40/gjtjj_detail.jsp?channelid=5705&record=102，2013-01-18.

② 马克思，恩格斯·马克思恩格斯选集（第4卷）[M].北京：人民出版社，1995：357-374.

③ 霍华德.明日的田园城市[M].商务印书馆，2010.

乡互动、良性循环、共同发展的城乡统筹发展体制是解决“三农”问题新的希望。当前制约城乡统筹发展的一个重要因素就是城乡之间的“信息鸿沟”。推进农村信息化建设，通过信息化促进城乡之间的快速沟通与融合，是一条低成本、快速度和高效率的城乡统筹发展路径。加强农村信息化建设，具体来说要达到以下效果。

2.2.3.1 强化城市对农村的辐射带动作用

城市是区域政治、经济、文化和科技中心，是区域人才流、技术流、信息流、资金流的交汇集散地，是区域信息网络的重要节点，也是区域信息化的增长点。加强农村信息化建设，建立起城乡一体化的信息服务体系，高速便捷的信息网络能切实突破地域限制，使城市不仅向农村进行各种物质产品输送，而且要向周边农村提供贸易、金融、科技、人才等各类生产生活信息以及提供信息技术支持，增强城市对农村的辐射、扩散和带动功能。加强农村信息基础设施建设，提高农村信息技术应用水平，为城乡之间的沟通、交流提供多样化、便利化、即时化的信息沟通交流载体，使城市现代价值观念、思想意识和生活方式等城市文明迅速向农村扩散，加速农村城镇化进程。

2.2.3.2 加速城乡融合进程

加强农村信息化建设，可以促进农业生产经营集约化，更多的劳动力、资金和土地等生产资料被分流出来用于发展农村非农产业，助力农村服务业的发展和乡镇工业的复兴，既调整和优化了农村产业结构，发掘新的经济增长点，又使农村本土消化剩余劳动力，“离土不离乡”成为现实，实现自下而上的城市化。从城乡统筹发展的角度看，加强农村信息化建设是统筹配置城乡生产要素和促进城乡公共服务环境一体化的需要。一方面，信息化把农村种养加产供销等千家万户的小生产经营活动纳入了千变万化的大市场连中来，促进城乡经济统筹发展；另一方面，农村公共服务和社会管理的信息化的发展能促进城乡政府与农民群众之间的一体化沟通，实现医疗卫生、文化教育等公共服务的均等化，实现统筹城乡发展的目标。

2.2.3.3 弥合城乡“数字鸿沟”

与城市信息化相比，我国农村信息化水平极低，在城乡之间存在着一条明显的“数字鸿沟”。截至 2013年6月底，我国网民规模达5.91亿，网民中农村人口占比仅为27.9%（图2-1），而农林牧渔劳动者仅占5.2%，农村外出务工人员仅占2.6%[①]。由于农村信息基础设施落后、信息化建设资金不足及农村人口受教育程度的限制等因素的影响，一些偏远山区和农村地区成了信息化建设的盲点，这些地区的人口有可能沦为信息化时代的“信息贫民”。信息化实质上是一把双刃剑，它既可以是拉近城乡发展差距的桥梁，也可以是扩大城乡之间本已存在的鸿沟的重要因素。因此，加强农村信息化建设必须遵循城乡统筹发展的思路，积极弥补和避免产生新的数字鸿沟，真正达到以工带

① CNNIC.中国互联网络发展状况统计报告. http: //www.cnnic.net.cn/，2013-07-17.

农、以城带乡、城乡一体化协调发展的目标。

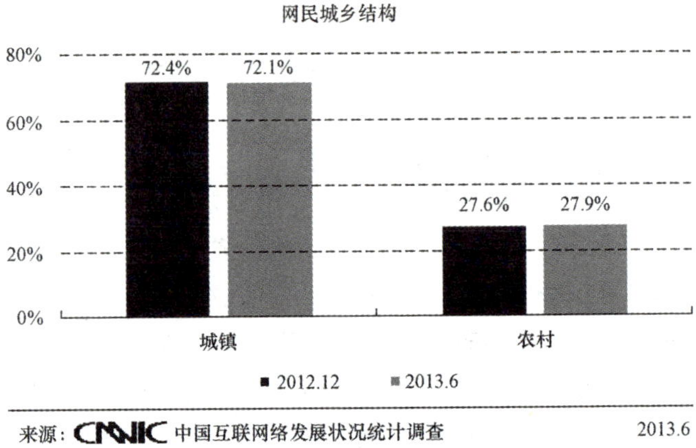

图2-1　中国网民城乡结构图

2.2.4　促进农村可持续性发展

自20世纪80年代末至90年代初起，世界社会经济发展呈现出两大战略性趋势：一是可持续发展观。自从1987年世界环境与发展委员会（WCED）在其发表的报告《我们共同的未来》第一次正式阐释可持续发展概念以来，可持续发展观得到了世界范围内的广泛认同，到现在已经深入人心。可持续发展是既满足当代人的需求，又不对后代人满足其需求的能力构成危害的发展，既是以人为中心的发展，又强调人与自然、资源环境的协调发展，同时要能使子孙后代能够永续发展和安居乐业。二是20世纪90年代初掀起的信息化浪潮。以现代信息技术和互联网络的普及应用为标志的信息化深刻改变着人类的生产生活方式和价值理念，给人类社会带来了翻天覆地的变化，推动着人类由工业社会迈入信息社会。当前，我国农村社会经济发展同时面临着可持续发展的难题与信息化建设的任务。

我国是世界上人口最多的发展中农业大国，农村区域占全国绝大部分面积，农村人口也仍占总人口的半数左右，农村的发展情况直接影响着我国的现代化进度。长期以来，我国农村面临着诸多问题，影响着农村的持续发展。如化肥、农药、农用薄膜等化学品滥用，规模化畜禽养殖业废弃物等农业生产造成的环境污染问题严重，农村生活废弃物对农村环境的污染日益突出，能源和水资源的短缺现象越来越严重，近年来城市“三废”污染向农村急剧蔓延、乡镇企业的发展对农村环境造成了严重污染等农村环境问题令人担忧，对农业资源的不合理利用和掠夺式开发而导致资源数量的锐减和质量的下降，草地退化、沙化、碱化等农村生态恶化现象严重，乡村田园风光不再、农村难觅“桃花源”。农村发展还面临着农业生产的低效问题、数量巨大的低素质人口的发展问题及与此相关的农村贫困问题、农村社会事业发展滞后问题、农村精神文化“荒漠化”问题等，发展不可持续。农村人口多、人均农业资源少、农村生态环境脆弱等造成农村自然、经济、社会发展的失调无序决定了我国农村发展要走一条可持续的道路。

信息化是信息时代农村社会发展面临的一大紧迫任务，农村发展如不能踏上“信息高速公路”将被远远抛在社会发展的后头，城乡差距进一步拉大。加强农村信息化建设，可以同时将可持续发展与信息化建设的任务兼顾。在信息时代，信息化深刻改变人们的生产方式、生活方式、工作方式和思维方式，为可持续发展开辟了新天地。首先，信息资源是信息社会最重要的资源，也是一种完全符合可持续发展需要的资源。正如约翰·奈斯比特在其所著的《大趋势》中指出：“随着信息社会的到来，我们的经济才有史以来第一次可以建立在一种不仅可以再生而且可自生的重要资源上”“再也不会发生资源枯竭问题[①]。”信息化的过程实质上就是对信息资源的开发利用过程。信息资源具有可再生性，可选择性，储量不受限制，经开发利用还可不断增殖。加强农村信息化建设，加大农村信息资源的开发利用力度，能够降低能耗和资源浪费，减轻城乡间物流、人流负担，大大缓和由于物质和能源资源紧张导致的农村经济社会发展不利因素。其次，信息化能为农村可持续发展提供可靠的技术保证。通过信息技术创造先进的智能工具，提高物质能量开发利用水平，开发新的资源及提高资源管理效率，促进农村传统产业结构升级转型，降低农村环境污染程度，提高农村社会管理与公共服务效率，使许多农村社会经济发展难题迎刃而解。再次，农村信息化建设能为农村可持续发展提供人才支撑。可持续发展是以人为中心的发展，要求的是人的素质的提高。农村信息化建设需要有一大批懂管理、会经营、精通农业科学技术、现代信息技术等多种技能和知识于一身的复合型人才，同时也为这样的人才提供了成长和发展的空间。农村信息化建设也迫使人们为了适应信息技术时代的全新要求而不断加强学习，努力提高自身素质，使终身学习成为生产生活的必然要求，从而为农村的持续发展提供人才支撑。

综上所述，信息化已成为农村可持续发展的必然要求和重要标志。农村可持续发展战略的实施必须从信息化建设抓起。只有按照高起点、现代化的思路，抢占农村社会发展的制高点，实现从传统生产力向先进生产力转化，才有可能实现农村可持续发展的根本目标。这也要求，推进农村信息化建设必须遵循可持续发展的原则，有效整合农村资源，提高农村资源管理和利用水平；改善农村生态环境；调整和优化农村产业结构，调整农村产业布局，促进农村产业升级转型等，协调好资源、环境与发展的关系，实现农村社会经济发展的整体效益。同时要注意农村信息化本身的可持续发展，即采用可持续发展思想对农村信息化建设进行系统部署和科学管理，综合全面地推进农村信息化建设。

---

① 约翰·奈斯比特普，梅艳译.大趋势——改变我们生活的十个新方向[M].北京：中国社会科学出版社，1984.

2.3 大数据时代农村信息化建设研究的理论支撑

2.3.1 信息社会理论

2.3.1.1 信息社会及其概念界定

随着信息革命和信息化的推进，人类社会将由工业社会进入到信息社会，这在世界范围内都取得了一定的共识。从学术研究的角度来看，究竟什么是信息社会，又怎样来判定一个社会是否进入信息社会，在学术界还是一个值得研究的问题。

对于当前我们正处的时代和即将面临的社会，现在学术界将其称为“信息社会”。而这也不是人们对此的唯一称呼，在信息化研究过程中，人们在不同的阶段或基于不同的视角，使用了一些其他词语来指代这个概念，如后工业社会、信息时代、知识社会、高技术社会、信息化社会、电子技术时代、超工业社会、后现代社会等。相比其他概念，“信息社会”使用范围最为广泛、使用频率最高。关于什么是信息社会的研究，主要有以下典型理论或学说。

（1）丹尼尔·贝尔的后工业社会说。丹尼尔·贝尔被称为详述信息社会即将到来的第一人，他在1957年就提出了后工业社会的概念，1973年他在其所著的《后工业社会的来临：对社会预测的一项探索》中全面论述了后工业社会学说。贝尔把社会发展图式划分为前工业社会、工业社会、后工业社会。他认为后工业社会是围绕知识组织起来的，其目的在于进行社会管理和指导革新和变革；这反过来又产生新的社会关系和新的结构。他在与工业社会进行比较的基础上指出了后工业社会的特点：从经济部门的性质看，后工业社会是以服务业为主的社会；在职业构成上，专业性、技术性和科学研究型的职业占主导地位；理论知识成为社会革新和制定政策的源泉，居于中心地位；在技术上，生产技术和生活技术逐步朝着有计划和有节制的方向发展；在制定政策和进行决策上，人们越来越依靠智能技术。

（2）彼得·德鲁克的知识社会论。彼得·德鲁克在1968年提出了“知识经济学说”，并创造了“知识工作者”这一概念用以表示知道如何利用知识来提高生产效率的管理者，认为知识工作者是社会劳动的中心。他认为在知识社会，知识是衡量经济的潜在力和经济实力基础的重要标志。在知识社会，阶级冲突的形态从“有产阶级—无产阶级”的冲突转变为“有知识阶级—无知识阶级”的冲突。

（3）阿尔文·托夫勒的第三次浪潮说。阿尔文·托夫勒在其所著的《第三次浪潮》中采用“浪潮前锋”的分析方法（social wavefront analysis）剪裁历史，他明确指出，人类经历了农业化浪潮、工业化浪潮之后将迎来第三次浪潮，即信息化浪潮，三次浪潮分别对应农业社会、工业社会和信息社会。他认为信息社会区别于工业社会的最大差异在于主宰世界的权力由财富转为知识。

（4）约翰·奈斯比特的信息社会说。1982年约翰·奈斯比特在所著的《大趋势》中明确提出“信息社会”的概念，1990年他在《2000年大趋势》中进一步分析了信息社会的主要特征：知识和信息是主要的资源和财富；从农民到工人再到职员是美国职业发展史的必然趋势；信息业的增长是经济增长的主要因素；技术的发展从强迫性技术向高技术和高情感相平衡的方向发展；信息流动的时间加快，全球信息化时代已经到了；人们的生活习惯和生活方式由农业社会的向过去看，工业社会的注重现实发展，到信息社会的向未来学习。

（5）曼纽尔·卡斯泰尔的网络社会说。曼纽尔·卡斯泰尔被认为是“网络社会”最优秀的思想家，“90年代的贝尔”，其网络社会理论主要由其《信息化城市》《网络社会的崛起》《特色的力量》三部著作奠基。卡斯泰尔认为，网络构成了社会的形态，是支配和改变社会的源泉，信息时代的主要功能是围绕网络形成的。网络通过改变生活、空间和实践的物质基础，来构建一个流动的空间和无限的时间，这种社会的新的组织形式正在渗透全球，遍及世界[①]。

2.3.1.2　信息社会的特征

随着信息化的持续推进，“信息社会”理论越来越丰富，人们对信息社会也越来越关注。无可否认的是，“信息社会”现在已经成了人们日常生产和生活的高频词，深入到了人们的日常意识之中。结合有关信息社会的理论及全球信息化浪潮带来的革命性变化，我们可以归纳出信息社会的若干特征。

（1）信息社会是人类社会发展的一个新阶段。贝尔（Daniel Bell）等人的后工业化理论、列奥塔（Jean-Francois Lyotard）等人的后现代主义理论、卡斯迪尔斯（Manuel Castells）的发展信息模式理论等都认为信息社会作为一种新的社会形态正在取代旧的社会形态。即使对这一观点持反对意见的人如韦伯斯特（Frank Webster）、阿格里特（Michel Aglietta）、哈伯马斯（Jurgen Habermas）等也承认信息革命、信息化及信息和知识对当代世界的重要性，他们认为信息化的发展确实促使人类社会进入了一个新的阶段。总之可以认定的是，信息化推动人们进入了一个崭新的时代，信息革命的影响绝对可以媲美农业革命和工业革命对人类带来的影响，而且其影响更大、范围更广、更深远。

（2）信息技术高度发达和广泛普及。信息社会是在信息技术的驱动下产生和发展的。信息技术主要包括计算机技术（Computers）、通信技术（Communications）、控制科技（Control）及信息的获取、传输和处理技术（Collection），即所谓的“4C”。信息技术构成了一个国家和社会的信息基础结构，对社会经济生活的各个方面和各个领域具有极强的渗透力，信息技术的快速发展极大地推动了社会经济的发展和变革。

（3）信息数量激增。在信息社会，信息呈爆炸式增长，成为社会生产的支柱和主

① 李国亭，等.信息社会：数字化生存的地球村[M].北京：军事科学出版社，2003: 133-136.

要产品。丹尼尔·贝尔最先使用了“信息爆炸”这一术语来形容信息社会信息数量的增长。英国科学哲学家詹姆斯·马丁指出，人类知识从19世纪以来每50年增长1倍，到了20世纪中期每10年增长1倍，70年代则是每5年增长1倍。据研究，现在几乎是不到2年就增长1倍。据专家估计，20世纪40年代以来产生和累计的信息量比这之前人类所产生的信息量之和还要多。

（4）信息产业高度发达。在信息社会，物质生产更加依赖于信息的生产，信息和知识被视为财富增长的主要源泉，信息产业成为国民经济的支柱产业或重要产业。彼得·德鲁克和约翰·奈斯比特对此均有论述。彼得·德鲁克认为：“知识生产成为生产力、竞争力和经济成就的关键”“知识已成为最主要的产业，这个产业向经济提供了生产所需要的重要中心资源[①]。”奈斯比特也指出：“信息社会里知识是最重要的因素”“知识是我们经济社会的驱动力[②]”。当前，信息技术已毫无争议地被视为当代最先进、最活跃的生产力，信息产业也已成为全球经济发展的主要推动力和新的增长点。此外，传统产业也广泛采用信息技术来提高效能，整个社会全面信息化已不可避免。

（5）就业结构发生重大变化。随着信息产业的兴盛与社会信息化程度的进一步提高，整个社会的就业结构也发生了明显的变化，劳动力不断从生产领域向服务领域转移，白领工人比重持续攀升，以掌握信息技术应用为特征的信息职业者或知识劳动者成为决定社会生产和管理运作的主体。

（6）日常生活高度信息化。发达的信息技术为人们生活提供了极为便利的条件，极大地丰富了人们的精神生活；促使教育手段信息化，扩大了人们受教育的机会；为政治生活民主化提供条件，信息技术为人们知情权的维护提供了保障，增加了政治参与、政治表达等方面的机会。

2.3.1.3 信息社会的判断标准

约翰·奈斯比特把信息社会开始工业社会结束的标志归结为两大历史性事件：一是1956年美国的白领工人历史性地超过蓝领工人；二是1957年苏联发射首颗人造地球卫星，开启了全球卫星通信的时代。威·约·马丁在其1988年出版的《信息社会》中提出了衡量信息社会的五大标准：一是技术标准，信息技术必须是社会的关键性能动力量；二是社会标准，信息必须保证提高人民的生活质量；三是经济标准，信息必须是关键的经济因素；四是政治标准，信息应能增进民主与自由；五是文化标准，信息应具有文化价值[③]。2003年12月在日内瓦召开的信息社会世界高峰会议第一阶段会议总结了信息社会应达到的十项国际标准，即连接所有村庄；连接所有学校（包括大学、学院、中学和小学）；连接所有科研中心；连接所有公共图书馆、文化中心、博物馆、邮局和档案

① （美）彼得·德鲁克（Peter F.Drucker）.后资本主义社会[M].张星岩，译.上海：上海译文出版社，1998.
② （美）约翰·奈斯比特.大趋势——改变我们生活的十个新方向[M].梅艳，译.北京：中国社会科学出版社，1984：15.
③ 威·约·马丁.信息社会[M].胡昌平，译.武汉：武汉大学出版社，1992：59.

馆；连接所有医疗中心和医院；连接所有政府部门；根据国情，调整中小学课程，以应对信息社会的挑战；确保世界上所有人都能得到电视和广播服务；鼓励内容开发并创造技术条件，使世界上所有语言均能在因特网上得到体现和使用；确保世界一半以上的居民在可及范围内获得通信技术[①]。

2.3.2　信息资源理论

2.3.2.1　信息资源的界定

信息作为与物质、能量并列为支撑人类社会发展的重要资源已早为人们所认识，但有关“信息资源”的研究则是到20世纪70—80年代才逐渐兴起，信息资源作为专门的学科术语有据可查的最早追溯到1970年由J.O.Rourke在其所著的《加拿大的信息资源》（Information resources in Canada）一文提出。此后，以Information Resources为标题的论著逐渐增多。国外有关信息资源的概念界定影响力最大的当数美国学者霍顿（EW.Jr.Horton，1986）提出的定义，他指出“信息资源”一词的单复数形式的含义不同：当其作为单数（Information resource）时，其意为某种内容的来源；而当其为复数（Information resources）时，其意是指支持工具，包括供给、设备、环境、人员、资金等[②]。我国对信息资源概念及其有关问题的研究始于20世纪80年代中期。“信息资源”一词引起人们重视并广为人知始于1984年邓小平同志对《经济参考报》的一句著名题词：“开发信息资源，服务四化建设”。国内学者在借鉴国外有关信息资源定义的基础上倾向于将其作狭义和广义两种理解，如乌家培（1996）指出：狭义的理解仅指信息内容本身，广义的理解指的是除信息内容本身外，还包括与其紧密相连的信息设备、信息人员、信息系统和信息网络等[③]。不过乌家培教授指出，即使是狭义的理解，信息资源也应包括信息载体，因为信息内容不能脱离信息载体而独立存在。其他一些学者（孟广均，2003；朱启贵等，2005；陈庄等，2011）等对信息资源的理解基本上是在此基础上进行再次定义，与此定义异曲同工。大多数研究文献在进行研究时均采用广义的理解，本书亦采用广义的定义。

2.3.2.2　信息资源的特性

1．信息资源的自然特性

（1）依附性。信息资源不是物质，但离不开物质，信息资源必须借助一定的符号依附在一定的物质载体上，不能脱离物质载体而独立存在。

（2）再生性。信息资源经过收集、整理、加工后，或在传播过程中，可以衍生出新

① http: //www.chinagridforum.org/blogdata/GridWorkShop/archives/000119.html.

② 卢泰宏, 孟广均.信息资源管理专集[J].国外图书情报工作，1992，（3）.

③ 乌家培.信息资源与信息经济学[J].经济学动态，2006（2）.

的信息资源或更多的信息资源。信息资源被利用得越多越广，就越有可能创造出更多的信息。

（3）数量的无限性。信息资源在数量上是无上限的，在统计上是无法穷举的。

（4）易转换性。信息资源易于在不同的记录介质和表示方式间进行转换。

2. 信息资源的经济特性

（1）效用性。信息资源是经开发后为人们生产生活所利用的有用信息，具有一定的使用价值。

（2）稀缺性。一方面，人们对信息资源的需求非常巨大，而信息获取能力却总是有限，相对于人们的信息需求，信息资源的供给具有稀缺性；另一方面，信息资源的开发需要投入（包括物质投入、智力投入等），人们想要拥有信息资源，就必须付出一定的代价。

（3）增值性。信息资源经开发利用可以不断增值，同时信息资源的投入能使其他资源增值，如各类人力、资本及自然物质资源等。

（4）成本结构的特殊性。信息资源一般生产成本都很高，但复制成本较低，经常会出现市场失灵的现象①。

3. 信息资源的公共产品特性

（1）共享性。所有信息使用者在相同的条件和环境下，无歧视、平等地得到所需信息，信息生产者或拥有者难以独占使用，即信息资源的使用者在使用某一信息时，并不会影响其他人对该信息的使用。信息资源的这种特性类似于公共产品的非排他性，这使得任何一个信息资源消费者倾向于“搭便车”，即使有知识产权方面法律法规的保护，但信息产品的复制便捷、成本低廉，而法律的执行成本却非常高，也就是说排斥“免费搭车”行为的代价高。

（2）非损耗性。即信息不因交易、利用而磨损或消耗，尽管有些信息有保密规定或交易双方有约定，只能在限定的范围内使用，但这并不意味着信息的损耗。如一些农业科技信息并不为某一机构或人员所独占，也不因传播范围的扩大和使用人数的增加而损耗。国家大力推进农业科技的扩散和传播，正是基于信息资源的非损耗性。

（3）外部性。信息资源与其他公共产品一样存在明显的“效果外溢”。许多信息资源（特别是公共信息）的开发利用有利于社会发展和进步，却未必能为个人或组织带来经济效益。外部性也是导致信息资源配置市场失灵的原因之一，因而为政府提供了配置的角色。

2.3.2.3 信息资源分布理论

关于信息资源分布情况的研究直接关系到信息资源的开发、管理和利用效率的提

① 赖茂生，等.信息资源开发利用基本理论研究[J].情报理论与实践，2004（5）.

高。本研究主要聚焦信息资源在地理分布上的非均衡性。人们经常发现在信息流的产生、传播和利用过程中，信息资源常常表现出明显的核心趋势和集中取向，从地理上来看，信息资源主要集中在发达国家和发达地区。这也被称之为信息资源分布中的“马太效应”[①]，其结果就是导致“数字鸿沟”和信息分化。

（1）数字鸿沟（Digital Divide）。又称为信息鸿沟，最早是指一个在那些拥有信息时代的工具的人以及那些未曾拥有者之间存在的鸿沟[②]。现在被用来指对信息拥有、使用和利用程度的不同带来的信息落差。数字鸿沟现象存在于国家之间、地区之间、社会阶层之间，已经渗透到人们的生产生活当中，成为在信息化社会非常突出的社会问题。据有关资料显示，发展中国家约有一半人从未使用过电话，全非洲的电话线加起来才相当于纽约曼哈顿岛的电话线长，全球大型数据库中的70%设在美国[③]。就我国而言，信息资源主要集中在城市，如城乡互联网差距明显，截至2013年6月72.1%的网民为城镇居民。

（2）信息分化（Information Differentiation）。主要指社会经济信息化过程中，国家之间、地区之间、群体之间、个体之间由于信息技术的拥有和应用程度的差异及信息接收、消化能力的不同而导致的一种日益明显的社会分化现象。信息分化的原因是数字鸿沟，其结果就是贫富两极分化，占有信息的人越来越富有，反之，缺乏信息的人则更加贫穷。

2.3.2.4　信息资源的开发利用

信息是普遍存在的，但信息天然就是资源吗？一般情况下，人们将资源理解为普遍存在于自然界和人类社会中的可以用于创造财富（包括精神财富）的具有一定量的积累和客观存在形态，如土地资源、水资源、人力资源等[④]。资源一般具有有用性、稀缺性、可开发性以及经济学意义上的成本、价值等属性。事实上，人们在定义信息资源时均强调了信息的有用性。信息要成为资源起码应具备两个最基本的条件，一方面，信息应具备可用性，即对人们有用，表现为这种信息是人们所需要的，并且能为人们所反复使用；另一方面，信息应具备可支配性，即信息经人们的处理成为人们可以实际支配的资源。因此，信息资源实际上就是能够为人类所识别所获取的信息并经开发后可为人们所支配，在信息资源之外，还存在大量未被人类发现、开发和利用的信息。信息并非全都是资源，只有经过人类开发与组织的信息才是信息资源。信息资源开发利用，就是将通过一定的方式和手段收集到的信息，根据用户的需求，有目的地进行整理和加工，使其增值并以一定的方式提供给用户为其所用。

信息成为重要的资源必然导致社会经济全面信息化。信息化实质上就是人类全面利

---

① 马太效应起源于《新约全书・马太福音》中的一段话“……谁若有，就给他，并不断增加；而谁没有，则连已有的都要被夺走”，现被广泛地用来描述优势和劣势的积累过程：一旦存在优势，这种优势局面就会不断加强，反之若处于劣势，则这种不利条件也会继续加剧。

② NTIA.在网络中落伍：定义数字鸿沟，1999.

③ 朱红.信息资源管理导论[M].北京：国防工业出版社，2006：11-12.

④ 马费成.信息资源开发与管理[M].北京：电子工业出版社，2009：5.

用信息技术，充分开发信息资源，提高各部门、各行业效率和效能的活动过程及结果。在信息化时代，人们对资源的争夺主要表现为对信息资源的争夺，谁能掌握和利用更多的信息，谁就能占据竞争的制高点。世界上的一些发达国家均把占有、开发和利用信息资源作为一项基本国策。如英国、德国、美国等通过对信息资源的开发、利用而促进了本国经济的再次腾飞。日本作为自然资源极为缺乏的岛国，其成功的重要经验就是长期实行“信息资源化政策”。进入21世纪以来，我国也开始重视信息资源的开发利用，一个标志性的事件是2004年12月12日获得通过并作为内部重要文件发至县团级，最终于2007年4月向社会颁布的中办发〔2004〕34号文件《关于加强信息资源开发利用工作的若干意见》对信息资源的重要性作了阐述：“信息资源作为生产要素、无形资产和社会财富，与能源、材料资源同等重要，在经济社会资源结构中具有不可替代的地位，已成为经济全球化背景下国际竞争的一个重点”。这个文件还强调了信息资源的开发利用对于转变经济增长方式、转变政府职能、满足人们需求、发展信息产业的重要作用。

2.3.3 信息传播理论

农村信息化建设非常重要的一点就是实现信息的有效传播。从信息传播的模式来看，其基本形式有以下四种。

2.3.3.1 信息获取（Information Acquisition）

信息获取是最基本的信息传播模式。它是指信息需求者对知识或技能信息的一种主动的寻找。在这里，信息需求者要明确他需求的信息是什么，可用的信息来源有什么，信息获取的渠道是什么，如何判定信息的有效性等基本问题。从农村科技服务信息化管理来看，农民对于信息获取的方式有两种，一种是通过直接手段，如自己的观察、生产过程中的实验等；另一种是通过间接的方式，如向别人咨询或者进行网络搜索。无论采取哪种方式，都是信息需求者自身主动从信息供给一方索取信息。农民在遇到问题时才会产生信息需求，而后通过他了解和知道的渠道获取信息，最后他也会对信息进行评价，选择相信而采用或者不相信而放弃。

2.3.3.2 信息推送（Information Push）

信息推送是信息传播领域的一项新技术手段，主要是信息传播机构（者）基于一定的技术标准或协议，通过互联网将用户所需要的信息进行定期传送以有效减少信息过载。推送技术就像广播电台播音一样，主动将用户感兴趣的最新信息、资料等传送给用户，进而减少用户花费在网络搜索方面的时间。信息推送综合运用了数据挖掘、自然语言处理和互联网络等多种信息技术，其关键是按照特定信息用户的偏好和需求进行信息搜索和过滤，在此基础上将合适的信息内容定期推送给特定信息用户，帮助信息用户有效地开发利用有价值含量的信息资源。信息推送的挑战在于如何将恰当的信息资源推送给最需要的人。这就需要对信息资源和信息用户均要进行深刻的分析，将信息资源与信息用户的兴趣、需求进行有效的匹配。信息推送改变了“客户找信息”的信息获取模式，实现了“信息找客户”的根本性转变。它更加强化了信息管理者的管理效率和能力。

2.3.3.3　信息聚合（Really Simple Syndication）

信息聚合也称简易信息聚合，英文缩写为RSS技术，是一种通过简易的信息发布和传递的方式在网站间实现信息内容快速、高效共享的信息技术。RSS技术能使某一网站便捷地调用其他提供RSS订阅服务的网站内容，实际上使网站发布的信息内容传播范围迅速扩大。RSS技术应用到农村科技服务信息化管理之中，它是信息获取和信息推送的综合体。一方面，农户确认其信息需求大致领域，锁定信息需求的一个相对宽泛的范围，向信息提供者提出信息获取的需求；另一方面，农村科技服务信息化管理组织进行农户需求范围内的相关信息的聚合，定期向农户推送此类信息。RSS聚合的信息量是非常大的，通常是通过信息摘要或信息标题的形式发送。农户可以在获得的信息中，再次缩小范围，进行有价值的内容选择。这样既不会遗漏相关信息，同时也节约了搜索时间和成本，提高了信息获取的时效性，增强了信息的有效性，它表现出个性化信息主题聚合、信息获取高时效性、信息发布成本低、知识信息过滤与积累、本地信息易于管理等明显优势。

2.3.3.4　社交网络服务（Social Network Service）

社交网络服务源自英文Social Network Service，简称SNS。社交网络源自网络社交，网络社交的起点是电子邮件。从早期的点对点的E-mail到点对面BBS，再到提高传输速度和同时交流能力的及时通信（IM）和今天的微博，人们在网络上的形象更加趋于完整，这时候出现了社交网络。随着信息化的逐步推进，信息技术慢慢渗透到人们日常生活的方方面面，由于网络信息管理成本更低，人们也逐步将日常生活的信息流渐趋完整地转移到网络上来，SNS也相应地得到了发展，这就使得虚拟社交与现实世界的社交交叉程度越来越高。

把社交网络技术和理念应用到农村科技服务信息化管理中，我们会发现农村科技服务与管理已经发生了质的变化。首先，农户将不再仅仅是需求者的角色。在社交网络中，农户的主动性将大大增强，他们既是科学和技术知识的需求者，也是提供者，甚至是整理、筛选和凝练者，以及发明、发现者。他们对于农村科技服务会产生更加强烈的需求，同时也会作为农村科技服务信息化管理的主体之一参与到整个管理中来。这样，科学技术的服务与管理将更加体现交流互动性，有利于降低管理成本。其次，农村科技服务信息化管理的组织结构扁平化、网络化，使得管理者与用户之间沟通的层次缩减，沟通的渠道将更加顺畅，沟通的时间大大缩短。再次，农村科技服务信息化管理的成本大大降低。管理成本的降低不仅仅是技术本身的发展带来的，还有技术发展对人们社会价值取向更深的影响。当信息化管理手段达到“社交网络”时代时，科技服务信息的传递、服务和管理已经不再是单方面的事情。基于共同社会价值取向，人们会形成具有相似性甚至是一致性的管理文化，从而大大促进管理成本的降低。

从信息获取到信息推送再到信息聚合和社交网络，我们看到的信息流媒介的不断变革，以及带给社会生活的价值取向和生活方式的彻底变革。农村科技服务信息化管理要转变发展思路，将信息技术发展中的创新方法和创新思维运用进去，才是农业现代化、农村现代化的发展方向。

2.3.4 信息管理理论

随着信息化建设的推进，海量信息与海量需求的客观存在需要对其进行有序的组织，信息管理理论顺时而生。信息管理理论旨在研究如何根据社会需求对海量的信息进行规范的控制和利用，使信息利用效率和效果最大化。

2.3.4.1 信息管理概念与内容

国外对信息管理的研究较早。Forest W.Horton于1985年提出信息管理是一种使有价值的信息资源通过有效的管理与控制程序能够实现某种利益的目标活动[①]。W.J.Martin（1988）借用管理的定义，指出信息管理是与信息相联系的计划、预算、组织、指导、培训和控制活动。他还指出管理信息系统是一种明确限定层次对信息进行管理的工具，其范围比信息管理要窄，而信息资源管理与信息管理范畴大致一致，但“信息管理”术语更通用[②]。德国学者K.A.Stroetmann（1992）等人从信息资源管理与信息过程的角度定义信息管理，他们认为信息管理是对信息资源和相关信息过程进行的规划、组织和控制。具体来讲，其内容包括信息服务的管理环境及信息经济化过程、信息资源、信息生产与服务等方面的管理[③]。Marianne Broadbent（1992）认为信息管理包括数据资源和信息处理两方面的管理[④]。

我国学者在借鉴国外有关理论研究的基础上，同时结合我国信息化建设实践对信息管理进行了理论研究与分析。比较典型的观点有：卢泰宏（1993）将对信息管理的理解归纳为两种观点，一种观点是将信息管理视为对信息的管理；另一种观点是信息管理是对涉及信息活动的各种要素进行管理，而不仅局限于信息，还包括对人、机器、机构等的管理[⑤]。符福峘（1995）指出信息管理是在信息社会实践过程中，通过运用人、财、物等要素，对信息搜索、检索、研究、报道、交流和提供服务等各个信息环节进行管理

① Forest W.Horton.Information Resources Management: Englewood Cliffs. New Jersey: Prentice- Hall, Jhc., 1985.

② W.J.Martin.The Information Society.London: Aslib, 1988.

③ K.A.Stroetmann.Information Management for Information Service Economic Challege for the ‘90s. Berlin：Deauteches Bibliothekeinstiut, 1992.

④ Marianne Broadbent.Information Management and Educational Pluralism, Education for Information.Education for Information, 1984.

⑤ 卢泰宏.国家信息化政策[M].北京：科学技术出版社，1993.

的过程[①]。还有王万宗（1996）、孟广均（1998）、陈禹（2005）等均从不同的出发点对信息管理理论进行归纳分析。随着我国信息化程度的深化及国内外交流的日益频繁，我国学者在信息管理理论方面的认识渐与国际接轨，对信息管理的界定、规范和实质性的认识日渐趋同。

综合国内外学者研究成果，结合信息管理的实际，当前对信息管理的研究主要集中在以下三个方面。

（1）如何对信息源进行组织开发，为社会的发展源源不断地输入“能量”。信息源的开发是信息管理工作最基本的方面。

（2）如何对信息流进行控制。总的来讲，信息的无序流动是一种绝对的存在，而有序流动则是相对的。如何对海量的信息流进行控制，使其按照特定的社会需求实现有序、合理的流动，即流向信息用户。

（3）面向社会成员开展信息服务。信息管理的核心是为用户提供有效的信息服务。随着信息服务的发展，以用户需求为导向开展信息管理是一种必然要求。

这三个方面实质上也构成了信息管理要实现的三大基本功能。

2.3.4.2　信息管理基本理论

由于研究视角、方法及重点领域的差异，有关信息管理理论研究主要有以下四个方面。

（1）信息系统理论。主要以管理信息系统为研究的主要内容，围绕企业或社会组织管理信息系统的建立及如何利用信息优势取得有利竞争地位而展开研究。

（2）一般管理理论。主要是将信息管理视为一般管理学的分支，将信息管理理解为以信息为对象的具体管理实践活动。主要代表人物有威廉·马丁、克罗宁和达文波特等。我国学者卢泰宏把信息管理看作是管理的一个新领域，他认为信息技术、信息经济、信息文化构成了信息管理的三维结构。符福峘认为一般管理的基本职能完全可以应用于信息管理。

（3）用户服务理论。主要是以用户服务为基点展开研究，即以用户的信息需求和信息利用为中心研究信息过程的相关问题。如施特洛特曼认为信息管理的出发点和最终目标应该放在信息服务上。我国学者胡昌平等在其所著的《信息服务与用户》中对信息服务与用户进行了系统的研究。

（4）信息交流理论。这一理论认为信息管理理论就是研究信息交流实践活动中的管理实践，并揭示其规律。如米哈依诺夫在其所著的《科学交流与情报学》中主要研究了信息资源分布、分配、加工和利用过程中信息交流的社会规律。我国学者陈耀盛总结了信息交流的五个原理，即继承和创造原理、有效供给保障原理、序化重组原理、信息活化原理及充电更新原理。

---

① 符福峘.信息管理学[M].北京：国防工业出版社，1995.

第3章　大数据时代农村信息化建设主要问题筛选判定

农村信息化建设是解决“三农”问题的一个重要途径，是当前和今后我国三农发展和新农村建设的一项重要内容，也是全球信息化形势下我国面临的一项紧迫任务。农村信息化建设是一项具有开放性、动态性和复杂性的巨型系统工程，其目标具有阶段性、层次性和多样性，建设过程所处的环境极其复杂，在全国范围内要面临不同区域、不同生态环境、不同社会经济条件和不同产业特点等差异性大的建设环境，即使在一省范围内其环境差异性也很显著，这也决定了我国农村信息化建设的长期性，建设过程所面临的问题的复杂多样性。这就要求我们要抓住农村信息化建设过程中所面临的众多问题中的关键问题，要善于抓住信息化建设中的热点、难点和人民群众关心的主要问题。因此，本章要解决的主要问题就是利用科学合理的方法确定农村信息化建设过程中的主要问题，以便对其进行定性和定量研究。

3.1　农村信息化建设主要问题的筛选与判定方法

3.1.1　农村信息化建设主要问题的筛选与判定思路

农村信息化建设已是我们不可回避的重要问题，尽管农村信息化建设问题显得非常重要（这从近十年中央一号文件均强调农村信息化建设就可看出），但是与城市信息化建设相比，更为复杂，发展也更缓慢，面临的问题更多。尤其是我国农村信息化建设还处于起步阶段，无论是人们的思想认识，还是物资、资金、技术方案、政策等方面的准备都不充分，农村信息化建设面临的困难重重，问题纷繁复杂，令人眼花缭乱。在这若干个复杂的问题中筛选出最重要的几个问题进行重点研究和予以解决，是有效推进农村信息化建设的必然要求。本书拟采用主成分分析法（Principal Components Analysis，PCA）对收集到的数据进行分析，确定影响我国农村信息化建设的主成分，筛选出农村信息化建设的主要问题以便开展深入研究（图3-1）。

在实际研究中，为了客观、全面地分析问题，需要记录若干个反映这些问题的观测指标并考虑众多的影响因素，这样的数据虽然可以提供丰富的信息，但同时也使得数据的分析工作非常繁杂。事实上，如果能够找到少数几个可以概括原始指标的主要信息的综合指标并对其进行多元统计分析就能使研究工作简化，而又能抓住问题的关键。主成分分析法为这种研究提供了可能。主成分分析法（PCA）又常被称为主分量分析，于1901年由Pearson首先引入，1933年由Hotelling作了进一步的发展①。主成分分析法是把原来多个变量划为少数几个综合指标的一种统计分析方法，通过研究如何通过原始变量的少数几个线性组合（即主成分）来解释多变量的方差——协方差结构，也就是导出少数几个彼此不相关又能尽可能多地保留原始变量信息的主分量，通过对主分量的分析达到解决问题的目的，从而大大简化了研究。其经典做法是用F_1（选取的第一个线性组合，即第一主成分）的方差来表达，Var（F_1）越大，表示F_1包含的信息越多。如果第一主成分不足以代表原来原始变量的信息，再考虑选取F_2即选第二个线性组合，为了有效地反映原来信息，F_1已有的信息就不需要再出现在F_2中，用数学语言表达就是要求Cov（F_1，F_2）=0，则称F_2为第二主成分，依此类推可以构造出第三、第四，…，第m个主成分。

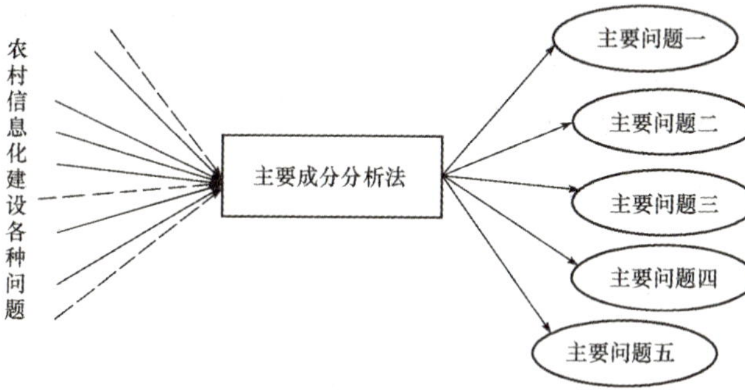

图3-1　农村信息化建设主要问题的筛选与判断思路

3.1.2　主成分分析法的数学模型

设有m个指标X_1，X_2，…，X_m，欲寻找可以概括这m个指标主要信息的综合指标F_1，F_2，…，F_m，从数学上讲，就是寻找一组常数a_{i1}，a_{i2}，…，a_{im}（i=1，2，…，m），使这m个指标的线性组合：

$$\begin{cases} F_1 = a_{11}X_1 + a_{12}X_2 + \cdots + a_{1m}X_m \\ F_2 = a_{21}X_1 + a_{22}X_2 + \cdots + a_{2m}X_m \\ \quad\vdots \qquad\qquad\qquad\qquad \vdots \\ F_m = a_{m1}X_1 + a_{m2}X_2 + \cdots + a_{mm}X_m \end{cases} \tag{3-1}$$

能够概括m个原始指标X_1，X_2，…，X_m的主要信息，且各F_i（i=1，2，…，m）互不相关。为叙述方便，引入如下的矩阵形式：

① 孙振球.医学统计学[M].2版.北京：人民卫生出版社，2007.

$$\boldsymbol{F}=\begin{Bmatrix} F_1 \\ F_2 \\ \vdots \\ F_m \end{Bmatrix},\ \boldsymbol{A}=\begin{Bmatrix} a_{11} & a_{12} & \cdots & a_{1m} \\ a_{21} & a_{22} & \cdots & a_{2m} \\ \vdots & \vdots & \vdots & \vdots \\ a_{m1} & a_{m2} & \cdots & a_{mm} \end{Bmatrix} \triangleq \begin{bmatrix} a'_1 \\ a'_2 \\ \vdots \\ a'_m \end{bmatrix},\ \boldsymbol{X}=\begin{bmatrix} X_1 \\ X_2 \\ \vdots \\ X_m \end{bmatrix} \tag{3-2}$$

则公式（3-1）可表示为：

$$\boldsymbol{F}=\boldsymbol{AX} \tag{3-3}$$

或者

$$\begin{cases} \boldsymbol{F}_1 = a'_1\boldsymbol{X} \\ \boldsymbol{F}_2 = a'_2\boldsymbol{X} \\ \quad\vdots \\ \boldsymbol{F}_m = a'_m\boldsymbol{X} \end{cases} \tag{3-4}$$

如果$\boldsymbol{F}_1 = a'_1\boldsymbol{X}$满足：$a'_1a_1=1$，并且$Var(\boldsymbol{F}_1)=\max\limits_{a'a=1}\{Var(a'\boldsymbol{X})\}$，则称$\boldsymbol{F}_1$是原始指标$\boldsymbol{X}_1$，$\boldsymbol{X}_2$，…，$\boldsymbol{X}_m$的第一主成分。

一般来讲，如果$\boldsymbol{F}_i=a'_1\boldsymbol{X}$满足：

（1）$a'_1a_1=1$，当$i>1$时，$a'_ia_j=0$（$j=1$，2，…，$i-1$）；（3-5）

（2）$Var(\boldsymbol{F}_1)=\max\limits_{\substack{a'a=1 \\ a'aj=0(j=1,2,\cdots,i-1)}}\{Var(a'\boldsymbol{X})\}$（3-6）

则称$\boldsymbol{F}_i$是原始指标的第i个主成分（$i=2$，…，m）。

3.1.3 主成分分析法的计算步骤

3.1.3.1 对各原始数据进行标准化

为消除量纲不同带来的影响，需对原始数据进行标准化处理。先按下式

$$X'_{ij}=\frac{X_{ij}-\overline{X_j}}{S_j},\quad (j=1,\ 2\cdots,\ m) \tag{3-7}$$

将原始指标标准化，然后用标准化的数据$\boldsymbol{X}'_{ij}$来计算主成分。为方便计，仍用$\boldsymbol{X}_{ij}$表示标准化后的指标数据，$\boldsymbol{X}$为标准化后的数据矩阵，则

$$\boldsymbol{X}=\begin{bmatrix} X_{11} & X_{12} & \cdots & X_{1m} \\ X_{21} & X_{22} & \cdots & X_{2m} \\ \vdots & \vdots & \vdots & \vdots \\ X_{n1} & X_{n2} & \cdots & X_{nm} \end{bmatrix} \tag{3-8}$$

3.1.3.2 求出$\boldsymbol{X}$的相关矩阵$\boldsymbol{R}$

R是反映标准化后的数据之间相关关系密切程度的统计指标，值越大，说明越有

必要对数据进行主成分分析。其中R_{ij}（i，j=1，2，…，m）为原始变量$\boldsymbol{X}_i$和$\boldsymbol{X}_j$的相关系数，R为实对称矩阵（即$R_{ij}=R_{ji}$）。标准化后，$\boldsymbol{X}$的相关矩阵即为协方差Cov（$\boldsymbol{X}$）。

$$\boldsymbol{R}=Cov(\boldsymbol{X})=\begin{bmatrix} r_{11} & r_{12} & \cdots & r_{1m} \\ r_{21} & r_{22} & \cdots & r_{2m} \\ \vdots & \vdots & \vdots & \vdots \\ r_{m1} & r_{m2} & \cdots & r_{mm} \end{bmatrix}=\begin{bmatrix} 1 & r_{12} & \cdots & r_{1m} \\ r_{21} & 1 & \cdots & r_{2m} \\ \vdots & \vdots & 1 & \vdots \\ r_{m1} & r_{m2} & \cdots & 1 \end{bmatrix} \tag{3-9}$$

3.1.3.3　求出相关矩阵的特征值和特征值所对应的特征向量

求主成分的问题，实际上就是要求出$\boldsymbol{X}$的协方差矩阵Cov（$\boldsymbol{X}$）的特征值和特征向量。可由R的特征方程：

$$\left|R-\lambda_i\right|=0 \tag{3-10}$$

求得m个非负特征值，将这些特征值按从大到小的顺序排列为：

$$\lambda_1 \geqslant \lambda_2 \geqslant \cdots \geqslant \lambda_{\mathrm{m}} \geqslant 0$$

再由式（3-11）

$$\begin{cases}(R-\lambda_i)a_i=0 \\ a'_i\, a_i=1\end{cases} \qquad i=1,\ 2,\ \cdots,\ m \tag{3-11}$$

解得每一特征值λ_i对应的单位特征向量a_i=（a_{il}，a_{i2}，…，a_{im}）'。

在上述基础上，列出主成分的表达式（3-12）：

$$F_i=a'_iX=a_{i1}X_1+a_{i2}X_2+\cdots+a_{im}X_m \qquad i=1,\ 2,\ \cdots,\ m \tag{3-12}$$

3.1.3.4　计算主成分载荷

由此可以进一步计算主成分得分。

3.2　影响农村信息化建设的主成分分析

3.2.1　数据来源与变量设置

湖南省是中部省份，同时又是第二个国家农村信息化示范省建设试点省，其农村信息化建设情况在我国具有典型价值。本研究设计了问卷并于2013年5月通过湖南省科技厅农村处对80个县（市、区）科技部门就农村信息化建设情况进行了摸底调查，回收78份有效问卷，有效率达97.5%。

根据农村信息化的内涵，结合研究目的及有关专家的反馈意见和调查区域的实际情况，本书遵循代表性、可比性、可操作性、科学性等原则，设置了16个变量，用于分析农村信息化建设的主成分（表3-1）。

表3–1 农村信息化建设主成分分析变量表

变量名	变量描述
X_1	县域乡镇政府建立网站的比例
X_2	配备电脑的农民合作社的数量
X_3	进行网上交易的涉农企业的比例
X_4	每万农村人口拥有的乡（村）级信息员数量
X_5	乡（镇）均拥有科技特派员数量
X_6	农村农业信息服务业从业人员比重（%）
X_7	乡（镇）均信息咨询专家的数量（人）
X_8	信息咨询专家人均接受农民访问（咨询）次数
X_9	网上农业产品交易额占农业总产值的比重
X_{10}	县域涉农网站数量
X_{11}	平均每个基层信息服务站年发布信息条数
X_{12}	乡（镇）均有基层信息服务站数量
X_{13}	移动电话普及率
X_{14}	电脑普及率
X_{15}	县距离中心城市（市政府所在城市）的距离（公里）
X_{16}	移动电话运营商信息平台服务用户数量

3.2.2 实证分析过程

对于不同类型的数据需做标准化处理。数据标准化处理一般包括同趋化处理和无量纲化处理。由于对农村信息化的测评研究所得数据不存在负值，所以使用无量纲化处理的方法进行数据标准化。本书对原来的16个指标进行标准化，以消除变量在水平和量纲上的影响。

针对78个样本的16个变量进行统计描述可知（表3-2）各变量的均值和标准差。

表3–2 统计描述

	样本数量	最小值	最大值	平均值	标准偏差
X_1	78	0.087	100.000	83.822 19	29.612 150
X_3	78	1.000	90.000	32.602 56	25.847 374
X_4	78	0.553	45.250	8.521 31	6.481 807

续表

	样本数量	最小值	最大值	平均值	标准偏差
X_5	78	0.065	13.333	2.42 882	2.260 777
X_6	78	1.000	90.000	34.25 641	24.622 045
X_7	78	0.233	38.900	5.72 997	7.820 015
X_8	78	6.250	750.000	101.17 281	134.604 800
X_9	78	0.000	0.496	0.01 354	0.056 542
X_{10}	78	1.000	96.000	24.30 769	25.170 230
X_{11}	78	0.300	86.391	14.96 581	20.556 877
X_{12}	78	0.343	29.294	8.11 400	6.446 078
X_{13}	78	22.000	93.000	59.82 051	18.619 738
X_{14}	78	1.000	100.000	19.34 615	22.068 857
X_{15}	78	9.000	225.000	64.19 231	47.487 540
X_{16}	78	10 000.000	60 000.000	21 912.92 308	1.12 0307E4
Valid N（listwise）	78				

3.2.2.1　KMO和Bartlett检验

经SPSS分析得出在KMO检验中KMO=0.702，bartlett的球形度检验显著为单位阵（表3-3），由KMO统计量在0.7以上适合作主成分分析可知，本书选取的指标适合作主成分分析。

表3-3　KMO和Bartlett检验

Kaiser-Meyer-Olkin Measure...		.702
Bartlett's Test of Sphericity	Approx. Chi-Square	490.223
	df	171
	Sig.Bartlett	.000

3.2.2.2　公因子确定及命名公因子

通过总方差解释可以得出，特征值大于1的前5个公因子共可以解释原来16个指标变量71.011%的信息量，基本保留了原始78个样本所反映的信息情况（表3-4）。因此，可选择前5个因子对全省农村信息化发展状况进行分析，做到简化多指标数据结构的目的（表3-5）。

表3-4 Total Variance Explained

Com ponent_ Total	Initial Eigenvalues			Extraction Sums of Squared Loadings			Rotation Sums of Squared Loadings		
	Total	% of Variance	Cumulative %	Total	% of Variance	Cumulative %	Total	% of Variance	Cumulative %
1	2.128	17.298	17.298	2.128	17.298	17.298	2.128	17.298	17.298
2	1.867	15.866	33.165	1.867	15.866	33.165	1.867	15.866	33.165
3	1.751	13.945	47.109	1.751	13.945	47.109	1.751	13.945	47.109
4	1.435	12.967	60.077	1.435	12.967	60.077	1.435	12.967	60.077
5	1.285	10.934	71.011	1.285	10.934	71.011	1.285	10.934	71.011
6	.976	7.090	78.101						
7	.961	5.017	83.118						
8	.926	4.187	87.305						
9	.833	4.004	91.309						
10	.767	3.062	94.371						
11	.636	2.173	96.544						
12	.531	2.017	98.561						
14	.454	.240	99.820						
15	.295	.143	99.963						
16	.267	.037	100.000						

通过载荷矩阵可以得到每个主成分的得分系数，当线性相关系数越大，说明主成分对该变量的代表性就越大。

表3-5 Component Matrixa

	Component				
	1	2	3	4	5
Zscore（X_3）	0.631				
Zscore（X_1）	0.609				
Zscore（X_2）	0.539				
Zscore（X_{16}）	0.521				
Zscore（X_4）		0.582			
Zscore（X_5）		0.557			
Zscore（X_6）		0.536			
Zscore（X_7）		0.516			
Zscore（X_{15}）					
Zscore（X_{14}）			0.691		

续表

	Component				
	1	2	3	4	5
Zscore（X_{13}）			0.552		
Zscore（X_{10}）				0.617	
Zscore（X_{11}）				0.544	
Zscore（X_{12}）				0.567	
Zscore（X_8）					0.568
Zscore（X_9）					0.505

注：表中因子载荷按大小进行排列，低于0.5以下的系数被抑制输出。

对成分矩阵分析可以得出（表3-5）：

第1主成分所占信息量为17.90%，主要包括县域乡镇政府建立网站的比例、配备电脑的农民合作社的数量、进行网上交易的涉农企业的比例、移动电话运营商信息平台服务用户数量共4个变量。

第2主成分包括乡（镇）均拥有科技特派员数量、乡（镇）均信息咨询专家的数量、每万农村人口拥有的乡（村）级信息员数量、农村农业信息服务业从业人员比重共4个变量。

第3主成分包括移动电话普及率和电脑普及率共2个变量。

第4主成分包括平均每个基层信息服务站年发布信息条数、乡（镇）均有基层信息服务站数量、县域涉农网站数量共3个变量。

第5主成分包括信息咨询专家人均接受农民访问（咨询）次数、网上农业产品交易额占农业总产值的比重共2个变量。

将降维后的主成分重新命名：第1主成分命名为农村信息化建设主体；第2主成分命名为农村信息化服务队伍；第3主成分命名为农村信息化基础设施；第4主成分命名为农村信息资源开发利用；第5主成分命名为信息化建设运行效率。

根据主成分分析模型和因子载荷，可以得到5个主成分与原来16个变量之间的线性组合表达式如下：

$$Y_1 = 0.609X_1 + 0.539X_2 + 0.631X_3 - 0.226X_4 + \cdots - 0.497X_{15} + 0.521X_{16}$$

$$Y_2 = 0.065X_1 + 0.457X_2 + 0.104X_3 + 0.582X_4 + \cdots + 0.392X_{15} + 0.377X_{16}$$

$$Y_3 = 0.143X_1 + 0.072X_2 + 0.354X_3 + 0.477X_4 + \cdots + 0.080X_{15} - 0.065X_{16}$$

$$Y_4 = 0.39X_1 + 0.004X_2 + 0.051X_3 - 0.145X_4 + \cdots + 0.044X_{15} + 0.425X_{16}$$

$$Y_5 = -0.450X_1 + 0.317X_2 + 0.312X_3 - 0.323X_4 + \cdots - 0.440X_{15} + 0.321X_{16}$$

注：表达式中的X_i不是原始变量，而是标准化后的变量

3.3 农村信息化建设主要问题的确定

3.3.1 基于主成分分析法的农村信息化建设主要问题

根据上文主成分分析的结果，得出了有关农村信息化建设的五个主成分，实际上就是农村信息化建设的五个主要方面。

第1主成分涉及乡镇政府、农民合作社、涉农企业，这些其实是农村信息化的重要主体，从指标反映的信息来看，主要涉及的是这些主体自身的信息化情况，而移动电话运营商信息平台服务用户数量这一指标实际上反映的是移动电话运营商在农村信息化建设中的作用——提供信息服务平台。综合前文文献综述情况，政府、企业、合作社、涉农企业等主体其不仅自身的信息化建设有利于促进农村信息化建设，而且这些主体还能作用于其他主体和事物，其作用发挥情况也直接影响到农村信息化建设的成效和进度。此外，第二主成分涉及的指标：乡（镇）均拥有科技特派员数量和乡（镇）均信息咨询专家的数量（人）实际上暗含了农科教事业单位的作用，因为科技特派员、信息咨询专家往往来自于农业大专院校、农业科研院所、农技推广机构等事业单位。而农民作为信息化的受益者，同时也可以是信息化建设的参与者，不论其作为合作组织成员、兼职信息员、种养大户，还是小规模农户，在农村信息化建设中也应有其角色定位和作用发挥的空间。因此，我们将这一主成分反映的信息概括为：农村信息化建设主体作用问题。这一问题主要研究政府部门、事业单位、相关企业、合作组织和农民个体等在农村信息化建设中作用发挥问题。

第2主成分涉及的科技特派员、信息咨询专家、农村信息员、信息服务业从业人员直接关联到农村信息化服务状况，构成了农村信息化服务的主力军。从指标来看，主要反映的是数量问题，实际上农村信息化服务队伍还存在着质量问题、结构问题、发展问题等。农村信息化服务队伍建设情况如何直接关系到农村信息化建设能否持续推进。因此，我们将这些指标反映的信息概括为：农村信息化服务队伍建设问题。

第3主成分由移动电话普及率和电脑普及率构成，可以用来反映农村信息化基础设施建设情况。当然，农村信息基础设施不仅包括这两方面，还有诸如广播电视网络设备建设、固定电话网络等多方面。农村信息基础设施是农村信息化的载体，也是农村信息化建设情况的直接表现，在农村信息化建设中具有重要作用。因此，我们可以将这一主成分反映的信息概括为：农村信息基础设施建设问题。

第4主成分所涉及的基层信息服务站、涉农网站均是农村信息资源的载体，是农村信息资源收集、发布等的平台，而指标“平均每个基层信息服务站年发布信息条数”直接反映的是信息发布情况，因此我们将这一主成分命名为“农村信息资源的开发利用”。综合文献研究及实地座谈得知，农村信息资源的开发利用情况实际上是农村信息化建设的核心，因为它直接关系到“拿什么样的信息为农服务”的问题，因此“农村信息资源开发利用问题”也是我们展开研究的主要问题之一。

第5主成分所包含的指标“信息咨询专家人均接受农民访问（咨询）次数”和“网上农业产品交易额占农业总产值的比重”实际上反映的是农村信息化建设效果，其暗含的信息提示我们必须重视农村信息化建设运行效率。农村信息化建设目标的实现取决于激发农村信息化建设主体的积极性作用于与农村经济社会发展实际情况相匹配的建设内容，使农村信息化建设取得高效的成果。因此，进行农村信息化建设必须重视农村信息化建设运行效率，以根据效率情况调整建设内容和建设措施。“农村信息化建设运行效率问题”也是我们研究的主要问题之一。

综上所述，我们可以将农村信息化建设的主要问题界定为：农村信息化建设主体作用问题、农村信息化基础设施建设问题、农村信息资源开发利用问题、农村信息化服务队伍建设问题、农村信息化建设运行效率问题等五个方面的问题（图3-2）。

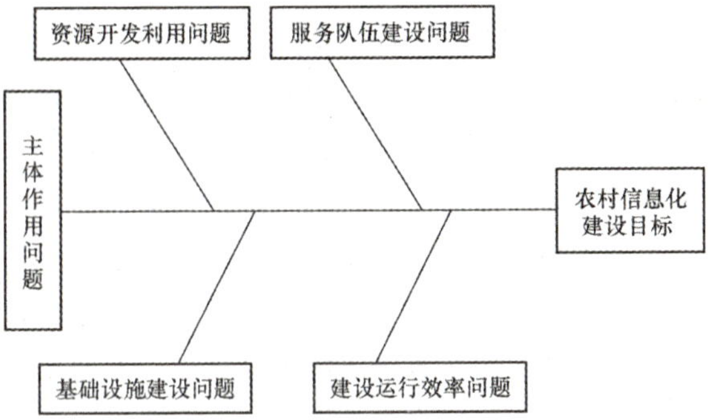

图3-2　农村信息化建设主要问题

3.3.2　基于逻辑推理分析的农村信息化建设主要问题

结合农村信息化建设研究问题研究的文献综述及农村信息化建设运行管理的基本规律，农村信息化建设问题研究应遵循“建设主体作用如何（WHO）？——建设内容是什么（WHAT）?——建设运行效率怎么样（HOW）？”的思路展开。

农村信息化建设离不开建设主体的推动。那么，农村信息化建设的主体有哪些？其作用如何？这些问题则是农村信息建设问题研究所无法绕开的关键问题所在。要分析这些问题也就有必要分析现行农村信息化建设过程中究竟有哪些主体参与，结合农村信息资源的属性及农村信息化建设的特点，弄清这些主体在农村信息化建设中应发挥的作用及其当前存在的问题并予以分析和解决。

农村信息化建设内容应是农村信息化建设问题研究的关键。从农村信息化建设实践来看，农村信息化建设涉及的具体内容纷繁复杂，类型多样，但哪些方面是最关键的，最值得关注和优先解决的问题呢？一方面，我们可以将前期调研发现的实际问题进行列举；另一方面，尽可能穷尽有关农村信息化建设文献所涉及的问题，通过分析实践中人们对农村信息化建设问题的关切程度和理论研究中的焦点所在，结合逻辑分析、归纳总结、分类综合等方式提出可能的问题。通过分析，可以发现不管是实践中，还是理论研究中有三个方面是农村信息化建设的核心内容：一是“硬件”建设，即农村信息化基础设施建设，这是农村信息化赖以推进的物质基础，没有物质载体，农村信息化就是空谈；二是“软件”建设，即农村信息资源的开发利用。农村信息资源就是用以向农民服务的内容，农村信息化的核心所在，是农村信息服务“活的灵魂”，没有农村信息资源的开发利用，农村信息化建设则徒有其名；三是“人网”的建设，即农村信息化服务队伍的建设，人力资源是所有资源中最宝贵的资源，没有素质精良的农村信息化服务队伍，农村信息资源的开发利用与基础设施建设都无法落实到位，农村信息化也无法持续推进。农村信息化建设内容方面所有其他具体问题都是在这三个问题上所衍生的，其他具体问题的解决都离不开这三方面问题的解决，这三个问题可以说是农村信息化建设内容方面的“元”问题。

农村信息资源是稀缺资源，用于农村信息化建设的各类资源也具有稀缺性，这就决定了农村信息化建设必须讲究效率。从当前农村信息化建设实践可知，当前用于农村信息化建设的投入依然十分有限，如何将这有限的资源发挥最大效益，使其价值最大化是我们必须考虑的现实问题。这也决定了加强对农村信息化建设运行效率问题的研究显得十分必要。运用定量分析方法，结合来源于农村信息化建设管理部门的一手数据，客观分析农村信息化建设中投入产出的现实状况，并找出其制约效率的因素，提出有针对性的建议无论是对农村信息化建设实践，还是理论研究均有十分重要的现实意义。

综合上述分析，农村信息化建设问题研究实质上研究的就是农村信息化建设主体通过其作用的发挥来推动农村信息化基础设施、农村信息资源的开发利用及农村信息化服务队伍建设等方面取得实效的问题。基于此，本书将农村信息化建设的主要问题界定为：农村信息化建设主体作用问题、农村信息化基础设施建设问题、农村信息资源的开发利用问题、农村信息化服务队伍建设问题及农村信息化建设运行效率问题五个方面（图3-3）。

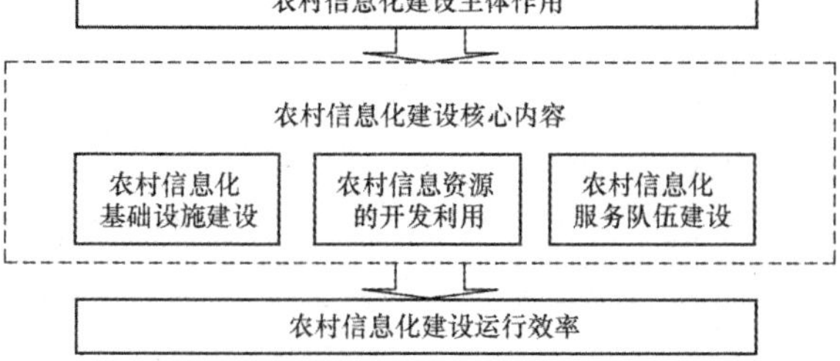

图3-3　农村信息化建设研究主要问题及其逻辑关系

上文用于主成分分析的数据均来自于农村信息化建设管理的一线部门，客观上反映了当前农村信息化建设的实际状况，而逻辑推理分析得出的结论则来自于运用管理运行思维结合前人研究文献进行条陈缕析、归纳总结。两方面相互印证，实现了价值与事实、理论与实践的较好融合，说明了本书对农村信息化建设问题的界定具有客观性、科学性和合理性。

第4章　大数据时代农村信息化建设主体作用问题研究

农村信息化属于社会信息化的一部分，是一项涉及多层次、多阶段、多部门、多领域的综合性系统工程，需要由多个主体发挥协同作用才能顺利进行。在农村信息化建设过程中，相关建设主体及其理性行为，直接影响着农村信息化建设进程，离开了农村信息建设主体作用的发挥，农村信息化建设的任何目标都将无法实现。当前，我国农村信息化建设的主体欠明晰，各主体的作用也不清楚，严重制约着我国农村信息化建设进程，必须引起重视并予以深入研究。

4.1　农村信息化建设主体的基本构成

农村信息化建设主体是指在农村信息化建设过程中主动实施或参与农村信息化建设行为的组织机构和个人。根据我国农村信息化建设的实际情况，我国农村信息化建设主体主要包括政府部门、事业单位、相关企业、合作组织及农民个人。

（1）政府部门。现阶段，我国农村信息化建设最重要的主体是政府，主要包括中央政府、地方政府（省、市）、基层政府（县、乡镇）及准政府性质的村级自治组织。各级政府及其组成部门根据其管辖领域和职责权限积极推进农村信息化建设。如中组部主要承担全国农村党员干部现代远程教育网络体系的建设与维护；工信部主要负责包括农村信息化建设在内的国家信息化与信息产业发展的任务；农业部直接负责“金农工程”等农业信息化建设。2009年以来，科技部联合中组部、工信部等部委发起依托全国农村党员干部现代远程教育网络开展国家农村农业信息化示范省建设试点工作，把我国农村信息化建设推向了一个新的阶段。

（2）事业单位。主要由各级政府设立的有关农村信息服务的机构或组织和有关国家事业单位构成，主要包括各级政府设立的农业大专院校、农业科研院所、农技推广机构等。

（3）相关企业。主要有三类：一是信息技术（IT）企业，为农村信息化建设提供技术支撑，如中国移动、中国联通、中国电信及在宁夏农村信息化建设过程中起重要作用的西部电子商务股份有限公司及为浙江农村信息化建设提供技术支撑的浙江网盛电信有限公司等；二是为农村信息化建设提供咨询与服务的企业；三是涉农企业，主要从事农业生产、经营、销售或服务业务的企业，既包括从事农业生产的企业，也包括为农业生产服务的企业，如各类农业龙头企业，从事农产品生产、加工、销售等方面业务的企业。

（4）合作组织。主要有两类：一是专门的农村信息合作组织，由农民或相关企业和组织发起的专门从事农村信息化建设与服务的合作组织；二是各类农民合作组织，如各类农民专业技术协会、农业科技合作社、农产品合作社等。

（5）农民个人。农民是农村信息化建设和服务的受益者，农村信息服务大多是围绕农民的生产生活需要开展的，同时农民也是重要的信息源，是农村信息化建设的重要主体。

此外，国内的各类媒体如广播台、电视台、报社和杂志社等以及国外驻华的各类从事各种农村信息服务的机构和组织都从某个方面或在一定程度上涉及农村信息化建设与服务并起到一定的作用，也可以说是农村信息化建设的主体。严格来讲这些机构或组织的主要业务并不是农村信息化建设或者作用并不十分显著，而且按照组织属性大部分都可以归入到上述分类中去，因此本书不作专门分析。

4.2　农村信息化建设主体的作用分析

4.2.1　农村信息化建设中各级政府的作用

如前文所述，信息资源具有共享性、非损耗性、正外部性等特性，即具有某种程度上的消费的非竞争性、受益的非排他性及效用的不可分割性，也就是说信息资源是一种特殊的公共产品，因此市场机制在提供信息资源产品时存在失灵的可能性，而市场失灵的领域正是政府发挥作用的地方。从国外农村信息化建设实践经验来看，凡是信息化程度高的国家，往往政府的作用非常突出。在我国，由于农业的弱质性及长期的二元结构导致农村经济社会发展全面落后等因素决定，农村信息化建设的内容很多都具有公共产品属性，农村信息化建设必须以政府为核心来推进。事实上，党中央和政府十分重视农村信息化建设，近年来的中央一号文件、政府工作报告及推出的各项农村信息化建设工程项目，均表明了我国已将农村信息化建设纳入了农村基本公共服务的范畴。

4.2.1.1　农村信息化建设中政府的一般作用

政府作为农村信息化建设的核心主体，其主导作用主要体现为引导、协调、规范和投入四个方面。

1．引导作用

引导作用主要是通过制定农村信息化建设目标、出台农村信息化建设的方针、路线与具体政策来对社会各方参与农村信息化建设行为进行引导。具体来说，有以下几种途径。

（1）编制农村信息化建设规划，明确一段时期内农村信息化建设的指导思想与目标、主要任务、重点领域、保障措施和方式方法等。通过战略规划对农村信息化建设进行引导是国际上通行的做法，如韩国于1994年推出了包括农村信息化建设在内的《农渔业振兴计划和农业政策改革计划》[①]；日本政府制定了21世纪农村信息化战略计划，日本农林水产省还特别制定了"21世纪农林水产领域信息化战略"来推动农村信息化建设[②]。我国政府近年来也十分重视通过战略规划来引导农村信息化建设，如历年中央1号文件关于农村信息化建设的方针、中办国办印发《2006—2020年国家信息化发展战略》、农业部制定《全国农业和农村信息化建设总体框架（2007—2015）》等。

（2）运用具体政策对社会各方参与农村信息化建设进行引导与扶持。主要是综合运用财政政策、金融政策、产业政策、技术手段等政策工具，对农村信息化建设领域内的社会力量给予政策优惠和各种扶持。

（3）通过对农村信息化建设领域采取特定的政府行为引导各社会主体的参与建设和服务，如购买服务、转移支付、财政补贴等。

2．协调作用

农村信息化建设涉及的范围广、综合性强、关系错综复杂，需要多主体、多部门的协同参与和支持。政府的协调作用表现为以下几个方面。

（1）协调政府内部关系。纵向上协调中央政府及相关部门与地方政府及相关部门之间的关系与地方各级政府之间的关系。横向上协调各政府部门之间的关系，农村信息化建设涉及的政府内部多个部门，如科技、组织、工信、农业、国土、农机、水利、气象、教育以及邮电通信等，各个部门均根据各自的职责权限、管辖领域开展农村信息化建设，由于部门分割，目标不同及利益上的差异极有可能造成农村信息化建设步调不一甚至相互矛盾，这就要求良好的协调。

（2）协调政府与其他社会主体之间的关系。农村信息化建设的复杂性决定了无法靠政府单打独斗来实现信息化的目标。从国外的经验看，还没有哪个国家能够完全依靠政府的力量直接解决农村信息化建设问题。包括美国、英国等发达国家在内，信息化建设也要依靠企业、中介组织、科技推广机构及农民个人等。这就要求政府通过一定的政策和制度安排，事先规定协调解决问题的办法，遇到问题时能及时协调解决。

（3）协调各社会主体间的关系。组织性质的差异决定了各方建设目标的不同，建设过程中难免出现矛盾和不一致，这也要求政府作为中间人和"裁判"进行协调。通过协调，可以使各方达成共识，整合力量，发挥协同效应，形成农村信息化建设的合力，同时通过协调整合各类资源，实现资源共享，避免重复建设行为，提高资源利用效率。

3．规范作用

规范作用主要通过三个方面来实现：一是制度规范，即制定和完善农村信息化建设

---

① 杨艺，刘雅文.韩国农业信息化发展的特点及启示[J]. 经济纵横，2007（7）：62-64.

② 包萨日娜. 日农业信息化的比较研究——以农业信息化政策，互联网和手机在农业中的应用为例[J].中国农业信息，2011（7）：17-19.

所需的规范的政策法规制度，抑制信息产品和服务的垄断，保护信息知识产权，规范农村信息化建设与服务行为，如打击发布虚假信息、危害网络安全等行为，为农村信息化建设提供制度支撑；二是标准体系，农村信息化建设对于基层来讲还是一个新鲜事物，农村信息化如何建设，建设到什么程度，各地方尤其是基层都不清楚，在这种情况下，由政府出面组织制定农村信息化建设的管理标准、工作标准、技术标准，对农村信息化建设予以明确的规范，保障农村信息化建设的有序高效进行；三是监督机制，主要是对农村信息化建设项目建立监督检查机制，开展日常监督、定期和不定期的检查，强化项目的监管，确保项目建设质量。

4．投入作用

投入作用主要有三方面：一是资金投入。如前所述，农村信息资源具有一定的公共产品性质，农村信息化建设实质上也被纳入到了农村基本公共服务的范畴。这必然要求运用公共财政对农村信息化建设予以支持，要安排一定比例的农业发展资金和支农资金甚至成立农村信息化建设专项资金来推动农村信息化建设。二是技术投入。农村适用信息技术的研发、推广离不开政府的支持。三是人才支持。决定农村信息化建设成效高低的关键因素就是人才。农村信息化要实现可持续发展一方面要靠高等院校向农村输送信息人才，还要依靠政府花大力气加强农村信息员队伍建设和提高农民的信息素养。

4.2.1.2　农村信息化建设中各层级政府的作用

必须指出的是，不同层次的政府部门在农村信息化建设中的职能重点不同，其具体作用并不完全一致，明确各级政府职能范围，有助于协调各级政府间的关系。政府层级分为中央、省（直辖市）、市、县（区）、镇（乡）五级，加上公共管理的神经末梢组织——准政府性质的村级自治组织共六级。我们可以从纵向将农村信息化建设中的政府分为四个级别：中央、省级政府、市县政府和乡村政府（组织）（图4-1）。

（1）中央政府及部门的作用。美国著名学者塞缪尔·亨廷顿曾经指出，在发展中国家进行现代化改革，如果离开中央政府的强力支持和指导，是很难取得成功的[①]。因为发展中国家往往实行的是集权体制，没有中央政府的支持与推动，下级政府的创新和变革活动往往缺乏持续发展的动力。中央政府及其部门作为农村信息化建设的主体最主要的作用就是为全国农村信息化建设进行顶层设计，为各级政府农村信息化建设提供发展蓝图与政策推动力，主要做法是：制定全国农村信息化建设的总体规划与战略，绘制农村信息化建设蓝图；结合国家信息化战略出台农村信息化宏观政策，各部门结合实际工做出台行业（领域）政策；启动各项全国性的农村信息化建设重点工程（项目），推动全国性农村基础设施建设和搭建各类信息平台；建立农村信息化建设专项资金和用于信息化建设的支农资金。

① 塞缪尔·亨廷顿.变化社会中的政治秩序[M].上海: 三联书店, 1989.

（2）省级政府及部门的作用。根据中央及各部委农村信息化建设部署，结合本省实际情况，制定省域农村信息化建设与实施方案并确定具体发展模式；出台本省农村信息化建设规划与中观层面的政策；推进省级农村信息服务平台建设，加强配套机制建设等。

（3）市县政府及部门的作用。根据农村信息化建设的“平台上移、服务下延”的方针，在农村信息化建设中起承上启下的作用。根据省级政府农村信息化建设部署，整合农村信息化建设资源和力量，将农村信息化建设政策与方案落到实处。

（4）乡（镇）政府及村级自治组织的作用。这一层级的政府（组织）处于农村信息化建设的一线，最贴近农村实际，也最了解农民的信息需求，其重点工作是根据上级政府的部署和要求配合建设农村信息基础设施建设，建设乡（镇）级信息服务站和村级信息服务站，配备配齐农村信息员队伍，定期开展信息技术培训，引导与组织农业龙头企业、种养大户、个体工商户和农村经纪人、农民参加信息培训，提高农村群众的信息素养，提高信息获取能力。

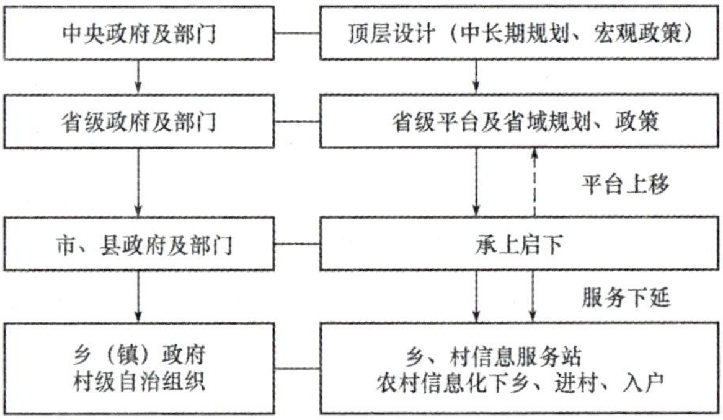

图4-1　各层级政府在农村信息化建设中的作用

4.2.2　农村信息化建设中事业单位的作用

事业单位是我国计划经济体制下形成的在非政治、非经济的关系到社会公众基本利益的社会公共事务领域内公共服务与管理的实际承担者，是具有中国特色的公共组织。在信息化浪潮席卷全球之际，相关事业单位在政府引导（行政许可、行政授权、购买服务、项目资助等方式）、市场推动（企业资金投入、寻求合作、提供市场信息服务等）及社会需求（事业单位的公益性、自身目标与使命驱动等）刺激下行使公共服务职能，积极参与农村信息化建设，并起到了积极的作用，具体表现如图4-2所示。

图4-2　农村信息化建设中事业单位的作用

4.2.2.1 技术开发与推广

农业科研院所、农业院校等涉农科教单位具有农业科技与涉农信息技术创新的智力优势，是农村信息化建设的重要参与力量。涉农科教单位在农村信息化建设中利用现代信息技术进行科技创新并将成果进行转化、推广、应用于农村，直接参与关键涉农信息技术的创新与应用，直接参与农村信息基础设施建设等。如湖南农业大学直接参与湖南省国家农村农业信息化示范省建设研究，研发、建设、运营与维护省级农村信息服务平台，通过“双百科技富民工程”进行农村科技服务等。基层农技推广机构也是农村信息化建设的重要力量，直接参与农村基层科技信息的传播与应用及信息化设施的运维等。

4.2.2.2 信息咨询与服务

农业科研院所、农业院校等涉农科教单位拥有大量的涉农科研资料数据库，科研成果数据库是农村信息化的重要信息源。大量涉农技术、信息技术及经营管理方面的专家通过信息服务平台对农业生产一线进行指导，基层农技推广机构的工作人员也可以为农民提供及时有效的农业科技、市场服务、经营管理等方面的信息咨询与服务。

4.2.2.3 人才培养与输送

人才培养与输送主要表现为：一是培养大量涉农大中专生，其中相当一部分到农村创业和发展，如大学生村干部、选调生、大学生创业者等，为农村发展输送新鲜血液；二是有计划地向农村派遣科技特派员、支农服务队等；三是对农业龙头企业、种养大户、个体工商户和农村经纪人、农民等进行包括农村信息技术在内的实用技能培训。

4.2.3 农村信息化建设中相关企业的作用

企业是市场经济最活跃的主体，也是实现资源优化配置最有效的主体。企业具有天然的逐利本能，在农村信息化建设过程中，相关企业能够敏感地嗅到商机。如前文所述信息资源具有经济特性，如效用性、稀缺性、增值性等，即具备商品的一些特性，能够用于交换，同时信息非对称性可以使相关企业利用其专业化优势通过提供信息产品和服务获利，信息资源的增值性也为相关企业的信息增值服务提供了市场机会。因此，在市场利益驱动、政府政策引导及自身社会责任追求综合作用下，各类企业尤其是信息技术企业、信息服务企业及涉农企业能够积极参与农村信息化建设，起到极为重要的作用，主要表现为以下几方面。

4.2.3.1 建设农村信息设施与信息化建设项目

建设农村信息设施与信息化建设项目一是积极建设农村信息基础设施。主要是在农村铺设电视、电话语音设施、宽带网络线缆、移动通信基站等建设信息基础设施。如中国联通、移动、电信等六家基础电信业务经营商自筹经费建设“村通工程”，承担电信普遍服务义务等行为。二是承建农村信息化建设项目。主要是根据政府、企业或其他个体的需求，通过市场机制，承担相应的建设项目并获取利润，如提出并实施农村信息化建设解决方案、建设开发农村综合信息服务平台、进行综合布线、局域网和广域网设计等。

4.2.3.2 搭建交流与交易服务平台

搭建交流与交易服务平台一是搭建农村信息服务网络平台，如中国电信的“信息田园”、中国联通的“农业新时空”、中国移动的“农信通”等，为农村生产生活等各类信息资源的发布、传播提供了良好的载体。二是搭建农村信息交流平台。一些信息技术企业主动搭建便民的农产品供求信息、生活交友信息等方面的交流平台，给广大农民创造互动交流的机会，打破传统上的农民之间、各农村地域之间由于缺乏信息交流、无法共享信息的孤立发展局面，也有利于破除各地之间农村信息化的非均衡发展局面。如村村乐网站[①]就是一家集农村网上社区、农村分类信息以及农村交友的一个综合性互联网平台，搭建了村庄互动交流合作平台，在村与村之间建立了直接的对话方式，可以互相交流农村的发展经验，在村民之间沟通互动的信息通道等，此类网络交流平台越来越多，农村信息交流越来越频繁和便利。三是搭建农产品交易平台。农村电子商务将是农村信息化的重要内容，一些企业瞄准了这方面的商机，自发搭建各类电子商务平台，提供农资和农产品市场供求撮合、物流配送、交易信息推送、网上支付等商务服务，促进了农村电子商务迅猛发展。据商务部发布的《中国电子商务报告（2012）》，以淘宝网（含天猫）为例，截至2012年年底，正常经营的注册地在农村（含县）的网店数量为163.26万个，其中注册地在村镇的为59.57万个[②]。农村电子商务的发展，使农用物资的采购、农产品供求与农产品贸易等信息的交流与传递能在一个更加广阔和开放的市场空间中，便捷、高效、低成本进行，实现“农产品进城，工业品下乡”，破解传统的由于信息不对称导致的农用物资和农产品“买难”和“卖难”，也有利于农村各产业的发展深度融入全球化市场中去。如湖南省现有网上供销社、新农村商网、长沙农产品电子信息平台等农村电子商务平台，发展势头良好。

4.2.3.3 提供农村信息产品和服务

提供农村信息产品和服务一是提供公益性信息产品和服务。如由企业主办的各类农业网站搜集整理和发布有关农业生产经营管理信息、农业科技信息、市场供求信息、农村生活信息等，便于广大农村居民获取相关信息，普遍受益。二是提供有偿信息产品和服务。在市场经济条件下，农村信息市场主体是多元的，他们信息需求巨大、信息需求内容五花八门，相关企业凭借自身的技术优势、信息优势和规模优势，根据不同需求主体的独特信息需求提供具有明显的针对性和较强的专业性的信息产品和信息服务，满足信息用户的多层次、个性化、多样性的信息需求，并从中获利。

---

① http: //www.cuncunle.com/.

② 中华人民共和国商务部. 中国电子商务报告（2012）[M].北京：清华大学出版社，2013.

此外，农村信息化仅靠国家投入是不可能也是不现实的，大量的企业加入农村信息化建设领域，能够降低农村信息化建设对公共投资的依赖程度，弥补农业信息化建设中的资金缺口。

当然，不同类型的企业在农村信息化建设中所起的作用是不同的。信息技术（IT）企业具有技术优势，其主要作用是为农村信息化建设提供技术支撑，为农村信息化提供技术解决方案和具体开展各类建设项目；信息服务企业具有信息资源优势，其主要作用是抓住网络时代“内容为主”的农村信息化建设要求，通过网络、手机短信、热线服务电话甚至组织面对面的咨询服务，提供满足信息用户个性化需求的信息服务产品和内容建设，帮助农民和农村中小企业解决实际问题；涉农企业一方面是顺应信息化潮流，加强自身信息化平台建设如建设企业网站等，带动信息化在农村的发展和应用；另一方面通过广播、电视、网络等信息化手段向社会发布广告、推介新产品、传递农业信息等，还有就是收集反映市场需求的信息帮助企业及本企业所联系的农民按照市场需求组织生产。

4.2.4 农村信息化建设中合作组织的作用

合作组织是现代社会中介于农村市场主体与政府之间的社会协调性组织，能在市场失灵和政府失灵领域起到重要作用，是农村社会建设和发展的重要补充力量。在农村信息化建设中，合作组织能很好地在政府和企业间起到补充作用。农民专业合作组织是农民组织化的重要途径，是分散的农民“小生产”参与社会化“大市场”竞争的桥梁和纽带，也是当前最有效的保障力量。温铁军教授就非常明确地指出农村信息化建设只能依托农村组织建设，“要想推进农村信息化，最主要的、最基础性的工作就是提高农民的组织化程度”，指望数亿个小农户去接受信息服务，“无论政府还是企业，出多少钱也解决不了问题”[①]。因此，作为农民组织化重要载体的农民专业合作组织既是农村信息化建设的重要主体，也是农村信息化得以推进并落到实处的重要保障。

根据在农村信息化建设与服务中的作用，可以将农民专业合作组织分为专门的农民信息合作组织和非专门的农民信息合作组织。专门的信息合作组织是以为组织成员和广大农民提供信息沟通、交流、合作、共享等服务的信息互助组织，其主要活动是组织举办各种类型的信息发布会、交流会、研讨会，开展多种形式的信息交流活动；举办各种类型的农村经济信息技术培训班，普及科技知识；面向社会提供各类农业信息咨询服务等，主要组织形式有农村经济信息协会、农业信息服务专业合作社、农业信息服务站等。在市场化和信息化的推动下，这类农民专业合作组织逐步发展起来了，但总的来说数量仍不多。

据统计，目前我国农村有各类专业合作社、股份合作社、专业协会等形式的农民专

① 温铁军.政府退出之后的农村信息化问题[J]. 华夏星火，2007（7）：16-18.

府在农村信息化建设中的主导作用还需要进一步加强，主要有以下几方面。

4.3.1.1 存在认识误区

主要是各级地方政府在农村信息化建设过程中还存在认识误区，思想未能跟中央保持一致，或者思想观念跟不上时代发展步伐等，具体表现为：一是未能认识到农村信息化建设的重要性，或者虽然认为信息化很重要，但现在实施还太早①；二是认为信息化建设未能带来即期经济效益，不能马上带来GDP增长，不搞也罢；三是对农村信息化建设的理解肤浅化，认为农村信息化建设就是电脑打字、建几个网站、配几台电脑并相互链接；四是在建设过程中“重硬件建设、轻软件开发”“重建设、轻管理”“重开发、轻应用”，农村信息化建设成为“形象工程”和政绩工程②。当前全国各地政府“一窝蜂”地建设网站是一个明显的例子，而真正能用的没有几个，多数网站内容空洞、更新频率低甚至不更新、面向农户服务栏目很少，以至于网站建成后成了“僵尸”网站。

4.3.1.2 政府统筹乏力

我国实行的是条块分割的行政体制。在当前阶段农村信息化建设主要是通过自上而下的“条状”行政力量进行推动，“块状”统筹力量明显不足。各相关部门都在推进农业信息化工程，却又缺乏统筹考虑，建设秩序较混乱，违背了农村信息化建设的统筹性、阶段性和有序性规律。在中央层面，中组部力推农村党员干部远程教育网络工程建设，农业部重点推进“金农工程”和农业信息化，信息产业部门积极推进宽带等进村入户，粮食部门、林业部门、广电部门等也都在建设自己的信息化项目。由于缺乏统筹协调，信息资源和基础设施建设没能形成合力，信息孤岛和烟囱现象并存，导致人、财、物的多重浪费。

在地方层面，根据我们调研了解的情况来看，各地没能有效利用中央部委有关农村信息化建设资源在地方层面进行整合统筹，也没有发挥“块状”统筹管理优势，相当部分地方没有建立起推进农村信息化建设的协调机构，这可能导致在农村信息化建设过程中产生职责分工不明、各自为政、互相推诿和沟通缺乏有效性等问题。即使有些县区设置了信息化办公室专门机构，但是这些机构与所属部门的职责没有一个明确的划分，各个地区的标准也不一样，这种无标准的发展不利于农村信息化建设的有序推进。目前各地在建的信息化项目大多是一些单位八仙过海各显神通，在各自项目预算中拼凑，难以实现系统化，有些建成的项目长期不能发挥作用，从一定程度上造成信息资源浪费，如在湘西山区，一些基层硬件设施建设速度远超过了信息化人员培训，很多地方有电脑、网站等硬件甚至较为先进的软件系统，却无人会操作和运用。

---

① 张珺，李立清，周华兰.加强农业信息化建设，促进农业的可持续发展[J].农业网络信息，2006（1）：4-8.

② 陈立平.农村信息服务途径和模式研究[D].北京：中国农业科学院，2006：66.

4.3.1.3 缺乏建设规范

缺乏建设规范，一是缺乏相应的政策法规支撑。当前我国在农村信息资源管理、农村信息市场的规范化、隐私权的保护等方面比较薄弱。二是缺乏统一的标准体系。

（1）缺乏统一的技术标准。各个地方、各个建设单位在进行农村信息化建设的过程中各自为政，这为将来农村信息化示范建设模式的推广应用带来严峻挑战，也将严重影响到各地的互联互通和资源共享。如“三网融合”建设方面，各部门和运营商多头并进，重复建设，标准化程度低，共享难度大，电信、广电、移动、联通都在建立自己的数字化、网络化体系，“三网融合”步履艰难。

（2）缺乏统一的工作标准。标准化工作规范是推动农村信息化建设及应用发展的重要基础性工作之一。然而对于如何推进农村信息化，如设置什么工作岗位，如何确定其工作范围、职责和流程等，各级地方政府明显缺乏统一的工作规范，基本上处于等政策、盼标准或者盲目干的阶段，这可能导致各个地方在农村信息化建设过程中要么消极无为，要么重复建设、重复劳动和资源浪费。

（3）缺乏统一的管理标准。如何对农村信息化建设进行统一的部署、如何确保农村信息化建设的有序高效进行、如何评价农村信息化建设绩效，这些重要问题目前仍然没有统一的标准。各地区基本上还没有建立健全的农村信息化建设的发展规划和管理制度，没有形成健全的管理体制，各行其道，信息孤岛现象严重，信息化建设绩效偏低。三是没有形成完备的农村信息化建设监督机制。农村信息化建设缺乏明确而具体的目标，以及必要的具体保证办法，在建设过程中资金使用、建设质量、资源配置状况等缺乏有力的监督。

4.3.1.4 引导作用不强

引导作用不强，一是规划引领效应不明显。在国家层面没有出台统领全局的农村信息化发展规划，现在主要引导农村信息化建设的是农业部发布的《全国农业农村信息化发展“十二五”规划》，而其他部委也在自己的职能范围内提出了相应的规划，这些规划间有交叉也有不同的侧重点；一些地方政府出台了相关规划，但其信息化建设规划设计思想还不明确，而大部分地方政府还将注意力集中在城市信息化、经济信息化等领域，农村信息化还没有被纳入到地方经济社会发展规划中来。二是地方政府建设动力不足。多数地方还没有将农村信息化建设纳入政府绩效考评范围，在传统的工作习惯和惰性作用下，政府部门及其工作人员对推进农村信息化建设的积极性不高。在有些信息基础设施较好的地方，由于缺乏激励机制，如基层政府网站长期不更新和维护，处于闲置和浪费的境地。三是对社会力量的引导力不强。我国目前尚没有专门针对农村信息化的政策法规，各地缺乏面向农业企业、农民专业合作社、农民的各种优惠政策[①]，社会

① 全国农业农村信息化发展“十二五”规划.

力量参与农村信息化建设的潜力没有激发出来。农村信息化建设具有明显的公共产品属性，利益回报周期长且不明朗，在利益激励机制缺失的情况下，相关运营商和建设单位对农村信息化建设缺乏热情，导致农村信息化建设进展缓慢。

4.3.1.5 投入力度不够

农村信息化建设是一项周期长、投资大、复杂的系统工程，涉及农村信息基础设施、农村数据库、农村信息技术开发与传播、农村信息人才培养等方方面面，每一方面都需要大量的人力、物力和财力投入，由于对农村信息化建设的认识不足及地方财政力量的薄弱等因素的限制，当前政府对农村信息化建设的资金投入严重不足，具体表现为：一是基础设施建设资金不足。农村信息基础设施建设落后，农村电信和互联网基础设施普及率低，电脑等信息终端只能靠农民本身没有得到广泛普及。二是信息化建设工作运行经费缺乏。农村信息化建设与管理机构普遍存在人员少、经费紧张问题，只有人头费，工作经费严重缺乏，处于“有钱养人，没钱办事”的窘困境地。三是信息化建设专项经费不足。据调查，省以下各级财政部门没有将农村信息化建设基本上纳入财政支出的范畴，只有很少的地方安排了少量的农村信息化建设专项资金，满足不了工作需要，农业信息化建设的长效投入机制还没有建立。

4.3.2 事业单位作用发挥有限

农业大专院校、农业科研院所、农技推广机构等事业单位在农村信息化建设中的作用发挥不充分，主要表现在以下几个方面。

4.3.2.1 信息技术在农村应用程度低

信息技术在农村应用程度低主要有两方面的原因：一是重科研，轻推广。农业大专院校、农业科研院所等农业科研机构把主要精力放在科研项目上，科研项目结题后则任务完成了，科研成果束之高阁。而农技推广机构则处于“线断、网破、人散”的境地，导致农村信息技术应用水平低。二是重技术、轻市场。农业科研机构普遍缺乏有效诱导机制和激励机制，大多数科研人员注重的是某项技术的研究与开发，而很少考虑市场需求问题，结果导致技术不适应市场需要，科研成果与农业生产实际需求相脱节，难以推广应用。

4.3.2.2 信息咨询与服务水平不高

信息咨询与服务水平不高：一是广大农业大专院校、农业科研院所等事业单位的专家所承担的各种教学、科研任务重，难以分身投入大量烦琐、细碎和情景化的农村信息咨询与服务中去。二是一般农业大专院校、农业科研院所等事业单位远离农村，这些单位的人员平时又很少下基层，难以了解农村真正的信息需求，易于导致这些单位所组织和提供的信息咨询和服务不符合实际需要，解决不了实际难题。三是农村信息服务方式待优化。当前，事业单位经常开展“信息下乡”式的信息服务是临时化、不定期的信息服务，没有形成常态化的长效信息服务模式。

4.3.2.3 人才输送和支撑能力不强

人才输送和支撑能力不强：一是培养的人才不愿下乡。农业大专院校毕业生非农就业现象非常普遍，即使是农村生源的毕业生大部分都留恋城市的生活方式和发展机会，农村信息化建设缺乏“新鲜血液”支撑，可持续发展令人担忧。二是当前事业单位的用人机制、分配机制和组织机制不活，成为制约事业单位的农村信息服务能力的重要因素。相关事业单位人员从事农村信息化建设与服务存在后顾之忧，动力不足。而基层的农技推广机构存在着人员老化结构失衡、知识结构陈旧、信息素养不高、办公条件落后、信息获取手段差等因素的制约，信息服务能力也不高。

4.3.3 相关企业潜力有待挖掘

4.3.3.1 企业参与农村信息化建设积极性不高

企业参与农村信息化建设积极性不高：一是农村信息设施建设与服务成本高。我国农村覆盖地域范围广、地形错综复杂，农民分散居住，各类企业尤其是电信运营商必须扩大网络覆盖范围，以使农村信息化服务的覆盖范围满足大部分农民的信息需求，相比城市地区农村建网与服务难度更大、成本更高。二是农民信息产品与服务消费水平低。农村相对较低的经济发展水平，决定了农民信息产品与服务消费能力低，农村信息化建设与服务商的投资回收周期长，这也决定了企业参与农村信息化建设必然会面临高投入、高运营费用、低收入问题。三是政策激励与补偿机制缺位。目前国家对企业参与农村信息化建设没有明确的优惠政策和扶持措施，国家对参与农村通信普遍服务的企业缺乏补偿机制。四是农村信息服务企业经营环境差。农村信息服务业是个新兴的行业，农村信息市场不发达，市场管理很不规范，相关的管理措施和政策法规不到位。投入大、收益低的现实情况使得企业向农村地区投入资金开展信息化建设和服务的积极性不高。

4.3.3.2 农村信息服务企业资金短缺

农村信息服务企业资金短缺，主要由两方面原因造成：一是如上文所述农村信息产品与服务销售成本高，而单项信息产品和服务的赢利水平低，单纯靠信息企业本身来进行资金积累需要较长时间。二是金融服务的缺失。近年来，随着国有银行的商业化改革的推进，银行“惜贷”现象越来越突出。农村信息服务企业一般规模小，固定资产也不多，当前为中小企业服务的金融体系还很不完善，尽管政府号召各大银行为中小企业服务，但受自身商业利益所限，银行往往选择不予回应。农村信息服务企业也难以凭借其少得可怜的固定资产向银行进行抵押贷款。资金短缺的瓶颈使广大中小型农村信息服务企业发展受限，这也制约了其参与农村信息化建设与服务。

4.3.3.3 涉农企业对外信息服务能力弱

涉农企业对外信息服务能力弱：一是企业自身信息化水平低。涉农企业尤其是农村企业很少建有网站，即使有网站，网站也比较简单，管理不善、信息更新频率低。二是信息获取水平不高。农村中小型企业还是采用传统的信息收集办法，如利用电话或营销人员直接跑市场等。三是电子商务应用水平低，相当多的农村企业还是采用传统的营销和交易方式，还未适应信息化时代的电子商务交易模式。四是信息人才缺乏。涉农农业难以吸引到既懂农村经济又懂信息技术的复合型人才。一方面，企业现有的信息服务人员素质也不高，很难有效地开展信息服务；另一方面，涉农企业往往缺乏制度化的技术培训机制，信息服务质量和服务队伍难以得到保证。

4.3.4 合作组织建设服务缺位

现阶段，农民合作组织普遍存在信息化水平低，信息服务能力不高的问题。主要有以下几个方面的原因。

4.3.4.1 农民合作组织自身发展不充分

大多数农民合作组织仅是农民的松散联合，组织化程度低，规模小，稳定性差，其带动力和辐射力不强，只能从事低水平和简单的信息服务。大多数农民专业合作组织没有财产和资金，组织机构、管理制度、利益机制等方面的建设不完善，据调查，有近64%的组织没有登记注册①，其信息服务能力可想而知。

4.3.4.2 信息化意识淡薄

尽管很多合作组织已经认识到网络信息对农业生产经营活动有重要作用，但事实上相当部分合作组织即使具备一定的条件，相当一部分合作组织并不打算在信息化方面进行投入。此外，农民合作组织信息基础知识和人才缺乏。合作组织工作人员基本上是由文化程度不高的农民组成，对计算机及网络基本概念的了解程度不高，会操作计算机的人员极少，无法满足农村信息化发展的需求。

4.3.4.3 信息服务手段落后

信息服务手段落后：一是信息基础设施配备严重不足。合作组织的电脑等信息化设备拥有量低，网络接入率不高。二是信息获取渠道仍以传统方式为主。合作组织的信息来源和传递主要依靠当地政府和农业部门以及传统信息媒介，大多数还是通过电视、广播、电话、报纸、杂志等获取信息；只有少数组织是通过计算机网络获取信息。信息传递主要是单向获取，缺乏信息互动。

① 王开义.关于加强农民专业合作组织信息化建设的建议[EB/OL]. http: //www.bsita.org.cn/hydh-4.htm, 2013-10-10.

4.3.4.4　合作组织信息化资金缺乏

合作组织信息化需要一定的资金支持。如购置电脑设备（每台需3 000～4 000元）、网络费用（约100元/月）、电话费等，此外从网络获取信息需要一定的费用（如从一些数据库下载资料需要付费）等，如果要建设合作组织的门户网站或网页包括后期运营维护都需要一定的费用，这些费用对于多数没有固定经费或没有财务制度和成本分摊机制的合作组织来说是一笔不小的开支，是影响农民合作组织信息化建设与服务的一大障碍。

4.3.5　农民信息化应用程度低

农村信息化建设的重要目标之一就是促进广大农民应用现代信息技术，提高农村生产生活水平。农民既是农村信息服务的受体，也是重要的信息源。农民最终了解和获取信息及利用信息进行生活生产的程度是检验农村信息化建设成效的重要指标。就目前而言，农民的信息化应用水平还很低，主要表现在以下几个方面。

4.3.5.1　农民整体素质较低

（1）农民平均受教育程度低。农民是信息化建设的重要主体，农民的文化素质状况直接影响到信息化的应用情况。尽管我国农民的教育文化素质逐步提高，但与城市居民相比，农村劳动力中受教育水平仍然较低（图4-4），农村劳动力中大多数只有初中文化程度（约为54%）、具有高中文化程度的只有10%、而具有中专文化程度（2%）与大专及以上程度（约3%）的则更少。农民文化素质不高直接限制了农民对信息化的认知及对信息技术的学习能力，成为农村科技信息传播和利用能力的主要制约因素。

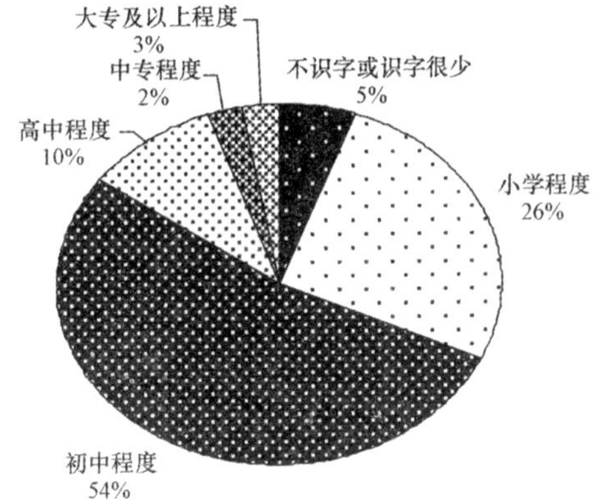

图4–4　全国农民受教育程度情况

资料来源：中国农村统计年鉴 2012

（2）从事农业生产的农民素质较低。由于农业的比较效益低，致使农民中具有较高文化素质和较强能力的人离开农村，进城务工谋业，尤以青壮年农民为最多。留守农村从事农业生产的主要是文化素质较低的劳动力，其中大多数又是妇女、儿童和老人，因而被戏称为“386199”部队。农业从业者的这种状况使得农村信息化建设举步维艰，甚至有人因此怀疑农村信息化建设的意义。

（3）信息意识不强。当前我国农业生产仍属于传统的小农生产形式，广大农户尤其是小规模经营农户对科技信息和市场信息需求不高，信息利用意识淡薄。我们在调研中发现很多农户对于什么是信息化都不了解，农民的保守性也使农民不太敢采用现代信息技术，而愿意坚持传统生产方式，对信息利用程度较低。信息化意识观念直接影响到现代信息技术在农村推广和应用，影响到人们对信息化设施的需求和投资意愿。

（4）信息甄别能力低。面对海量的信息，农民普遍对各类鱼龙混杂的信息缺乏有效甄别能力，易受蒙骗和上当，蒙受损失，这反过来又会影响到农民的信息利用态度。

4.3.5.2 信息获取手段落后

据2012—2013年我们对湖南、湖北、贵州、江西及广东等省农户获取信息途径的调查，结果显示（图4-5）：农民获取信息的主要渠道是电视（83.70%），而且从电视主要获取的是娱乐休闲等生活信息，获取的有关农业生产和市场信息有限。农民通过网络（18.80%）、手机短信（16.20%）、电话热线（6.90%）等现代信息传播途径获得的信息有限。虽然基层政府组织、农民合作组织、基层农技推广机构通过各种形式进行信息搜集、信息咨询、信息发布，但当前远没有达到信息“进村入户”，农民信息贫困现象依然存在，农民对生产技术信息、市场信息及国家法规政策信息的掌握不充分，直接影响农民生产经营上的稳定性，影响到农民收入状况。

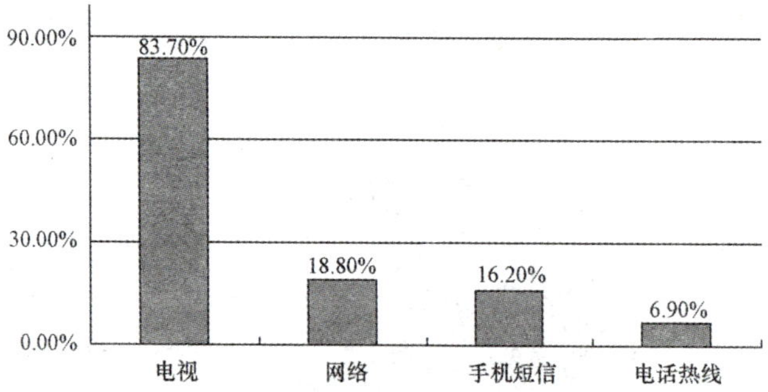

图4-5 农民获取信息的主要渠道

4.3.5.3 信息承受能力较低

电脑、路由器、网线等信息终端设备的购置需要一笔不菲的费用，日常开支还有网络费等，一些农民连只有几元钱一个月的“农信通”等信息产品的价格都难以接受，在当前农民认识不到这些设备能给他带来多大的收益的情况下，很难做出享受信息服务的决策，这也影响了农村信息化的有效推进。

4.4 加强农村信息化建设主体作用的对策

农村信息化建设是需要社会各方共同参与的一项事业，根据我国农村信息化建设现状，要着力形成“政府主导，企业参与，多方合作”的农村信息化建设格局。

4.4.1 强化政府在农村信息化建设中的主导作用

4.4.1.1 加强对信息化建设的统筹规划

（1）强化组织协调机制建设。农村信息化建设涉及多个政府部门，需要各个部门通力合作、步调一致地开展工作。这就需要构建强有力的组织协调机制，实行统一领导和综合管理，协调、有序、快速地推进农村信息化建设。构建强有力的组织协调机构可以采取以下措施：

①各级政府成立健全权威、高效的农村信息化建设工作领导小组（以下简称领导小组）为农村信息化建设的领导机构，统筹协调辖区内农村信息化建设工作。同时要配套成立能有效运转、执行力强的办事机构作为农村信息化建设的日常管理机构，确保各级农村信息化建设工作有人抓、有人管、有人干。

②建立健全农村信息化建设协调机制，消除部门之间门户观念和地区之间的地域观念，统一目标，整合资源，协调行动，发挥整体优势，促进农村信息化快速、健康的发展。

（2）加强顶层设计和规划管理。在国家层面要尽快出台统一完整的农村信息化建设的顶层规划，确定农村信息化建设的中长期目标和建设蓝图，划分农村信息化建设的阶段及明确各阶段的任务，为各级政府、社会各方参与农村信息化建设指明方向。各级地方政府，尤其是县、乡、村层面要结合中央各部委和上级政府的现有政策项目和资源，根据本地的实际情况拿出一套合理的解决方案，统筹规划本地方的农村信息化建设。

4.4.1.2 健全政策法规与标准体系

（1）制定和完善相关法律法规。要在清理、调整和完善我国现有法律、法规的基础上，逐步制定和完善一个新的较为完整的包括农村信息化在内的信息法律、法规体系，以规范农村信息化建设过程中各利益主体的行为，保护各方的合法权益和社会公共利益，为农村信息化建设提供可靠的保障，营造良好的农村信息化建设的法制环境。

（2）建立和健全相关工作制度。在农村信息化建设过程中，对信息化工程项目的建设、验收、运营、维护和绩效评价以及农村信息的采集、加工、分析、共享、发布（服务）等各个方面、各个环节都要建立起相应的工作与管理制度，推动农村信息化建设规范化和制度化。

（3）研究和制定相关标准体系。主要是建立起一整套包括技术标准、管理标准和工作标准在内的标准体系。在技术层面，要加快研究和制定信息化建设的软硬件技术标准、数据标准、信息采集和处理标准；在管理层面，重点制定项目建设和运维管理标准、信息资源开发利用管理标准、资金和资产管理标准、人员配备和队伍建设管理标准等；在工作层面，主要是建立起工作机构设置标准、岗位设置与职责标准、工作流程和信息服务规范等。推进农村信息化建设的标准化，便于农村信息化建设的规范、有序及其高效运转，也有利于信息资源的共建共享和示范推广。

4.4.1.3 引导和激励各方参与建设

推进农村信息化建设是政府部门的重要职责。但政府的力量也是有限的，仅靠政府绝对是“独木难支”，无法满足农村经济社会发展对农村信息化的多层面、多样性的需求，农村信息化也难以实现持续发展。从国外信息化程度高的国家的经验来看，社会力量参与信息化建设的程度非常高，政府主要作用是组织推动和监督管理。因此，农村信息化建设必须依靠政府部门、企事业单位、农民合作组织及农民个人等社会各方力量协同推进。政府的主导作用的一个重要方面就是通过战略引导、立法支持、政策调整和经济扶持等方式吸引社会各方积极参与农村信息化建设。

一是把社会力量参与农村信息化建设纳入战略规划，为社会力量参与建设留足空间，明确社会力量各自的作用领域和作用方式，如吸引中国移动、中国联通、中国电信等电信运营商参与信息基础设施建设，扩大通信覆盖面，建设完善“农信通”“农业新时空”“信息田园”等农村短信发布平台等；吸引信息服务企业开发有价值的信息服务产品，培育农村信息消费市场；引导各类涉农企业开展多种形式的探索，培育农村电子商务市场等。

二是在相关信息法律立法过程中，要注意保护企事业单位、农民合作组织及农民个人等的合法权益，解决其参与信息化建设与服务的后顾之忧。

三是出台金融、信贷、税收等方面的优惠政策。即通过金融、信贷、税收等方面的优惠政策，引导各类相关企业、农业大专院校、农业科研院所、农民合作组织等参与农村信息服务。如落实和解决涉农中小企业“贷款难”问题，为其参与信息化建设与服务提供强劲支持。

四是对参与建设的社会主体给予经济上的扶持。如建立适农信息技术开发研究的“后补助”制度，对已研发完成而且社会效益明显和推广价值高的科研项目给予一定的资金补助，鼓励农业大专院校、农业科研院所等事业单位投身于适农信息技术创新与推广应用。又如尽快建立普遍服务补偿机制，确定成本测算方法、基金管控模式、补贴方式等，提高各类企业积极性，吸引其投身于投资大、风险高、收益低的农村信息化建设；对购买和使用信息终端设备的农户给予政府补贴，推进信息设备的进村入户。

4.4.1.4 加大各种资源的投入

要从人、财、物等多方面加大对农村信息化建设的投入，即落实信息化建设工作机构人员编制，建立起稳定的信息化工作管理与建设队伍，促进适农信息技术等的推广应用，最关键的是加强对农村信息化建设的资金投入。农村信息化建设是高技术、高投入的社会公益性工程项目，离不开政府公共财政的资金支持，完全有必要将农村信息化建设作为一项必要的农村基础设施项目，列入各级政府的基本建设预算。设立农村信息化建设专项资金专门用于农村信息化建设事项，避免“有钱养人，没钱办事”的情况发生，同时要严格资金管理，避免重复建设和资金浪费，使有限的资金发挥最大的效用。在加大政府资金投入的同时，还有必要遵循市场经济的规律，以市场需求为动力调动各类企业、社会团体及个人投资农村信息化建设的积极性，形成多元化农村信息化投资格局，全方位推进农村信息化建设进度。

4.4.2　大力推动事业单位服务于农村信息化建设

4.4.2.1　研发与推广适农信息技术

现实告诉我们农村不是缺乏信息化需求，真正缺乏的是适合农民需求的信息化技术，即廉价、简单、实用的信息化技术。农业科教与推广事业单位必须将精力放在研发农民“用得起、用得上、用得好”的信息化技术，才能真正推动农村信息化建设。这就要求：一方面，充分了解农民需求和农村实际情况。农业大专院校、科研院所与基层农技推广机构要进行有效的联合，农业科教单位要常下基层接触农民、接触基层农技推广工作人员，而基层农技推广机构要在农业科教单位和农民之间搭起沟通的桥梁，扮演好中转站的角色，向农业科教单位反映农民的真实需求，同时将农业科教单位的实用技术进行推广。另一方面，要探索多种适农信息技术研发与成果转化方式，如建立“产、学、研”“校、企、村”等科技成果转化与推广方式，促使潜在的生产力向现实生产力的转化。

4.4.2.2　多措并举促服务水平提高

多措并举促服务水平提高：一是强化农科教事业单位服务三农的功能。在这些单位内部建立起明确的服务三农机制，将为农服务与教书育人、科学研究、文化传承等功能并列，并出台专门的保障机制和具体措施，将为农服务落到实处；二是整合涉农信息资源，将适农信息传递给农民。大力整合农业大专院校的图书资源、涉农数据库资源等与农家网络书屋、农村信息服务站等建立信息通道，加入到整个农业信息网络中，将先进的农业生产管理技术和信息资源传递给农民，使农民朋友足不出户就可以寻找到解决生产疑难问题的方法。三是建立为农村信息化建设服务的长效机制。将“科技下乡”等品牌活动固定化、周期化和长效化，再辅以各种灵活的信息服务方式。

4.4.2.3　放开搞活以发挥人才优势

放开搞活以发挥人才优势：一是培养农村信息化需要的专门实用人才。人才是推进农村信息化建设持续进行的关键因素，农村信息化需要一大批既懂现代信息技术和现代化农业技术的实用高级专门人才。充分发挥农业院校的育人优势，开设农村信息化的专业和设置信息化的课程。如湖南农业大学拟申报开设物联网工程本科专业，该专业将为农村广泛应用物联网提供大量的专业人才。二是需要政府与相关单位出台鼓励农村创新创业的政策，吸引大量的农村信息化相关的专门人才进行创新创业，继续完善农村科技特派员制度，为农业院校、科研院所等单位人才下乡支农提供良好的制度环境。三是创新相关单位内部管理机制。改革现行不利于支持农村信息化建设的僵硬而教条的制度规定，出台鼓励措施。如对积极支持农村信息化建设和服务的专家给予时间方面的保证、经济上给予一定的补贴、优先考虑职称职务的晋升等。

4.4.3 企业积极参与和主动布局农村信息化建设

在市场经济条件下，市场机制是最有效的资源配置方式，企业是最重要的市场主体，是推动市场机制得以运转的核心。农村信息产品与服务具有一定的经济特性，也是可以交易的商品和服务，企业完全可以从开发和提供农村信息产品和服务中获利。在现阶段，农村信息市场还不成熟，需要政府主导提供信息基础设施和培育信息市场环境。但是，从长远来看，农村信息资源将主要通过市场机制进行配置，企业在农村信息产品与服务的提供中起到极为关键的作用。随着时间的推移，政府投建的基础设施日渐完善、农民收入增长及信息消费能力逐渐增强，农村的各种信息需求将越来越大，农村信息市场潜力巨大。因此，农村信息化建设为各类相关企业的发展提供了千载难逢的历史机遇，要想在未来的市场竞争中取得优势地位，各类相关企业在现阶段就应积极参与农村信息化建设，主动培育农村信息市场。

4.4.3.1 实现业务运营与社会责任的双赢

闻名全球的管理学大师韦里克与孔茨在他们所著的《管理学》中指出：企业必须同其所在的社会环境进行联系，对社会环境的变化做出及时反应，成为社区活动的积极参加者[①]。各类相关企业是实现城乡数字鸿沟跨越、促进农村地区发展、建设和谐社会的重要推动力量之一。农村信息化建设离不开各类相关企业，更离不开其所肩负的社会责任。各类相关企业应在农村信息化建设过程中实现业务运营与社会责任的双赢。各类相关企业在利用农村信息化建设机遇，挖掘农村信息市场潜力、获取投资回报的同时，加大对农村电视广播网络、通信网络、互联网络等信息设施的投资与建设，扩大农村广电网络、通信网络、互联网络等的覆盖范围，积极搭建农村信息服务平台，开发和提供农村适农信息产品和服务，提升农村信息服务水平，通过信息化带动农村地区发展。企业践行社会责任并非是毫无回报的单纯付出。农村信息化建设利国利民、政府支持、社会

① （美）韦里克，孔茨.管理学：全球化与创业视角[M].北京：经济科学出版社，2011.

关注、农民企盼，企业积极参与其中必然会获得足够的关注度、社会美誉度和信任度，树立起良好的企业形象，也有利于农村信息市场用户忠诚度的培养与提高，从而实现企业长远的经营目标。

4.4.3.2　争取政府部门的支持与配合

抓住农村信息建设的历史契机，结合企业的技术优势、资金优势与人才优势，主动将农村信息化建设纳入到企业的经营业务范围，并将其作为新时期企业业绩增长点，努力争取将企业参与农村信息化建设纳入政府推进农村信息化建设的规划方案，使政府从政策上大力支持企业的农村信息化建设项目，也可以通过与政府签订战略合作协议等形式获得各级政府部门积极配合，营造良好的工作环境，还可以结合企业参与农村信息化建设的实际情况，向政府提出合理的政策建议，争取有利的优惠政策和措施，如协助政府出台农村信息服务税收优惠、普遍服务补偿等制度。

4.4.3.3　推行信息项目与服务的共建共享

竞争是市场机制最基本的特征。各类信息企业竞逐农村信息市场份额是市场经济内在规律的具体表现。然而，信息资源具有很强的共享性特征，信息设施的建设与运维费用巨大，对单个企业来说具有很大的压力。从事信息产品与服务开发与提供的各类企业可以寻找信息产业上下游的战略伙伴进行合作，这样既可以克服由于企业资金短缺导致的规模扩张困难，还可以拓展企业的业务链与市场范围，从而实现农村信息资源与基础设施的共享和最大化利用，实现合作各方的利益最大化。如通信运营商和广电运营商合作共建共享设施与服务，降低网络接入和信息终端投资成本；通信运营商可以联合信息内容服务提供商提供集团彩铃、村级黄页、电话秘书等个性化的信息增值服务产品。还可以利用企业所建信息服务平台（农信通、农业新时空、信息田园等）的聚合优势，与涉农部门、服务提供商等实现联合，建立起“信息传输平台（通信企业）+信息（涉农部门）+加工整理信息资源（服务提供商）”的合作机制和利益分成模式，充分整合分散的涉农信息资源，以统一、简捷的方式提供给农村信息服务对象。各类企业还可以开展与银行、农村信用社等金融机构的合作，共同为农村居民提供信息终端如电脑等设备和服务的分期付款计划等服务，也可以与终端厂家合作，如提供低端廉价且实用的电脑和操作系统等。

4.4.3.4　加强对农村信息用户的教育培训

各类相关企业，不管是信息技术企业、信息服务企业，还是涉农企业的业务增长都离不开其农村客户的消费。农村居民的消费方式和消费意识及消费能力（含操作技能）直接影响到他们的消费行为。农村居民的科学文化素质较差，对信息产品与服务应用不够了解，同时又缺乏相应的消费知识和经验。因此，要想农村居民充分意识到获取及时有效信息对其生产和生活的价值和意义，激发他们潜在的消费意识，就有必要通过一定的方式对其进行教育和培训。将信息网络设施铺设到农村，只是为实现农村信息化提供了最基础的硬件设施，而让农民通过信息网络的充分应用并从中获取发家致富所需的信息、知识和技能，实现“授人以渔”才是农村信息化持续发展的关键，也是各类企业获得持续稳定增长的业绩的源泉和可靠保证。因此，提升农村居民的信息化应用技能以消除产品和服务的使用障碍也是提高农村信息产品与服务市场有效需求的必要手段。

消费教育与培训是一种重要的现代商业推广手段，它是为传播产品信息和提高客户感知而专门针对产品与服务的消费对象所进行的一种有目的、有计划、有组织的系统活动。相关企业可以针对农村信息用户及其所在区域的实际情况开展相应的教育培训活动。如在用户相对比较集中的乡村，主要是通过专门讲座、宣传报道及产品与服务的展示、演示会等方式进行集中培训；而对于散户则主要是通过语音信息服务平台等方式进行一对一的指导，还可以农村信息市场的消费先导者培训活动，然后通过他们推广和传播消费知识[①]。同时，还要建立起灵活的机制和渠道，及时地指导和解决农民应用信息化产品和服务过程中遇到的困难，最终使农民掌握信息化产品和服务的使用，并对其产生信任感和依赖感，也使信息化产品和服务有效服务于农民。

4.4.3.5 创新融入农村信息化市场的策略

针对农村实际情况，相关企业应选择一条低价格、低成本、高效益的发展策略，让农民用得起，企业还能盈利。并从以下两方面进行探索。

一是优化资费结构。在信息消费能力比较低的情况下，农村居民对信息产品和服务的价格非常敏感，对比较昂贵的信息产品和服务往往会持观望态度，甚至是望而却步。因此，要针对农民购买能力及消费习惯，制定与适应农村实际情况的资费标准，要让农民用得起，敢消费。积极探索减免农民费用的途径，如通信企业可以利用农村住宅固定电话和手机的被叫彩铃做商家广告，规定达到一定受话量次数则由商家支付彩铃功能费或免月租费或赠送用户一定额度的通话费等；用户一次性缴纳一定额度的费用则予以一定费用上的优惠或提供额外的增值服务等。

二是推出适农业务。优化农村信息产业链，不断推出新业务是农村信息产业获得可持续发展的源泉。信息服务商要抓住农村居民的有效信息需求，积极探索满足农民需求的信息业务。各信息企业如通信企业、信息内容提供企业和终端产品制造商要集思广益，群策群力，深度挖掘农村信息产品与服务消费和需求的发挥作用趋势，共同构建农村信息产业链，开发一系列适农信息产品和服务。

4.4.4 农民合作组织要积极融入农村信息化进程

4.4.4.1 进一步发展和完善农民专业合作组织

只有组织规范和功能完善的农民专业合作组织才能真正提高农民的组织化程度，其

① 陈力，周洪成.电信运营商挺进农村市场的途径探析[J].中国管理信息化，2007（9）.

作为农村信息化建设主体的作用才能得到充分和有效的发挥。因此，进一步发展和完善农民专业合作组织是推进农村信息化建设的必然要求。这主要从两个方面进行：一是加大外部支持，要进一步加强对农民合作组织的法律、制度与政策层面的支持，尽快确立农民合作组织的法人地位，在经营发展过程中提供政策指导、资金扶持和税收优惠，为农民合作组织的健康有序发展创造良好的外部环境；二是规范农民合作组织的内部运行机制，健全各种规章制度，如组织章程、产权制度、财务制度、会员大会与理事会、监事会的职责权限等，理顺各种关系，扫清发展障碍，完善组织功能，把农民专业合作组织建成既有一定产业性、专业性，又有较为完善的服务功能的农村经济主体。

4.4.4.2 多渠道筹措合作组织信息化建设资金

要探索多种渠道和方式筹措资金以解决农民合作组织推进信息化建设的资金困境。一是农民合作组织通过利润提成、会员费、成本分摊等方式自筹信息化建设资金；二是由各级政府按比例出资设立专项扶持基金用于促进农民专业合作组织信息化建设，支持合作组织信息技术应用、涉农信息产品开发与服务等，同时研究出台农村信息消费补贴政策并把农民合作组织列为重要补贴对象，鼓励合作组织采用信息化手段开展经营管理；三是探索农民合作组织信息化建设的市场运作机制，建立激励机制和成本分担机制，吸引各类企业投资合作组织信息化建设。通过多条腿走路，形成“组织出一点、政府补一点、企业投一点”的信息化资金筹措模式，为农民合作组织信息化的可持续发展提供可靠的资金保障。

4.4.4.3 提高农民合作组织信息设施装备水平

信息服务基础设施是农民合作组织开展信息应用和信息服务最基本的支撑。要从以下几个方面提高农民合作组织软硬件设施装备水平：一是加快宽带通信网、数字电视网和下一代互联网等设施的建设与应用，添置一定数量的电脑、电视、电话等信息终端设施及信息化管理软件；二是依托省级农村信息服务平台，建立农民专业合作组织的门户网站（网页）和信息化综合服务平台，提高农民合作组织获取信息和开展内部管理及电子商务的应用水平。如湖南省在“一体两翼”综合服务平台上构建了农民专业合作社综合信息服务平台，并与国家农村信息综合服务平台形成互通对接，打造出特色鲜明的农民专业合作社综合信息服务平台；安徽省农委建立了“安徽农民专业合作社网”和“畜牧养殖协同平台”等，为农民合作组织信息化奠定了重要基础。

4.4.4.4 增强信息化技术应用能力和服务水平

积极利用信息设施和平台开展信息化管理和服务，一是利用信息技术进行合作组织管理，如利用信息化设备和财务软件建立合作组织财务管理信息体系，加强财务管理与效益核算，促进资金流转透明公开，实现科学理财和民主监督；利用信息技术构建合作社资源管理与决策支持系统提高合作社管理和决策能力等。二是利用信息技术提高合作组织的信息服务水平，如利用信息化综合服务平台获取或提供农产品供求信息、农用物资需求信息及技术、种子、农机具服务等方面的需求信息、国家惠农政策信息等；运用现代信息技术农民展开教育与培训；对接专家在线答疑系统，请农业专家在线传授生产知识和进行实用技术示范，解决组织成员在农业生产中遇到的各种难题等。

4.4.4.5 提高合作社建设队伍的整体信息素质

提高合作社建设队伍的整体信息素质：一是吸纳一批具有一定文化素养的中青年农民，在专业合作组织内部组建一支既有一定的农业科技知识技能和经济素养，同时还有一定信息技术功底的信息化服务队伍，作为合作组织开展信息化建设、管理和服务的支撑力量。二是定期开展信息化培训，提高农民专业合作组织的信息收集、识别、取舍、整合、利用及创新能力。合作组织必须对所收集到的信息甄别和整理分析，为农民提供有针对性、价值含量高的信息，切实让组织成员享受信息化的好处，提高组织的凝聚力。此外，合作组织经常举办电脑操作技能、信息技术方面的培训，提高组织成员信息素养和信息化应用能力，使农民的生产经营理念、经营方式和手段等方面在信息化的带动下实现质的飞跃，从而推进农村信息化建设。

4.4.5 明确农民在农村信息化建设中的主体地位

马克思主义唯物史观与科学发展观告诉我们，人民群众是生产力中最活跃、最革命的因素[①]。在农村信息化建设中，我们必须认识到农民不仅仅是农村信息化建设的受益者和信息服务的对象，农民在农村信息化建设中能起主观能动作用，农民作为农村生产和生活的主体也必然是农村信息化建设的主体。因此，农民主体作用发挥的好坏直接影响到农村信息化建设的效果。因此，要充分调动广大农民群众的积极性、主动性和创造性，充分发挥他们的主体作用。

4.4.5.1 提高农民的信息意识和观念

要促进农村信息化建设，必须提高农民的信息意识和观念，将农民参与农村信息化建设变成其主动行为，即变“要农民上”为“农民要上”。一是要加大对信息化重要性的宣传。要通过广播、电视、报纸、杂志、手机短信等尽可能多的途径，运用信息化功能和成果演示等直观的形式进行农村信息化的宣传和引导，广泛宣传农村信息化建设的意义和作用，营造农村信息化建设的良好氛围，激发起农民对信息化的强烈兴趣，提高其信息意识和形成信息富农的观念。二是进行农村信息技术的应用与示范。根据技术扩散的“S形曲线扩散理论”，当一项新技术试验示范成功，取得比较满意的试验效果后，技术扩散速度就会加快，采用新技术的人数就会越来越多[②]。推进农村信息化建设，也可

① 管向群.科学发展观：当代中国的发展哲学[N].光明日报，2007-04-14.

② 埃弗雷特·M·罗杰斯.创新的扩散[M].北京：中央编译出版社，2002：12.

以通过建立示范基地和培育信息化示范户等形式，可以让周边农户直接看到信息化的效果，从而带动周边地区农村信息化建设。三是加大适农信息技术的推广应用。农民是具有理性的经济人，正如西奥多·W·舒尔茨（Schultz，1964）所指出的“与任何地方的农民一样，发展中国家的农民也追求效率，他们对经济激励也做出一样的反应，之所以存在生产力的差距，是由于他们面临的技术约束不同”①。对于经了解确实能够提高生产和生活效率的适农信息技术，农民也会适应并采纳。因此，要建立健全高效完善的信息技术推广体系，提高农民对信息技术成果的知晓度和采纳程度，进而促进农村信息化发展。

4.4.5.2　增强农民信息技术应用能力

诺贝尔经济学奖获得者西奥多·舒尔茨认为穷人之所以穷是因为劳动力素质的落后，其根源是信息的闭塞和教育程度的低下②。国家信息化专家咨询委员会副主任周宏仁指出要把获取使用信息的能力赋予农民，特别是农村青少年，对于开启民智、弱化信息化的分配效应、缩小数字鸿沟、加快我国“三农”问题的解决意义十分深远③。中国信息协会副会长乌家培指出农村信息化应当以提高农民的素质和水平为基础④。这就要求在农村加强针对提高农民科学文化素质的教育，一方面，从农村学校教育入手，在搞好九年义务制教育的基础上大力发展职业技术教育，同时，加大农村学校信息化程度，加大学校的计算机硬件建设力度，改革课程设置，增设跟信息化相关的课程，对所有教师进行信息化的再培训，搞好农村青少年信息化教育；另一方面，搞好农村各种成人教育，广泛开展“绿色证书”教育，举办农村信息技术科普培训，结合农家书屋推行“三农”网络书屋建设等。通过多措并举，逐步增强农民信息技术应用能力，启发和培育农民的信息需求，进而激发农民参与农村信息化建设的热情，充分改变农村信息化建设中政府积极鼓动、农民一脸无知的“剃头挑子一头热”的情况，形成农村信息化建设和服务与农户信息应用和反馈的良性互动，使整个农村信息化建设运行畅通起来。

4.4.5.3　围绕农民需求搞农村信息化

农民的信息需求是农村信息化建设的动力之源和努力方向。农村信息化建设的内容和任务就是为农民提供其所需的各种生产生活信息。不同地域、从事不同生产行业的农民的信息需求是不一样的。同时，只有农民最清楚自己的需求情况，也只有农民最明白自己在信息化中的难处，农民是农村信息应用的决策者、受益者和风险承担者。农村信息化建设必须了解农民的真实需求，切实围绕农民的信息需求开展涉农信息资源开发、利用和信息服务，确保信息的针对性、真实性、效用性等，使农民从农村信息化建设中

---

① 西奥多·W·舒尔茨.改造传统农业[M].商务印书馆，1999.

② 西奥多·W·舒尔茨.改造传统农业[M].商务印书馆，1999.

③ 周宏仁.信息化与“三农”问题研究[J].电子政务，2006（1）：53.

④ 见《农业信息化问题对话实录》载http: //news.ccidnet.com/art/2049/20050922/339135_1.html，2005-09-22.

获得实实在在的好处[①]。

4.4.5.4 降低农民参与信息化的成本

就农村居民的收入水平而言，难以承担当前的信息产品和服务费用，需要各方通过技术和政策等手段共同努力降低农民参与信息化的成本，让其能用得起、用得上、用得好，充分享受信息化带来的好处。一是要进一步加强技术创新，设计制造费用低廉、简易好用的电脑、手机等信息终端产品，降低农民参与信息化的门槛成本。二是要通过运营商让利或政府提供信息补贴等形式，切实降低农民使用电话、有线电视、上网等获取信息的费用，激发农民的信息消费欲望和参与信息化的热情。三是加强村级信息服务站点的建设和利用效率，为农民参与信息化提供公共场所，为农民收集整理信息或发布供求信息提供便利。

① 胡晋源.农民主体地位视角下新农村信息化建设策略研究[J].农业现代化研究，2007（9）.

第5章 大数据时代农村信息化基础设施建设问题研究

信息化基础设施建设是农村信息化建设最基本的内容和环节，是推进农村信息化建设有序进行的前提条件，是农村信息化服务和信息技术应用的物质支撑。没有完善的农村信息化基础设施，农村信息化建设无从谈起。农村信息化基础设施对于支撑农村信息资源的有效开发利用，提高农业生产效益和农村居民生活质量，促进农村经济社会发展，缩小城乡发展差距具有十分重要的意义。“要想富，先修路”，农村信息基础设施就是农村发展的“信息高速公路”。农村信息基础设施仍是当前制约农村信息化建设的“瓶颈”。加强农村信息基础设施建设，是当前和今后我国农村信息化建设的重要内容，是与农村道路、电力、供水等基础设施同等重要的农村公共基础设施。我国党和政府历来重视农村信息化基础设施建设，2010年中央一号文件就明确提出：“推进农村信息化，积极支持农村电信和互联网基础设施建设”。加强农村信息化基础设施建设问题研究具有非常重要的现实意义。

5.1 农村信息化基础设施建设基本情况

农村信息化基础设施是支撑农村信息资源的开发、利用及促进信息技术应用的各类设备和装备及其场所，是收集、储存、加工及传递各类涉农信息的物质基础，是农村信息化建设的基本条件。农村信息化基础设施主要包括信息网络、信息技术基本装备和设施及场所等部分。信息网络主要是指互联网络、通信网络和广播电视网络及报纸杂志、宣传栏等信息传播网络；信息技术基本装备、设施及场所则指信息技术研发、推广应用及保障网络安全运行的各类设施与装备及其开展服务的场所。当前农村信息化基础设施主要包括广电网、电信网和互联网三种基础网络体系及广播、电视、电话、手机、计算机等信息化终端设备与农村基层信息化服务站等场所。

多年来，我国实施了“金农工程”“广播电视村村通工程”“村村通电话工程”等一系列以农村信息化基础设施建设为重要内容的重要工程，加大了光纤通信网络、移动通信基站、卫星接收设施等网络基础设施及基层信息服务站的建设力度，农村信息化基础设施建设取得了良好的成效。

5.1.1　农村信息传输网络通道建设成效显著

5.1.1.1　广播电视网络覆盖范围进一步扩大

广播电视具有生动化、形象化、具体化、通俗化等鲜明特点，是最贴近民众生活的现代传播媒介，是实现农村信息传播最现实、最便捷的途径和手段，是农村信息化建设的重要载体。不断扩大广播电视网络覆盖范围是促进农村信息化建设的重要内容，为了解决广播电视信号覆盖“盲区”农民群众收听广播、收看电视问题，我国政府从1998年开始组织实施“广播电视村村通工程”。经过十余年的建设，到2012年广播电视村村通工程已覆盖全部行政村和20户以上通电自然村，全面完成中央无线广播电视覆盖工程。2012年，全国完成约28.2万个20户以下通电自然村“盲村”的建设任务，村村通攻坚战取得重大进展。农村广播电视建设由村村通向户户通推进。截至2013年5月23日，全国直播卫星户户通用户突破900万户，宁夏、甘肃、青海等省区基本实现户户通全覆盖，目前直播卫星用户数超过2 600万户，全面加强了农村广播电视无线覆盖，为占全国人口总数53.4%的乡村广大群众听广播看电视提供了不可或缺也不可替代的物质载体的保证。2012年，全国广播电视综合人口覆盖率分别为97.50%和98.20%（图5-1）。2012年9月底，全国各省（区、市）基本完成有线电视网络整合，“一省一网”基本实现。2012年全国有线广播电视传输干线网络总长376.12万公里，2012年城市有线广播电视用户数13 076.7万户，比2011年的12 141.15万户增加935.55万户，增幅7.71%。农村有线广播电视用户数8 432.27万户，比2011年的8 123.24万户增加309.03万户，增幅3.80%[①]。广播电视村村通工程为农村改革、农业发展、农民致富、改变农村落后面貌发挥了重要作用，深受广大农村群众的拥护和支持。

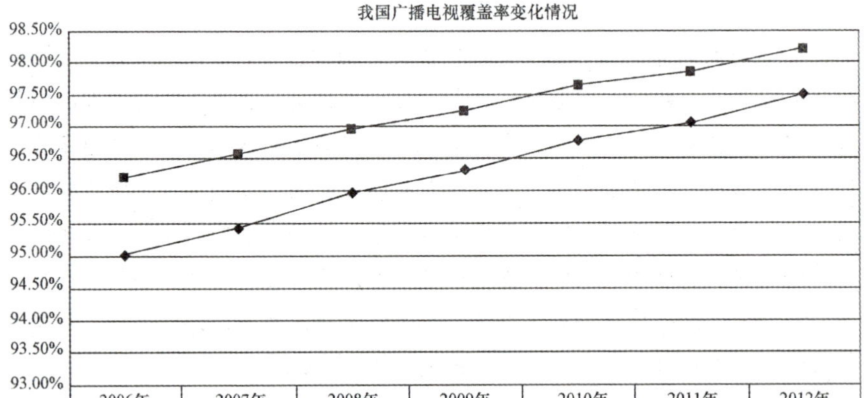

	2006年	2007年	2008年	2009年	2010年	2011年	2012年
—◆— 广播综合人口覆盖率	95.04%	95.43%	95.96%	96.31%	96.78%	97.06%	97.50%
—■— 电视综合人口覆盖率	96.23%	96.58%	96.95%	97.23%	97.62%	97.82%	98.20%

图5-1　我国广播电视覆盖率变化情况

资料来源：2012 年广电行业发展研究报告

① 庞井君.中国广播电影电视发展报告（2013）[M].北京：社会科学文献出版社，2013.

5.1.1.2　农村电话网络继续快速铺开覆盖面

信息产业部于2004年起在全国范围实施“村村通电话工程”（简称村通工程），该工程按照“分片包干”原则由中国电信、中国网通、中国移动、中国联通、中国卫通、中国铁通等6家运营商具体负责实施。截至2010年年底，全国范围内已经实现100%的行政村通电话，2012年全国20户以上自然村通电话比例从2010年的94%提高到95.2%①，已有19个省份实现所有自然村通电话。

5.1.1.3　互联网络加速向农村基层延伸扩展

农村互联网是农村信息化建设的重要载体，农村互联网的发展状况是农村信息化建设程度的重要标志。截至2010年年底，全国范围内100%的乡镇通互联网，其中98%的乡镇通宽带②。2012年全年新增通宽带行政村1.9万个，行政村通宽带比例从年初的84%提高到87.9%。随着“农村宽带入乡进村”和“公益机构接入普及”计划的组织开展，100所全国集中连片特困地区中小学和100所残疾人特殊教育学校已开通宽带并提速到4 M以上，同时提供三年免费上网③。截至 2013年 6月底，我国网民中农村人口占比为 27.9%，规模达到 1.65亿，相比 2012年略有提升，增加约 908万人。自2012年6月以来，农村网民规模的增速度高于城镇（图5-2）。近年来中国城镇化进程加快，农村人口比例不断减少。2011年年底中国农村人口占比为48.7%，到了2012年年底则下降为 47.4%，但农村网民占中国网民的比例并没有减少，反而有所增加，这说明农村互联网的普及速度较快，农村网民规模进一步扩大④。

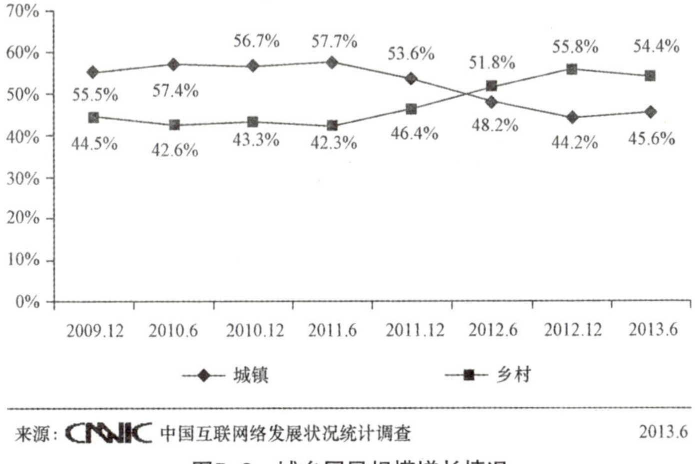

图5–2　城乡网民规模增长情况

① 工业和信息化部运行监测协调局.2012年全国电信业统计公报，http: //www.miit.gov.cn/n11293472/n11293832/n11294132/n12858387/15132905.html，2013-01-24.

② 见工信部网站：《“十一五”我国全面实现“村村通电话、乡乡能上网”》，2011-1-6.

③ 工业和信息化部运行监测协调局.2012年全国电信业统计公报，http: //www.miit.gov.cn/n11293472/n11293832/n11294132/n12858387/15132905.html，2013-01-24.

④ CNNIC：《第 32次中国互联网络发展状况统计报告》，2013年7月.

工信部联合发改委、教育部、科技部、财政部、环保部、住建部及国家税务总局等八个中央部委于2013年 4月发布了《关于实施宽带中国2013专项行动的意见》，该意见提出要在2013年新增通宽带行政村18 000个和实现5 000所贫困农村地区中小学宽带接入或改造提速。由此可知，在下一阶段我国互联网普及与推广工作将向农村地区进一步扩展延伸，在可以预见的未来农村使用互联网的人口数量将继续增加①。

5.1.1.4 农村“三网融合”发展势头较强劲

自进入21世纪以来，“三网融合”进入我国信息化建设范畴，历经十余年我国“三网融合”建设逐步推进，取得了良好的进展（表5-1）。截至2012年年底，NGB示范网络覆盖用户超过5 000万，双向业务用户超过1 000万，在示范区全网内基本实现点播、宽带和IP电话等三种交互业务的互联互通②。“三网融合”得到了广泛重视，发展势头良好。

表5-1 我国“三网融合”发展进程

时间节点	标志性文件或事件	内容
2001.3	《国民经济和社会发展第十个五年规划纲要》	首次提出了要“促进电信、电视、计算机三网融合”
2006.3	《国民经济和社会发展第十一个五年规划纲要》	再次强调要“积极推进三网融合”
2008.12.4	科技部和广电总局共同签署了《国家高性能宽带信息网暨中国下一代广播电视网自主创新合作协议书》	提出用十年左右的时间建成中国下一代广播电视网（NGB），使之成为以“三网融合”为基本特征、满足现代数字媒体和信息服务等产业发展需求的新一代国家信息基础设施
2009.5.25	国务院批准发展改革委《关于2009年深化经济体制改革工作意见的通知》（国发〔2009〕26号）	文件指出：“落实国家相关规定，实现广电和电信企业的双向进入，推动‘三网融合’取得实质性进展（工业和信息化部、广电总局、发展改革委、财政部负责）”，并且第一次提出了要“实现广电和电信企业的双向进入”
2010.6	国务院对外公布了三网融合试点方案以及第一批三网融合试点城市名单	三网融合在我国已正式进入试点实施阶段
2012	国务院批准了中国广播电视网络有限公司组建方案	全国有线电视互联互通平台正式开始筹建，双向进入许可证发放，三网融合取得实质性进展

资料来源：根据相关文件汇编。

相比城市各类网络基础设施建设相对成熟，利益纠葛复杂，农村“三网融合”建设具有后发优势。各部门纷纷以此为机遇，推动农村“三网融合”建设，并取得了较为显著的成效。各大通信运营商也适时打造农村信息化服务平台，推出了面向农村的信息服务通道，如作为我国最大的基础电信运营商，中国电信于2006年启动了信息化新农村建设暨“千乡万村”信息示范工程，并专门推出面向农村的信息服务品牌——“信息田园”；同年，中国联通通过整合其移动通信、互联网网络、人工呼叫中心及其数据等资

① 那什.农村互联网市场逐渐被唤醒[J].人民邮电，2013-07-22.

② 庞井君.中国广播电影电视发展报告（2013）[M].北京：社会科学文献出版社，2013.

源，在全国开通了农业信息化项目——农业新时空；中国移动也启动了农村信息化服务项目——“农信通”业务，使农民通过语音、短信、互联网等多种方式，获取生产、生活及政策法规等各类信息，推进农村信息化建设。

全国各地也结合本地实际情况，推动了本地区的“三网融合”建设。宁夏在新农村信息化中取得突破，倡导双赢，显示出良好效果。宁夏提出把宽带作为农村“三网融合”的业务承载平台，仅通过一根网线就可以为农村用户提供上互联网、看电视及打电话等多种服务①。陕西通过广播电视运营部门与电信运营商的合作，把通信网、互联网和广播电视网“三网合一”作为该省“村通”工程的新模式②。山西省广电、移动、电信等部门自2005年起在静乐、应县试点，首开全国通信网、有线电视网、互联网“三网融合”新模式，农民接一根光缆就可以打电话、看电视、上宽带网③。

湖南省自2003年起就积极探索三网融合业务及农村信息化服务解决方案，并在全国率先提出以“无线三网融合”方式开展农村信息化工作的方案④。多年来，湖南省充分发挥湖南电信和广电等运营商的优势，建设覆盖全省的光纤通信网络，推进城市骨干信息网向农村延伸，实现农村100 M光纤到村，形成覆盖面广、快速便捷的农村信息服务高速通道。同时，针对湖南“七山一水二分田”地理状况，以湖南电信和广电等运营商为主体，采用2G+3G+WiFi+TD-LTE +NGB多种方式，建设2 M入户的无线传输网络，促进解决农村宽带网络接入“最后一公里”问题⑤。目前形成了以宽带为多业务主要承载平台，IPV6、3G、TD-LTE、NGB、WiFi等技术为支撑，以无线网链入有线网的融合为主要方式，探索实施了宽带到村，NGB-W无线入户模式和无线数字电视入户模式两种“三网融合”模式⑥。

“三网融合”为农村信息化建设提供了一条成本低、实用性强、本土化特色鲜明的农村信息化道路。通过“三网融合”，可以有效缩小城乡间的信息鸿沟，以信息化带动农村经济社会发展，以三网融合促城乡结合，实现城乡统筹发展。因此，“三网融合”在我国农村信息化建设中具有广泛的发展空间，全国各地也在积极探索本土化的农村“三网融合”之路，农村“三网融合”发展势头十分强劲。

5.1.2　农村信息化终端设施拥有量增长迅猛

农村信息化终端设施是农村信息化服务“进村入户”的关键所在。当前，我国农村

① 见《“三网融合”助农村信息化》，载中国电子政务网，2011-5-11.
② 见《破除分割“三网融合”助农村信息化》，CIO时代网，2011-05-09.
③ 见《山西“三网融合”走出农村信息化新路子》，《领导决策信息》，2008（10）.
④ 俞慧友.湖南：“无线三网融合”给力农村信息化建设[N].科技日报，2012-08-14.
⑤ 湖南省国家农村农业信息化示范省建设试点工作领导小组.湖南省国家农村农业信息化示范省建设实施方案[R].2011.10.
⑥ 俞慧友，任彬彬.湖南“三网融合”服务农村信息化[N].科技日报，2012-10-01.

信息化终端设施主要有电视机、电话机及电脑等。随着经济社会的发展及农村信息化建设的逐步推进，近年来，我国农户拥有的信息终端数量大幅度提高。

5.1.2.1　电视机拥有量

我国农村地区每百户电视机拥有量由2006年年底的106.9台增长为2012年年底的118.3台，其中彩色电视机拥有量由2006年年底的89.4台增长为2012年年底116.9台（图5-3）。

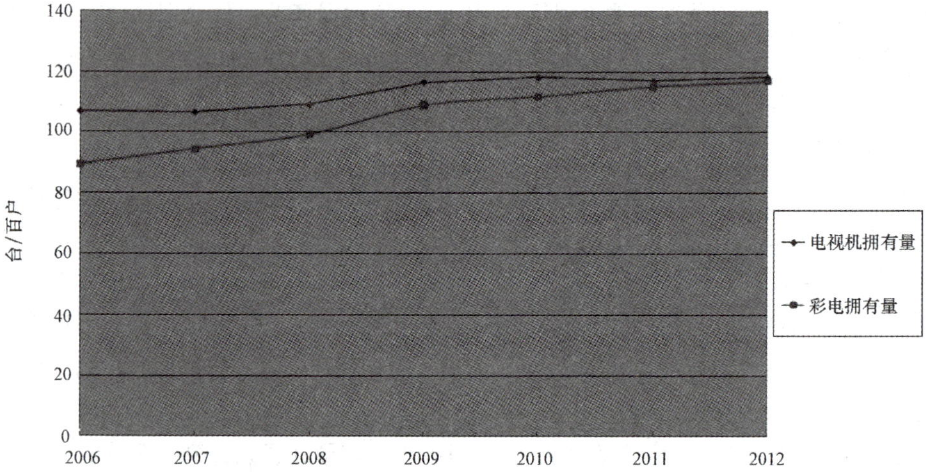

图5–3　农村每百户电视机拥有量增长情况

资料来源：国家统计局编.2013中国统计摘要[M].北京：中国统计出版社，2013.

5.1.2.2　电话拥有量

我国农村地区固定电话拥有量呈下降趋势，由2006年的每百户64.1部下降为2012年的42.2部。其下降的原因主要在于，随着手机价格的大众化，手机拥有量逐年增多，由2006年的每百户62.1部，迅猛地增至2012年的每百户197.8部。手机的普及使手机的功能也日益多样化（语音、短信、上网等），从而为我国农村信息化建设和农村信息化服务的推进提供了极为便利的条件（图5-4）。

5.1.2.3　上网设备

我国农村地区电脑拥有量显著增加，2006年每百户仅有2.7台，到2012年达到了21.4台（图5-5）。智能手机价格的不断降低和 3G网络的快速普及使互联网的接入门槛逐渐降低，为网络接入、终端获取受限制的人群和地区，尤其是偏远农村地区居民，提供了使用互联网的可能。调查显示手机已成为农村网民的主流上网设备。2013年6月，农村居民使用手机上网的高达 78.9%，而台式电脑和笔记本电脑的使用率分别为58.80%和32.40%（图5-6）[①]。

① 见CNNIC：《中国互联网络发展状况统计调查》，2013.7.

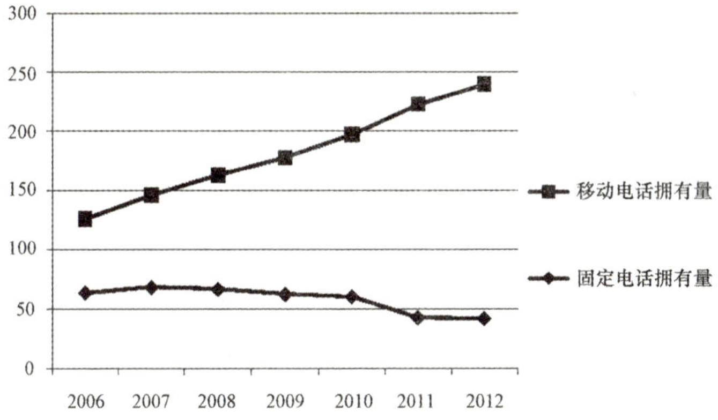

图5-4　电话拥有量变化情况

资料来源：国家统计局.2013 中国统计摘要[M]. 北京：中国统计出版社，2013.

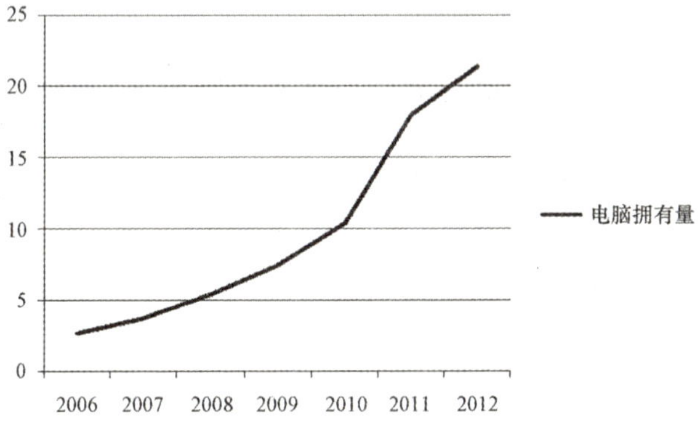

图5-5　每百户电脑拥有量

资料来源：国家统计局.2013 中国统计摘要[M]. 北京：中国统计出版社，2013.

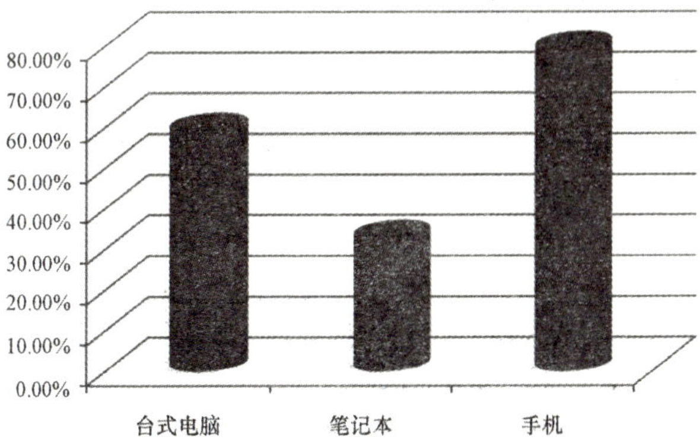

图5-6　农村网民上网设备情况

资料来源：中国互联网络发展状况统计调查（2013.6）

5.1.3 农村信息化基层服务场所逐步完善

截至2010年年底，文化共享工程县级支中心达到2 896个，覆盖率为98%。乡镇基层服务点达到21 230个，覆盖率为61%。村基层服务点达到55万个，基本覆盖所有行政村；乡镇综合文化站建设全面推进，国家发展改革委会同文化部编制并印发了《全国“十一五”乡镇综合文化站建设规划》，重点解决没有乡镇综合文化站设施和文化站面积在50平方米以下的文化站“空白点”，各级财政积极配合乡镇综合文化站建设，已为每个建成的乡镇文化站配备了必要的文体设施，充实基层文化站力量①，“乡乡有综合文化站”目标基本实现；农家书屋建成60万家，覆盖了全国有基本条件的行政村②；“十一五”期间共建成乡镇信息服务站20 229个、行政村信息服务点117 281个③。

5.2 农村信息化基础设施建设存在的问题及原因

5.2.1 对农村信息化基础设施建设认识不到位

近年来，我国农村信息化建设取得了一定的进展和成效，特别是农村信息化基础设施建设水平逐步提高。这些成绩的取得主要依赖于中央政府部门实施的一系列重大工程的大力推动，如“金农工程”“万村千乡市场工程”“广播电视村村通工程”“村村通电话工程”“农村党员现代远程教育工程”“文化资源共享工程”等。各级地方政府对农村信息化建设的积极性不高，主要原因在于其认识不到位，没有看到信息化在“三农”发展过程中的重要意义及其基础性作用，各级政府仅仅将进行信息化建设看作对上级政府要求开展信息化工作的被动响应，是上级下达的一项工作任务，没有将其视为是促进“三农”发展的一项基本公共服务内容，故农村信息化基础设施建设也没有纳入到各地的农村公共基础设施建设范畴，在农村信息化基础设施建设过程中，缺乏配套资金和制度及人员投入。我们在调研中发现，有基层干部对农村信息化基础设施建设存在为难情绪，工作缺乏积极性，主动性缺失，普遍存在“等、靠、要”思想，也有基层干部将农村信息化基础设施建设视为“花架子”工程，不看好其前景，只是应付了事就好。

① 国家发展和改革委员会.农村基础设施建设发展报告（2011年）[R].2011-10.

② 王飞，刘奕湛.广播电视村村通工程已覆盖全部行政村和20户以上通电自然村[N/OL].新华社，2012-10-24.

③ 见工信部网站：《“十一五”我国全面实现“村村通电话、乡乡能上网”》，2011-1-6.

5.2.2　农村信息化基础设施整体建设水平不高

1．农村信息化基础设施建设失衡

（1）滞后于城市信息化基础设施建设。我国农村区域广阔，地形复杂，特别是边远山区、边境少数民族聚居区域、交通不便，贫困人口多，给广播电视覆盖带来了特殊的困难，存在不少“盲点”和“盲区”，一些已实现“村村通”的边境乡村，由于运行维护经费困难和人才缺乏等原因，出现“返盲”现象。农村互联网普及滞后于城市且差距逐步扩大。截至2011年年底，农村互联网普及率仅为20.7%，远低于城镇的54.6%（图5-7），从历史数据对比来看，城乡互联网发展差距在拉大，城乡“信息鸿沟”持续扩大。

（2）农村信息化基础设施建设地区失衡。由于不同地区地理区位、资源禀赋、社会经济发展水平等的差异，致使农村信息化基础设施建设呈现地区失衡状态，东部地区农村信息化基础设施水平高于中西部地区，经济落后、地理位置偏远、交通不便、人口稀少的西部农村地区信息化基础设施建设相当落后。

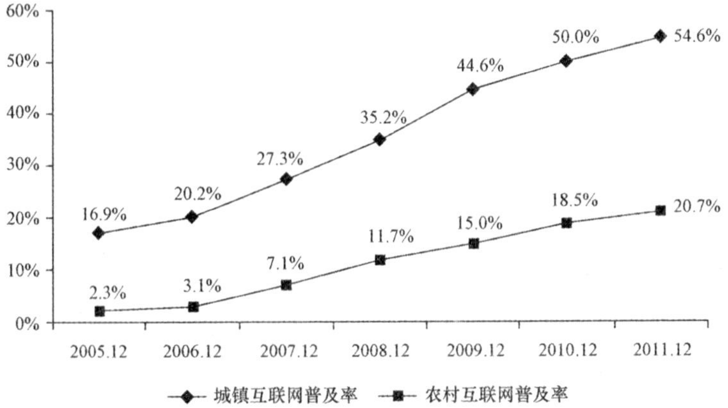

图5–7　城镇和农村互联网普及率对比

资料来源：CNNIC：2011 年中国农村互联网发展报告，2012 年 8 月

（3）基层信息化基础设施建设严重落后。县级层面信息化基础设施建设已达到一定水平，据我们调查了解到，县级涉农部门的网络建设到位，多数县专门成立了信息中心，互联网络畅通并得到了很好的维护，基本开通了电子政务系统，有些县还开通了视频会议系统；电脑、电话、打印机等信息化基础设施和硬件设备基本上配备齐全。在乡镇层面都开通了互联网和电信网络，大部分依托农技站等建有农村信息化服务站，但是也存在一些问题，如部分乡镇信息服务站属于拼凑型，仅挂牌成立，没有固定的场所、必要的设备和人员配备。而村级层面就更差了，大部分没有成立村级信息化服务点，上级配发的电脑等设备放在村干部家或处于闲置状态。农村居民分散居住的现实情况，使得一些地方即使实现了信息化设施的“下乡进村”，但网络等设施铺设入户的成本比较大，农户无法承担，而运营商的动力不足，政府也承担不起，使得信息化设施“入户”

比较困难。基层广播电视设施还相当落后，运行维护和更新等方面的经费不足。乡村两级的农村信息化基础设施建设困境已成为制约我国农村信息化工作取得更大成效的关键瓶颈。尽管解决“最后一公里”问题的技术难题已不存在，但“最后一公里”问题的彻底解决还需要社会各方付出更大的努力。

2. 农村信息化设施利用水平低

我们调查发现，自2007年中组部开展农村现代党员远程教育工程以后，每个村基本上配备了电脑、电视机及相应的多媒体设备，但是基本上处于闲置状态，没有起到作用。有些地方由于场地的缺乏，电脑等设备放在村干部家里。同时农村信息化基础设施的运行维护非常困难，由于缺乏管理维护知识及维修人员的缺失，一点小故障也可能导致设备闲置或被弃用，失去其应有作用。再者，设备老化现象严重，缺乏更新替换机制，由2007年远教工程配置的电脑等设备，时隔5～6年，设备老化严重，处于报废淘汰状态，而地方上也没有相应的更新措施，信息化的工作在行政村出现了断层。而农村居民普遍信息素养较低，对农村信息化基础设施利用能力低，导致网络基础设施、通信电缆及硬件接口等各类信息化基础设施投资无法起到预期的作用；农民对基层信息化服务站等公共信息服务场所访问次数偏少，农家书屋中的有关农业生产及科技类图书资料借阅率低等，各类信息化基础设施没能得到有效的利用。

3. 农村信息化设施资金投入不足

农村信息化基础设施建设运维资金规模巨大，单靠国家与地方政府财政投入是无法满足现实需求的。农村信息化基础设施建设周期长、资金回笼慢、短期利润难保障的现实情况也使得电信运营商在农村信息化基础设施建设方面裹足不前。农民个人更加难以承担农村信息化基础设施建设成本。缺乏长期稳定的资金投入保障，使得农村信息化基础设施建设难以得到持续推进。

5.2.3 “三网融合”实施难度大

我国农村地理区位及经济社会的现状决定了农村信息化建设必须要走一条低成本、高效率之路。随着“三网融合”技术的成熟，利用现有基础设施，实现电话网、互联网、有线电视网等多网合一，避免重复投资与多头建设就成了可能。但是在推进农村信息化基础设施建设过程中，“三网融合”实施困难重重。一方面，在经济发展程度高的地区出现了过度竞争现象，重复建设导致的浪费现象依然严重；另一方面，广大经济发展水平低的落后地区信息化基础设施建设停滞落后，电信运营商却不愿意涉足。究其原因，主要有以下几个方面①。

① 国务院发展研究中心：农村三网融合要先行. http: //www.cnii.com.cn/swrh/content/2010-09/27/content_799361.htm

1．存在部门体制利益分割

当前电话网、互联网、有线电视网等分别归属于不同的监管部门，而由于监管体制差异而形成的部门利益分割现象成为当前制约“三网融合”的首要因素。广播电视行业的行政主管部门是国家广电总局，在地方上，广播电视行业实行的是“条块结合、以块为主”的双重领导与监管体制，即在业务上接受上级广电机构的领导，而在人员、财政等方面则归本级地方政府管辖。电信行业的行政主管部门是工业和信息化部，各级电信机构则统一归各级各地方的工业和信息化部门管辖。两个部门均凭借其各自优势争夺“三网融合”主导权，力争本部门利益的最大化。而统一管制机构的缺失，也将使三网融合业务不得不面临着多个管制机构的多重规制，这也必然制约着“三网融合”的顺利推进。

2．相关政策与法律的缺位

为促进三网融合，国家出台了一系列鼓励三网融合的政策措施，如2008年1月国务院办公厅出台政策鼓励广电机构提供增值电信业务和数字电视服务，另一方面也支持国有电信企业等国有资本在遵守国家有关政策的基础上提供数字电视服务，允许其介入电视接收端的数字化改造及网络建设①。这就解除了长期阻碍“三网融合”的政策限制。然而，与宏观政策相配套的具体政策则仍然严重缺乏。同时，相关法制建设严重滞后，现有的《广播电视条例》和《电信条例》分别于1997年和2000年颁布，是相关行业主管部门基于当时的行业状况和认识出台的部门法规，行业、部门保护色彩浓厚。一方面，立法层次低，缺乏权威性；另一方面，已不适应三网融合发展的政策环境需求②。

3．运营商行业保护与垄断行为

由于电信、广电等行业运营商在资金、技术及运维能力等方面存在极大的差异，为保护自身利益往往倾向于采取行业保护与垄断行为。电信运营企业、互联网信息服务企业、广播电视机构往往是各自行业的领导者。在“三网融合”过程中，为避免或延缓新进入者可能带来的冲击造成的损伤，这些行业运营商倾向于利用自身的优势寻求市场化之外的保护策略，这必然会延缓“三网融合”的推进速度。

5.2.4　适农信息化终端设备不足

信息化终端设备是农村信息化网络的最后一个环节，也是农民接收信息最直接的物质设施，是农村信息化建设“最后一公里”的最末端。农村信息化终端设备拥有量直接影响着农村信息化建设的成效。当前，农村信息化终端设备拥有量不足已成为制约农村

① 国务院文件.国务院办公厅关于转发发展改革委等部门关于鼓励数字电视产业发展若干政策的通知（国办发〔2008〕1号），2008-1-1.

② 北京邮电大学三网融合研究所.三网融合受制于产业隔阂　亟需明确配套法律政策[N].通信信息报，2011-4-6.

信息化发展的一个瓶颈。

首先，当前农村信息化终端设施拥有量不足。与城市相比，农村居民的电脑、电话、电视机等信息终端设施拥有量还不高（表5-2），尤其是电脑的拥有量还相当低，每百户电脑拥有量仅为21.4台，远低于城市的87台。

表5-2　2012年城乡居民每百户信息终端设备拥有量比较

	彩电	固定电话	移动电话	电脑
农村	116.9	42.2	197.8	21.4
城镇	136.1	68.4	212.6	87

资料来源：中国统计摘要（2013）

其次，缺乏适合农民使用特点的农村信息化终端设备。我国农民具有组织化程度低、文化素质不高、经济承受能力差等特点，这对农村信息化终端设备提出了特殊要求。广大农民的低文化程度的现实情况，决定了农民信息化终端设备应用技能的缺失，据我们调查发现，68.45%的人不知道如何用手机通过短信平台进行发布信息和获取信息，57%的人表示不知道该怎么使用固定电话拨打电话热线，72.88%的人不会上网，无法通过网络获取信息。2012年国家信息中心发布的《中国农村信息化需求调查分析报告》也显示“缺乏使用电脑和网络的技能”是影响农村电脑和互联网应用的最主要因素[①]。电脑、智能手机等终端设备复杂的操作、不稳定的系统成为制约农民获取信息的一道门槛。农民的低经济承受力使得农民对信息化终端设备的价格非常敏感。现在即使低配置的电脑市场价格也要在2 000元以上，这远超出了大多数农民的价格承受能力。现在手机已成为农村居民上网的主要载体，但是具备上网功能的智能机价格依然不菲，这也将相当部分农民挡在信息网络之外。我们在调研时，很多农民对我们直言，价格因素是影响他们购置电脑、手机等信息化终端设备的主要原因。此外，农民对信息化终端设备的具有坚固耐用，携带方便等要求。这就要求农村信息化终端设备具有“傻瓜化”“低廉化”“轻便化”“耐用化”等特征。电视机在农村非常普及，价格非常便宜，操作也非常简单，但是要经过一番技术改造和添置附加设备才能上网。当前融合上网和电话于一体的“上网电话”终端技术业已成熟，但还没得到有效推广。

总的来说，当前缺乏具有适合农村特点的低成本、易操作、实用性强的农村信息化终端设备。究其原因一是政府对农村通信技术研发和低成本信息终端给予的支持力度不够；二是相关IT企业由于缺乏经济利益刺激，对开发适合农村特点的信息技术和信息化终端产品动力不足。

① 张新红，于凤霞，唐斯斯.中国农村信息化需求调查研究报告［J］.电子政务，2013（2）.

5.3　加强大数据时代农村信息化基础设施建设的对策

5.3.1　要提高对农村信息化基础设施建设的充分认识

要提高对农村信息化基础设施建设的充分认识主要是加强对各级政府及社会各界的宣传教育，提高各方对农村信息化建设的认识，将其视为农村基本公共服务的重要内容，要将农村信息化基础设施建设像农村公路、农田水利等基本建设一样看作政府应当提供的农村基本公共产品，作为农村公共基础设施建设的重要组成部分，纳入到各地的经济社会发展规划与新农村建设规划的范畴中来，对农村信息化基础设施建设进行科学部署和合理布局，为农村信息化基础设施建设提供人、财、物等多方面的保障，促进农村信息化基础设施建设逐步推进和持续发展。

5.3.2　以“三网融合”统筹城乡信息化基础设施建设

1．深入整合城乡信息化基础设施

调整和优化城乡信息化建设的要素投入结构，破除城乡资源配置的重复建设现象，促进城乡交流，推动资本和技术流向农村。周密部署和加快实施“多网融合”“多卡并联”，缩小城乡信息鸿沟。

2．推进“三网融合”体制改革

切实改变多部门利益分割、多头建设的混乱局面，探索政府主导、部门协调、多方共赢机制，建立健全各部门间利益分配协调机制。

3．着力扩大市场化运作的水平

促进广电、电信的良性融合，根据用户需求提供差异化、个性化的市场服务。通过错位竞争，实现三网互通有无，在业务层面上达成互补和高效运作，促成三网真正融合，实现“三赢”。

4．建立统一的监管与执法机制

统筹电信和广电发展趋势，组建一个独立、统一的监管机构，对我国三网融合与信息产业发展进行统一协调和监管。

5．加快立法保障三大运营商相互进入

在国家层面，尽快制定出台的《电信法》《广播电视法》，通过法律法规的形式明确放开我国的基础电信领域和广电领域，允许电信、广电相互进入，打破市场准入壁垒，促进市场充分竞争。在地方层面，在《电信法》《广播电视法》未出台的情况下，要依据《民法通则》《反不正当竞争法》等相关法律法规进行操作，同时制定地方性法规或规范性文件为“三网融合”提供法律保障。

5.3.3 建立健全多元化农村信息化基础设施投入机制

农村信息化基础设施建设是一项带有公益性的系统工程，经费投入大，利益回报缓慢。因此，应建立以政府投入为引导，多渠道筹集资金的多元投入体系。

第一，加大政府资金投入力度。通过政府公共财政划拨专项资金，要确保各级财政对农村信息化基础设施建设投入增长的幅度高于本级财政经常性收入的增长幅度，加强对公益性、基础性、战略性农村信息化基础设施建设项目的引导、奖励、贴息、补助和配套等。

第二，在确保安全的前提下，加快放宽市场准入，发展多元投资主体，吸收社会资金和国内外风险资本进入“三网融合”建设领域。

第三，进一步引导电信运营商积极参与农村“三网融合”信息化基础设施建设，积极鼓励各种内容开发商加大“三网融合”服务平台的软件深度开发，发展战略性新兴产业，对其实行适度政府补贴或减税政策。

第四，延伸“家电下乡”政策框架，调整三农补贴结构，扩大补贴范围，对使用“三网融合”服务平台的农户、农民合作组织以及乡村信息服务站点进行信息补贴，尤其对中西部贫困地区更要适当加大接入补贴、入户补贴和运用补贴的力度。

5.3.4 促进适农信息化终端设备的研发及其普及推广

信息终端普及是农村信息化建设的重要环节，没有适合的农村信息化终端设备，那么此前农村信息化各环节的努力可能都付诸东流。因此，尽快开发研究出廉价且简便实用的农村信息化终端，让广大农户买得起、用得上是当前农村信息化基础设施建设的一个重要方面，这也是关乎农村信息化服务能否入户的关键所在。

因此，要加强政府、科研机构、IT企业、电信运营商等各方面力量的协作，促进适农信息化终端设备的生产、推广，提高农村信息化终端设备的普及率。一是科研机构、IT企业加强合作，积极开发研究面向农村的信息技术与终端设备，既要加强低成本普及型的信息终端设备的研制与生产，如为农民量身定制应用系统的电脑、农用智能手机、具有上网功能简单易用的新型固定电话机及信息机等，同时也要进行技术创新，加快“宽带＋机顶盒＋电视”的IPTV（交互电视），或“HFCCableModem（改造后的有线电视宽带网）＋数字机顶盒＋电视”的数字电视的开发，使之变成让不具备电脑与网络知识的农民仅靠遥控器就能查询多媒体信息的新型终端设备。二是各电信运营商通过制定丰富实用的业务方案、有吸引力的资费优惠措施及提供现场示范、指导培训及售后服务等方式，发展农村手机、宽带、数字电视用户，提高农村信息终端普及率。三是各级政府出台具体的政策方案，如制定具体的补贴标准、明确补贴范围及各种奖励措施等，对设备制造商、电信运营商及购置信息终端设备的农户进行刺激和鼓励。

第6章　大数据时代农村信息化资源开发利用问题研究

信息资源的开发和利用是信息化的核心和本质，也是信息化建设取得实效的关键[①]。我国在2004年就专门制定了《关于加强信息资源开发利用工作的若干意见》（2007年正式发布）以指导我国信息资源的开发利用。农村信息资源是农村信息化建设"活的灵魂"[②]。在农村信息化建设过程中，农业生产力加倍提高与农村社会加速发展的核心和关键在于农村信息资源的开发利用程度，如何提高农村信息资源的开发利用水平是当前我国农村信息化建设亟待解决的关键问题。我国政府及相关部门历来重视农村信息资源的开发利用，农业部于2013年发布的《关于加快推进农业信息化的意见》也专门提到了要"进一步强化农业信息资源开发利用"[③]。必须指出的是，在以信息基础设施建设和信息进村入户为主要内容的农村信息化建设的"最后一公里"问题得到了广泛的关注和高度的重视，并取得了一定的进展。但是，在农村信息化服务中能有效满足农民需求的涉农信息资源极度缺乏。如果我们把信息基础设施比作信息高速公路的话，涉农信息资源就是流动在信息高速公路上的车（图6-1）。我们在改革开放初期曾流行一句口号"要想富，先修路"，在农村信息化建设中也与此类似，"信息高速公路"建设得到了普遍重视，并在热火朝天的建设中，但是如果农村信息资源开发利用问题得不到有效解决，那么我们极有可能面临着豪华的"信息高速公路"上"无车可开"的窘境。有学者判断以基层农村信息资源的开发利用及有效整合为核心的"最初一公里"问题已成为农村信息化发展的最大瓶颈[④]。加强农村信息资源建设，提高其开发利用水平应是当前我国农村信息化建设非常紧迫的任务。

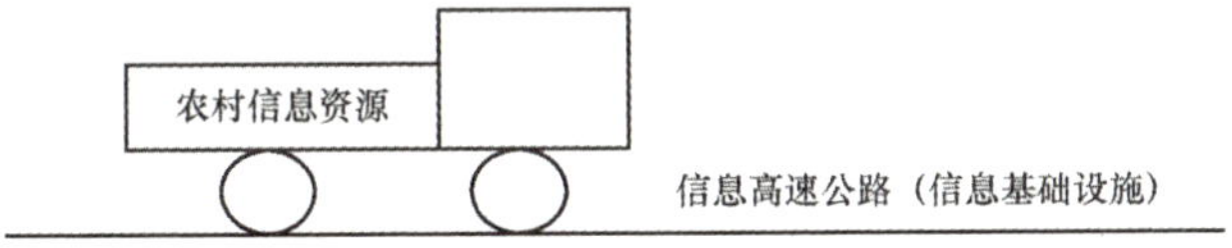

图6-1　农村信息资源与农村信息基础设施的关系

① 王甘，丁宝富. 国家信息化正在走向以信息资源开发利用为核心的新阶段——国务院信息化工作办公室推广应用组董宝青副司长访谈[J].中国传媒科技，2006（1）.

② 李道亮.农业信息资源开发利用[J].中国信息界，2008（6）：68-69.

③ 参见：《农业部关于加快推进农业信息化的意见》，发布时间：2013-05-08　发布单位：农业部市场与经济信息司.

④ 李道亮.农村信息化新阶段的"最初一公里"[J].中国信息界，2008（3）：52-53.

6.1 农村信息资源开发利用的基本情况

农村信息资源来自于农村生产生活过程，是指导人们生产和生活的智慧结晶和宝贵财富。各种海量的农村信息资源并不能天然就能成为有用的资源，必须经过必要的过程和环节，如识别、采集、鉴定、分析、组织、集成、整合，并与人们的思维和行动结合起来，使之具有可获得性和可用性，才能成为资源。通过对农村信息资源的开发利用可以使其对农村经济社会的发展起倍增作用。农村信息资源的开发利用就是在一定范围内有计划地采集、筛选、过滤、获取、组织、积累和开发三农信息资源的全部活动，主要包含两方面的意思：一是通过一定的信息采集渠道，把信息发掘出来，建立相应的数据库进行储存和使用，实现信息在更广范围的流动，提高其价值；二是对信息内容进行整合和处理，使之产生新的内涵。农村信息资源的开发利用就是要从这两方面着手，服务于三农发展。农村信息资源的开发利用是开展农村信息化服务的前提条件，是农村信息化建设的源头，故常被称之为农村信息化“最初一公里”问题。农村信息资源的开发利用的作用可分为两方面，在宏观上，可为相关政府部门制定相应的政策法规、进行农村经济社会发展的宏观管理提供科学的决策依据；在微观上，可为农民、农业企业等个体和组织的生产、生活和经营活动提供有效的指导。我国是一个农业大国，农村信息资源极为丰富，开发利用的潜力很大，了解其开发利用现状，对于提高其开发利用水平，促进农村信息化建设具有十分重要的现实意义。

6.1.1 农村信息资源开发利用稳步推进

随着人们对信息资源的重要程度认识的深化，我国农村信息资源开发利用工作也不断推进。总体来讲，我国农村信息资源开发利用大致分为以下四阶段。

第一阶段为农村信息资源开发利用的萌芽阶段（1949—1978）。这一阶段的主要时代背景是实行高度的计划经济，农村信息资源开发利用以指令计划为核心，围绕生产统计和农情信息等进行。信息资源不对社会公开，对农村经济社会发展的影响甚微。农村信息资源开发利用主体主要是高等农业院校和科研院所，开发利用独立分散，效率较低。

第二阶段为农村信息资源开发利用的初步发展阶段（1979—1994）。改革开放后，计划经济的影响逐渐消退。农村信息资源作为一种生产要素的地位逐渐得到认可。标志性事件是农业领域在1979年开始引进遥感技术。邓小平在1984年指示“开发信息资源，服务四化建设”，信息资源的重要性进一步得到认可。1994年农业部设立市场信息司专门负责农业信息服务工作。同时农村信息资源开发利用也开启了网络化进程，“中国农业信息网”正式上线，随之全国大中城市“菜篮子”产品批发市场价格行情网也正式开通，中国农科院牵头开发的“中国农业科技信息网”也开通上线。这一阶段的农村信息资源开发，开始凸显信息资源服务于农业生产和农村经济社会发展的重要作用。

第三阶段为农村信息资源开发利用的全面展开阶段（1995—2003）。旨在加速和推进农业和农村信息化，建立“农业综合管理和服务信息系统”的“金农工程”于1995年正式实施。1997年国家信息中心牵头成立“信息资源开发利用规划起草小组”，出台和颁布了《国家信息资源开发利用规划》，农业部、科技部、发改委、工信部等部门及各级政府以此为指导出台了各地区和领域范围内的信息资源开发利用规划和方案，农村信息化被纳入各级社会发展规划和农业发展规划之中，农村信息资源开发利用迈上新台阶。

第四阶段为农村信息资源开发利用的深化推进阶段（2004年至今）。2004年《关于加强信息资源开发利用工作的若干意见》正式出台，这标志着信息资源的开发和利用被置于新的战略高度。2004年以来，中央连续发布10个涉农一号文件，农业信息及农村信息化连年被提到，多个一号文件更是直接提到要“整合涉农信息资源”，农村信息资源的开发利用进入到深化推进阶段。《2006—2020年国家信息化发展战略》《全国农业和农村信息化建设总体框架（2007—2015年）》等具体政策规划对农村信息资源的开发利用提出了明确的目标和进行了更为具体的部署。这一阶段的农村信息资源的开发利用主要是围绕农业生产的各个环节及农村社会管理的各个方面展开，更加突出农村信息资源的公共性、基础性和社会性，提出对各类农村信息资源的整合和共享，要求全面开展“三农”综合信息服务。

6.1.2　农村信息资源数量日渐丰富

我国农村信息资源按其来源大致可以分为：传统文献性农村信息，如涉农图书、涉农期刊和报纸等；各类机构提供的非正式的文献，如内部刊物、传单、会议和培训资料等；政府信息，如政府新闻、统计数据、政策法规、通知文件等；网络资源，经由互联网络传递的各类生产生活信息；手机短信；声像资源，如广播电视节目，电话热线等。

经过长期的建设与开发，各类农村信息资源日渐丰富，更便于获取和利用。如送书下乡工程、农家书屋工程、文化信息资源共享工程等一系列民生工程的开展为农村信息资源提供了稳定的输送渠道和可靠的保障机制，农民朋友在家门口就能很便利地获取和利用信息资源。据报道，2007年至2012年，全国共建成达到统一规定标准的农家书屋600 449家，投入资金180多亿元，共计配送图书9.4亿册、报刊5.4亿份、音像制品1.2亿张、影视放映设备和阅读设施60多万套①。随着信息技术的进步，各类农村信息资源的开发和利用呈现出网络化、综合化和集成化的趋势，各类信息资源日益数字

① 朱虹.农家书屋工程提前三年完成任务[N].人民日报，2012-9-28.

化和网络化，如网上农业图书、网上政府信息、网上农业标准文献、网上农业动态信息、网上农业专利成果文献。如湖南某县农业局以农业信息网为基础，同时编辑《农业信息简报》《农情建议》和《农情简讯》等资料，近年来又与电台、电视台合作举办“农业专题”节目，把各类农村信息资源及时传到农民手中。据我们调查，湖南各县广播电视台均开设了农业类节目，平均周播放时间达7.2小时。农民能够非常便捷地获取各类信息资源。

6.1.3 农村信息采集渠道逐步完善

自下而上地采集农村生产生活信息，通过信息传输、分析处理、趋势预测和公开发布等是农村信息资源开发利用的重要方面。自20世纪90年代后，我国农村信息采集工作得到了强化，农村信息采集网点和渠道逐步完善。截至2011年年底，农业部在全国农业系统内建设了近40条农业信息采集渠道，涵盖了种植业、畜牧业、渔业、农垦、农机化、乡镇企业、农村经营管理、农业科教和农产品市场流通等主要行业和领域；在全国范围内共部署各类农业信息采集点8 000余个，通过远程联网采集、报送农业农村各行业和领域的生产动态、价格行情、科技教育、自然灾害、动物疫情、农民收入、质量安全等信息。其他各部门也结合自身工作重点建立起一套完善的信息采集体系，部门间信息交流机制也逐渐完善。农业各领域与科技、气象、水利、金融等相关领域及部门建立了联系。同时，各部门积极与国际有关组织及世界各国加强信息交流，大大扩展了信息资源的采集渠道。各级地方政府也积极推进农村信息资源开发利用管理，如湖南省14个市（州）、122个县（区）都设立了农村信息化管理服务机构，乡镇层面都配备了专兼职信息员，形成了较为完善的农村信息采集、分析网络体系，信息采集、开发利用制度也逐步建立，为农村信息资源的开发利用创造了有利条件。

6.1.4 涉农信息数据库逐渐成体系

数据库是大批量数据得以有效储存的基本形式，也是各类数据资源得以有效开发利用形成信息资源的重要媒介。涉农信息数据库是促进农业科技创新，服务“三农”发展的重要支撑。近年来，我国农村数据资源管理工作取得了长足的发展，涉农数据库的规模和数量持续增长。据统计，我国现有中文农业类数据库1 000余个，占世界农业信息数据库10%以上。其中，代表性的数据库主要有由各类农业科研院所和农业高等院校组织和管理的农业科研数据库[1]。此外，还有由农业部门组建的农产品集市贸易价

① 参见：《中国农村信息化发展报告2011》.

格行情数据库、农业合作经济数据库、各类农业经济统计资料数据库等，截止到2011年，农业部相继建设了各类数据库60余个，各省农业部门也纷纷建设了涵盖农村生产、产品价格与供求信息、农业政策法规等各领域的数据库。其他部门也组建了涵盖国土资源、环境资源、可持续发展、民生管理等方面的数据库。在数据库数量增长的同时，农村数据资源的集成整合程度也不断提高，其标志性事件是科技部于2003年推动的农业科学数据共享工程，2005年农业科学数据共享中心建成并运行，该中心包括七个数据分中心，涵盖了12类农业科学数据，共有560个农业科学数据库（集），数据量达525 G[①]。

各地在建设农村综合信息服务平台过程中，也非常注重各类数据资源的集成和整合。如湖南省在推进湖南省国家农村信息化示范省建设时，将“资源整合，共建共享”作为首要的建设原则，依托湖南省农村党员干部现代远程教育工作体系，充分发挥党员干部现代远程教育的组织优势、网络优势和人力资源优势，整合各部门涉农信息资源，构建了农村综合信息服务平台。该平台重点建设农村公共基础数据库、农村中小企业服务数据库、农业产业技术资源库、远程教育课件资源库等，有效整合分散在各政府部门、科研院所、市场、企业等涉农信息资源，并通过对接国家人口、地理、自然资源、医疗、金融等基础信息库，通过信息资源共享，实现信息资源高效利用与服务[②]。该平台已建成并于2013年投入运行，该平台的建成和运营对解决湖南农村信息服务“最初一公里”的问题具有积极意义。

6.1.5 涉农信息网站建设健康发展

涉农信息网络建设是农村信息化建设的重要方面，也是农村信息资源开发利用的重要途径。涉农信息网站是农村网络信息资源的重要载体，既是发布和传播三农政策、农业科技知识和农村市场信息的重要渠道，也是广大农民获取和利用涉农信息资源的重要来源。近年来，我国各级政府部门及社会各方加大了对涉农信息网站的建设力度，各类涉农信息网站发展势头良好。

6.1.5.1 涉农信息网站数量逐渐增多

按照涉农信息网站的属性，可以将其分为涉农政府网站、涉农企业网站、农民合作组织网站、农业科技信息网站等。涉农政府网站主要是由各涉农政府部门主办的网站构成。比较典型的是农业部门信息网站。据统计，以农业部主办的中国农业信息网为龙头，形成了覆盖部、省、地、县等层面总量达4 000余家政府农业网站群，涵盖了

---

① 参见国家农业科学数据共享中心，网址：http: //www.agridata.cn/.

② 湖南省国家农村农业信息化示范省建设试点工作领导小组.湖南省国家农村农业信息化示范省建设实施方案[R].2011.

所有省级农业部门，超过75%以上的地级农业部门和约50%的县级农业部门建立起了农业信息服务网站[①]。同时，科技、教育、气象、水利、国土等涉农政府部门也纷纷以电子政务为核心，建立起了面向三农服务的政府网站。而且政府网站建设呈现出向基层扩展的趋势，越来越多的乡镇政府及村级组织建立起了网站。据调查，在湖南省78个样本县56个乡镇中71.8%已建立起了网站。一些行政村也建立起了网页。越来越多的涉农企业围绕自身的生产经营建立起网站，以树立企业形象，向社会发布农产品供求信息、农贸商务信息等。各类农业科研院所、高等农业院校、涉农中介服务组织也纷纷建立起相关网站，向社会提供科技文献、学术论文、科普知识和专业咨询等网络信息。当然，可以按照其他标准对涉农网站进行分类，如按其提供的信息资源的主要内容，可将其分为科技教育、信息技术、政策与管理、市场信息等门类网站，也可按其涉及的具体的农业行业，将其分为种植业、特色农业、畜牧业、水产、农垦等门类（表6-1）。

表6–1　涉农网站分类

分类标准	主要类别
按网站性质	政府类网站、涉农企业网站、农民合作组织网站、涉农中介服务组织网站等
按主要内容	科技教育类网站、信息技术类网站、政策与管理类网站、市场信息类网站、分析预测类网站、气象与环境类网站等
按具体行业	种植业类网站、畜牧养殖业类网站、种业类网站、农副产品加工类网站、特色农业产业网站等

6.1.5.2　网站信息资源服务范围广泛

从现有涉农网站提供的信息资源的主要内容来看，其服务范围极其广泛，主要涉及新闻动态、政策法规、市场行情、农业实用技术、招商引资、农产品供求、生活消费、文化教育、娱乐休闲等方面，几乎涵盖了“三农”的所有方面，农村信息资源用户通过访问涉农网站就能很便利地获取和利用相关信息，极大地促进了农村生产生活的发展。

6.1.5.3　有力促进了农业现代化发展

各类涉农信息网站覆盖了种植业（粮食、油料、棉花、糖料、烟草、茶叶、丝麻等）、畜牧业（牛、猪、羊、鸡、鸭等）、水产业（鱼、虾、鳖、藻、贝等）、花卉园艺业（花卉、园艺、草坪、苗木、观赏园林等）、农副产品加工业（食品、饮料、保健品等），涉及农业生产的各个环节，如产前（种子、化肥、农药、农机等）、产中（气象、植保、疫情等）、产后（供求、加工、流通、消费等）环节，将现代信息技术渗透运用到了农业生产的各个方面，初步形成了网上农业，极大促进了农业现代化程度。

① 郭作玉.“十一五”农业农村信息化取得四方面成就[N/OL]，新华网，2011-12-22.

6.2 农村信息资源开发利用存在的问题及原因

6.2.1 农村信息资源分布不均衡且共享程度低

6.2.1.1 农村信息资源分布不均衡

农村信息资源既具有其他类别信息资源的共同特征，但同时由于农村生产生活本身的特点，使得农村信息资源在分布上具有自身的特点：一是区域性。我国农村地域广泛，不同区域具有不同的生态环境、不同的产业结构和社会经济条件，相应地，其间产生的农村信息资源也具有强烈的区域特点。农村信息资源的区域性还表现为特定区域的信息用户主要利用本区域的农村信息资源，而跨地域的农村信息资源仅作参考，究其原因则是本土信息资源更易于直接消化和吸收，这也决定了农村信息资源的采集、加工和利用具有区域性特点。二是分散性。随着农村经济社会的发展，特别是农业产业化程度的提高，不同生产环节、不同层次、不同产业和不同地域空间、不同利益主体之间的关系更加密切，跨区域合作及跨产业部门要素转换不断加强，在此过程所产生的信息的分布也日趋分散。农村信息资源的分散性特征使得农村信息资源在收集、处理和利用方面比其他信息资源的困难程度要大很多。

由于我国经济社会发展的不平衡状态及农村信息化建设主要是由各地分散进行，没有整体推进，各地农村信息化建设进程不同步，农村信息资源的分布呈现不平衡的现象。主要表现为：一是地区分布不平衡。由于历史和现实的原因，我国信息资源的分布呈现明显的不平衡性。我国的农村信息资源主要集中在华北、华东、华南的经济发达地区。这些地区经济支撑力强，农村人口的科学文化素质相对较高，在信息的拥有量、信息技术开发、信息的生产能力及农村信息用户的信息获取与利用的能力和手段等方面均强于其他地区。尽管随着互联网普及程度的进一步提高，互联网的开放性与全局性在一定程度上能够弥补信息资源地域分布的不平衡问题，但不同地区的农村居民的信息需求具有差异性，信息资源分布的地域不平衡使得经济落后地区的农村居民很难获取符合本地区实际情况的信息。二是城乡分布不平衡。从城乡角度来看，信息资源主要集中在城市，尤其是大城市，各类农信息资源也是如此。城乡之间信息基础设施和信息资源的开发利用能力的差异，使得城乡之间呈现出比较明显的“数字鸿沟”。以互联网普及为例，2013年1月15日，中国互联网络信息中心（CNNIC）发布了第31次《中国互联网络发展状况统计报告》，报告显示，截至2012年12月底，我国网民规模达到5.64亿，普及率达到42.1%，同比提升了3.8%，其中城市普及率为59.1%，农村普及率仅为23.7%。尽管近年来，城乡互联网普及率均在提高，甚至农村互联网普及率提高幅度有高于城市的趋势，但两者之间的差异不是朝夕间能弥补的（图6-2）。城乡互联网普及率的差异也决定了城乡之间在信息资源的开发利用方面的差距。三是部门分布不平衡。大量的农村信息资源主要集中在政府及涉农科研部门，其他部门则较少。四是信息资源内容建设不平衡。农村信息资源内容建设集中在科学研究、生产技术方面，而农村信息用户极为需求的生活类、市场交易类等及有关农民就业等农村民生与社会发展类信息资源极为缺乏。

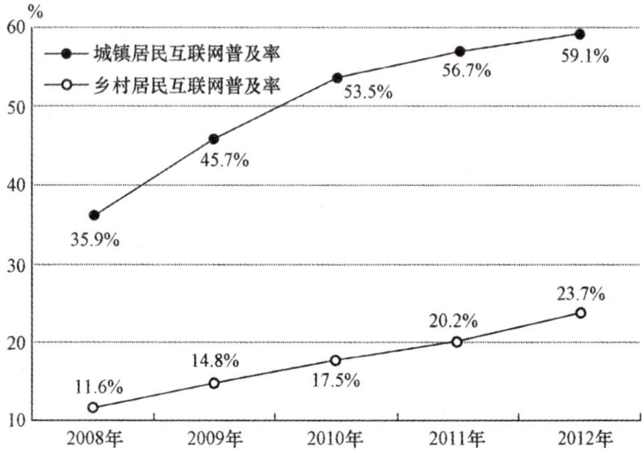

图6–2　城乡居民互联网普及率示意图

数据来源：第 31 次《中国互联网络发展状况统计报告》，2013.1

6.2.1.2　农村信息资源共享程度低

信息资源高度共享能够在一定程度上克服农村信息资源分布的不平衡问题，提高信息资源的开发利用水平。目前，我国农村信息化建设没有统一进行、整体推进，而是由各地各部门根据其职责权限和管辖范围及发展的实际需求分头推进。与此相对应，农村信息资源也分属不同地区和部门，各地各部门的信息服务手段多样、技术标准不统一、数据多源异构、成果衔接度差等现象，使得信息资源的开放性和共享程度低，不同地区和部门间难以建立起稳定、快速、大容量的信息资源交换和共享渠道，无法做到真正意义上的信息资源整合与共享。据我们在湖南省的调查发现，导致这种现象的主要原因在于缺乏统一的农村信息资源建设标准、规范和资源共享机制。

一是缺乏能够有效对接和实现共享的标准与规范。要避免农村信息资源建设的重复建设、浪费现象及提高农村信息资源开发利用效率的有效途径就是在各部门、各地区之间实现信息资源的有效对接和高度共享，实现信息资源的开放性、外溢性。当前农村信息化建设的“军阀割据”状态，使得农村信息资源建设无标可循、有标难循。具体来讲，在信息资源建设过程中应有统一的技术标准，以数据库建设为例，各类数据库之间要实现有效对接和信息共享就要有共同的建设标准，如图文数据库建设标准、语音数据库建设标准、视频数据库建设标准等。在信息资源服务、涉农信息网站建设、基层信息服务站点建设过程中也应有统一的规范。在农村信息化工程项目建设实施过程，也应有统一的工作标准，包括总体标准、应用标准、安全标准及管理服务标准等。当前，我国农村信息资源建设过程中标准规范的建设还没有得到重视，使得农村信息资源的共享“难如登天”，信息资源的重复建设和浪费现象也就难以避免了。

二是缺乏统一的资源共享与管理机制。一方面缺乏农村信息资源建设、开发利用的牵头管理单位。当前我国农村信息化建设现在主要形成了以自上而下的行政推动为动力，以农业局的农业信息为支撑，科技局具体负责组织协调，各级相关部门共同参与的组织格局。然而根据我们在湖南调研的实际情况来看，各地农村信息化建设主管机构各不相同，有的地方其主管机构是农业局、有些则是科技局，还有些地方则是党委组织部。相当部分地方没有建立起推进农村信息化建设的协调机构，这极有可能产生职责分工不明、各自为政、互相推诿和沟通缺乏有效性等问题。即使有些县区设置了信息化办公室等专门机构，但是这些机构与所属部门的职责没有一个明确的划分，各个地区的标准也不一样，这种无标准的发展存在诸多弊端，严重制约了信息流及其他生产要素的合理流动和最佳配置，不利于农村信息化建设的有序推进。另一方面，农村信息化资源共享与管理机制缺失。长期以来，农村信息化建设工作条块分割，农村信息资源分散在各部门、各行业、各单位，现行的农村信息化建设实际上是分头建设、部门分割、各自为政，分别依靠各自独立、相对薄弱、不尽规范的信息系统进行信息的采集、开发、分析、发布，彼此间缺乏整体规划、统筹协调机制，难以形成信息资源的有效共享，形成了一座座“信息孤岛”。如何对农村信息资源建设及其开发利用进行统一的部署，各地区基本上还没有建立起健全的农村信息化建设的发展规划和管理制度，没有形成健全的管理体制，各行其道，信息孤岛现象严重，信息化建设绩效偏低。

6.2.2 农村信息资源供给不足与供求失衡并存

6.2.2.1 农村信息资源供给不足

（1）农村信息资源供给总量不足。丰富而充足的信息资源是农村信息化建设持续推进的关键。但是，由于长期以来在农村信息化建设领域重“硬”的基础设施建设，轻“软”的信息资源建设和开发利用，尽管我国农村信息资源建设已取得一定成效，在一定时期内农村仍存在信息资源开发不足和利用率低的问题，这将是制约农村信息化建设的瓶颈所在。经过一段时间的努力，我国农村居民人均图书拥有量由2004年的0.1册[①]增长到2012年的1.13册，人均报刊拥有量达到0.65份[②]，但仍远低于全国人均水平，2012年

① 中国出版科学研究所《全国国民阅读与购买倾向抽样调查报告》课题组.2004年全国国民阅读与购买倾向抽样调查报告[EB/OL].http: //news.xinhuanet.com/book/2005-02/25/content_2618050.htm.

② 张贺.60万农家书屋基本覆盖所有行政村[N].人民日报，2012-09-28.

全国人均年拥有图书5.9册，每千人日均拥有报纸97.6份[①]（即人均年拥有报纸35.6份）。涉农信息资源数据库数量少规模小，而且是以文献型、数值型、事实型为主，由于数据库建设缺乏统筹规划和合理布局，未形成完整的信息资源保障系统，数据库建设基本上是各单位自建、自用，公用共享型数据库少。由于资金投入不足，涉农数据库普遍规模容量小，服务能力弱，利用率不高。一些涉农信息资源脱离“三农”实际，农民根本就利用不上。我国涉农网站尽管基本覆盖农村生产生活的各个方面，但总体来讲规模小，而且数量上不到3万，但中国网站数量已达294万[②]，仅占网站总数的不到1%。网站信息还大多为重复信息，信息资源缺乏多样性。农村信息资源供给不足还表现在大量的涉农信息资源还没有被开发出来或者已开发的又没能得到充分和有效的利用。如农业决策支持系统、模拟模型系统等一些涉农IT技术研究虽然获得了一定的发展，但相当部分还停留在研发和示范阶段，还没有得到普及应用。究其原因则是与农业生产实际结合不够紧密，仅是停留于科普性知识介绍。也有的模型模拟预测功能很强，但由于基层农技人员的现有科技素养还难以顺利地进行操作使用，进而不易普及推广。

（2）有效农村信息资源供给不足。一是农村信息资源的时效性不足。农村信息资源应具有动态性的特征，即农村信息资源应根据社会环境的变化而总是处于一种动态变化之中。由于经费投入不足，专业技术人员的缺乏及信息收集、整理和发布制度和手段的缺陷，使得我国具有时效性的动态信息资源供给不足。如县级图书馆、农家书屋图书常年不添置新图书，数据库收录信息不及时，全国涉农网站虽已近3万个，但大多数网站栏目雷同，信息内容雷同。大多数涉农网站反应迟钝，不能及时更新信息，第一手信息严重不足和不能在第一时刻发布信息，所发布信息往往也缺乏深度，信息使用价值低，用户得不到有效的信息，这就势必导致重复访问率和页面点击率的低迷。据我们调查得知，相当部分县级政府门户网站月均更新信息仅为数十条，而乡级政府网站更新率更低，有些网站的信息还停留在几年之前（图6-3、图6-4），有些网站“年久失修”，没人维护，导致“停摆”的现象也屡见不鲜。二是农村信息资源的有效性不足。目前普遍存在着涉农信息采集标准化程度低，采集方法不科学、覆盖面不宽、对农村信息体系内部各信息渠道缺乏合理的整合和规范，影响了信息的准确性、权威性。同时，还存在信息处理手段落后、传输工具落后等问题，影响了运行效率，降低了信息的使用价值。此外，一些不良商家为攫取私利而故意向农村市场投放了含有虚假成分的信息，从而挫伤了一部分农民接受信息的积极性。据我们调查，有38%的农民担心上当而不愿采用对他们有用的信息资源，相当部分农民对各类农村信息资源的有效性和真实性非常质疑，更加不用说让他们花钱购买信息资源了。

① 璩静，赵一鸿.2012年我国新闻出版业营业收入超过1.6万亿元[N/OL].新华网，2013-07-09.

② 参见中国互联网络信息中心（CNNIC）：第32次中国互联网络发展状况统计报告，2013年7月.

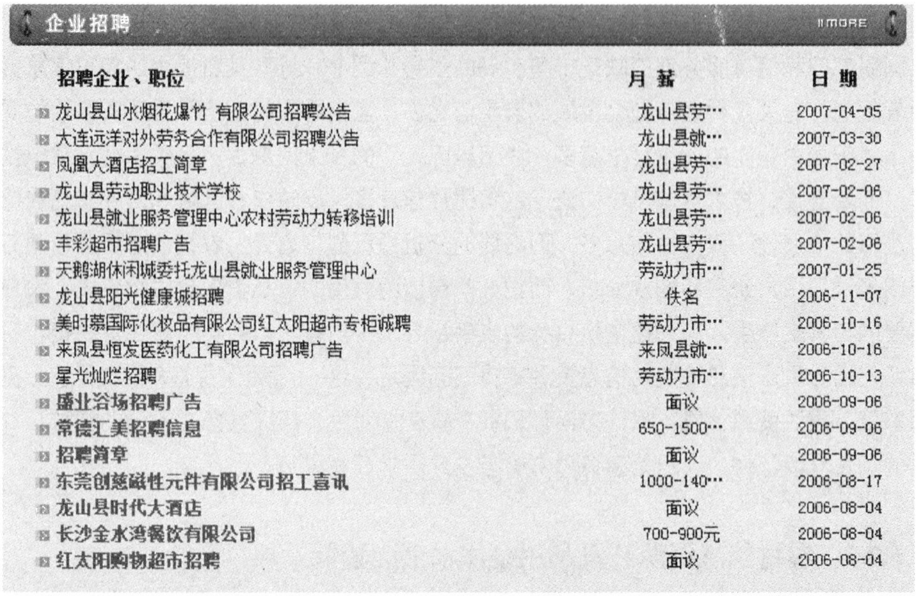

企业招聘 MORE

招聘企业、职位	月薪	日期
龙山县山水烟花爆竹 有限公司招聘公告	龙山县劳…	2007-04-05
大连远洋对外劳务合作有限公司招聘公告	龙山县就…	2007-03-30
凤凰大酒店招工简章	龙山县劳…	2007-02-27
龙山县劳动职业技术学校	龙山县劳…	2007-02-06
龙山县就业服务管理中心农村劳动力转移培训	龙山县劳…	2007-02-06
丰彩超市招聘广告	龙山县劳…	2007-02-06
天鹅湖休闲城委托龙山县就业服务管理中心	劳动力市…	2007-01-25
龙山县阳光健康城招聘	佚名	2006-11-07
美时慕国际化妆品有限公司红太阳超市专柜诚聘	劳动力市…	2006-10-16
来凤县恒发医药化工有限公司招聘广告	来凤县就…	2006-10-16
星光灿烂招聘	劳动力市…	2006-10-13
盛业浴场招聘广告	面议	2006-09-06
常德汇美招聘信息	650-1500…	2006-09-06
招聘简章	面议	2006-09-06
东莞创慈磁性元件有限公司招工喜讯	1000-140…	2006-08-17
龙山县时代大酒店	面议	2006-08-04
长沙金水湾餐饮有限公司	700-900元	2006-08-04
红太阳购物超市招聘	面议	2006-08-04

图6-3 XX县就业网首页（部分）信息截图（截图日期2013年10月18日）

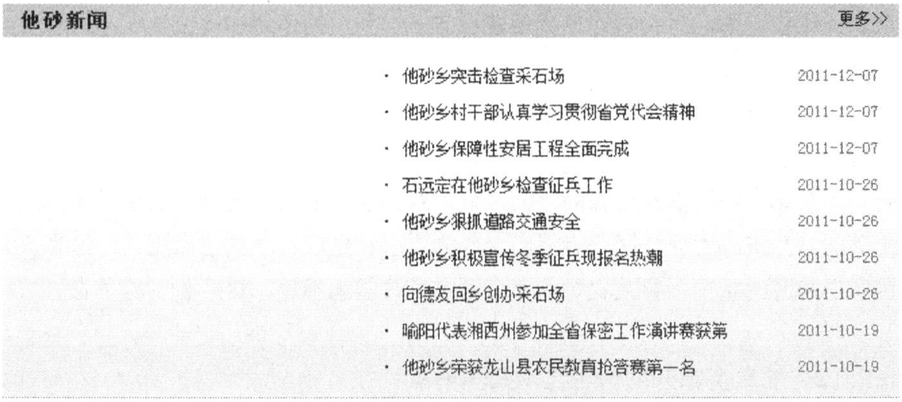

他砂新闻 更多>>

· 他砂乡突击检查采石场	2011-12-07
· 他砂乡村干部认真学习贯彻省党代会精神	2011-12-07
· 他砂乡保障性安居工程全面完成	2011-12-07
· 石远定在他砂乡检查征兵工作	2011-10-26
· 他砂乡狠抓道路交通安全	2011-10-26
· 他砂乡积极宣传冬季征兵现报名热潮	2011-10-26
· 向德友回乡创办采石场	2011-10-26
· 喻阳代表湘西州参加全省保密工作演讲赛获第	2011-10-19
· 他砂乡荣获龙山县农民教育抢答赛第一名	2011-10-19

图6-4 XX县他砂乡网站首页（部分）信息截图（截图日期2013年10月18日）

6.2.2.2 农村信息资源供求失衡

传统的农村信息资源主要是为政府部门服务，信息资源主要传播路径是单向性的自上而下的流动。随着市场经济的充分发展和高度繁荣，普通农户、涉农企业等成为市场主体，也成为农村信息资源的主要用户，这就必然要求信息资源在全社会范围内能够实现共享和合理的流动。由于农村信息资源管理与服务部门缺乏市场机制的引导和调节，对农村信息资源用户需求的研究不足，对用户的定位不准，使开发出来的信息资源缺乏针对性，不能充分发挥农村信息应有的经济价值和社会价值。现有的农村信息资源主要表现为农业信息科研部门和信息服务部门缺乏市场机制的引导和调节，导致其所提供的农村信息资源主要表现为：有关农村经济社会发展的宏观信息多，能指导农村生产和生活实践的微观信息少；“阳春白雪”的理论性信息多，“下里巴人”的乡土信息少；各类综合、常识性信息多，而专业性、技术性信息少；泛泛的普适性信息多，反映农村区域和产业特色的信息少；浅层的描述性、叙事性信息多，而深层的分析预测型信息少。农村信息资源管理与服务部门未进行用户研究和需求分析，而把一些自以为有用的信息资源提供给农民，农户真正需要的与其生产生活和利益密切相关的农事指导、实用技术，各类生产生活物资、农产品市场行情与供求信息等农村信息资源却得不到满足。这一方面造成了大量农村信息资源利用率低，导致资源浪费；另一方面，仍存在具有针对性、实效性信息资源的稀缺，农户急需的信息难以获得，农村信息资源供给与农户需求存在脱节。

6.2.3 农村信息资源开发利用整体水平比较低

6.2.3.1 农村信息资源开发利用意识淡薄

包括涉农政府部门领导干部、涉农企业、农户等农村信息用户的农村信息资源开发利用意识还比较淡薄，对农村信息资源建设与开发利用的作用和地位认识不足，各类农村信息还没有成为农村生产生活决策与管理的必须依据。一些领导干部靠“拍脑袋”进行决策，涉农企业“凭感觉”进行生产经营，广大农户更是随大流，人云亦云。特别是作为农村信息的主要用户的农民囿于其科学文化素养低、生产技术操作能力不强等方面的限制，其获取和利用信息资源的能力较低，对信息的分析、辨别以及接受能力差，也不会主动向信息资源管理与服务者提出合理的要求和建议。各类信息用户的信息资源开发利用意识淡薄的状况，导致农村信息资源的有效需求不足，这严重制约了农村信息资源的开发利用。

6.2.3.2 信息资源开发利用技术素养不高

农村信息资源的开发利用包括信息的采集、存储、加工、传输与使用等方面。由于对信息资源开发利用投入少，信息设备没能及时更新换代等原因，一些新型的农村信息资源开发利用手段未能得到有效的运用。数字化和网络化是信息资源开发利用的必然趋势，而当前我国还有海量的农村信息资源还主要以纸质的形式存在，没能及时地实现“数字化”；一些网络信息开发利用技术未能应用到涉农领域来，如涉农信息系统开发技术、涉农信息自动分类和判别技术、农业信息机器辅助翻译技术、农业信息远程采集和发布技术、多媒体信息制作技术、WEBGIS技术、虚拟网络技术和分布式网络数据库技术等没有很好地得到应用。

当前广大农村信息用户对已经成熟的信息开发利用技术的缺失，如手机短信息平台、电话热线及网络技术等方面的不熟练，是信息资源开发利用水平低下的极为重要的原因。据我们在对农户进行调查没有采用手机短信平台、固定电话热线、互联网等获取信息原因的时候，发现制约农户获取信息的主要原因就是缺乏相应的技术素养和能力导致不会使用现代技术手段有效获取信息。

我们在调查拥有手机的农户却没有使用农信通、科信通、供销通及其他手机短信平台获取信息的原因的时候，发现68.45%的人是因为不知道如何使用（图6-5）。

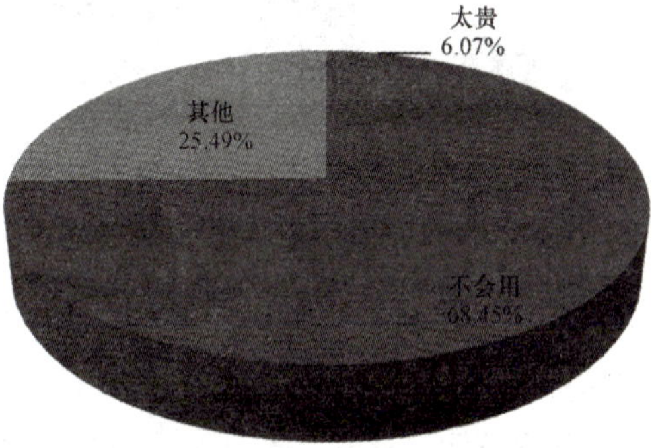

图6–5 没有利用短信平台获取信息的原因

而拥有固定电话却没有利用科技12396、农业12316、卫生12320、气象12121及其他热线电话来获取信息的原因中，也有57%的人表示不知道该怎么使用（图6-6）。

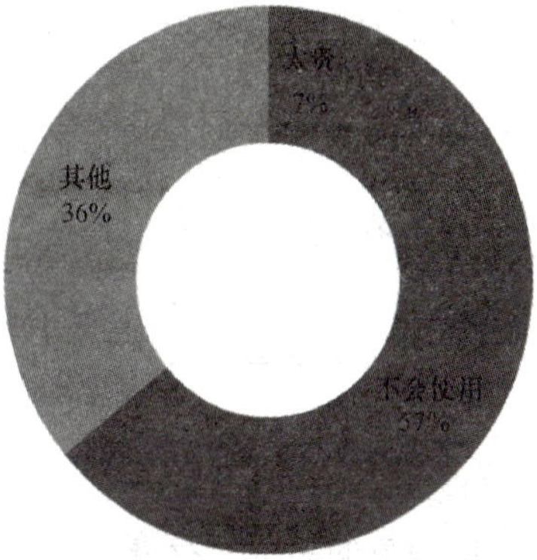

图6–6 没有采用电话热线获取信息的原因

而在调查知道湖南境内党员远程教育网、中小企业网上融资超市、网上供销社、红星农网或其他涉农信息网站的农户没有通过网络获取涉农信息资源的原因时，有72.88%的人选择不知道如何通过网络获取信息（图6-7）。

在我们调查中发现广大农户主要是依靠传统途径获取信息资源，如电视。在拥有电视机的家庭中有92.3%的人表示从电视中获取了信息，通过交谈则发现农户从电视主要获取的是新闻、电视节目等信息，而真正获取涉农信息资源的却不多。

信息资源开发利用技术及其应用的欠缺，使得本是“知识海洋”的农村信息资源成为一片“死海”，导致信息资源的浪费和闲置。

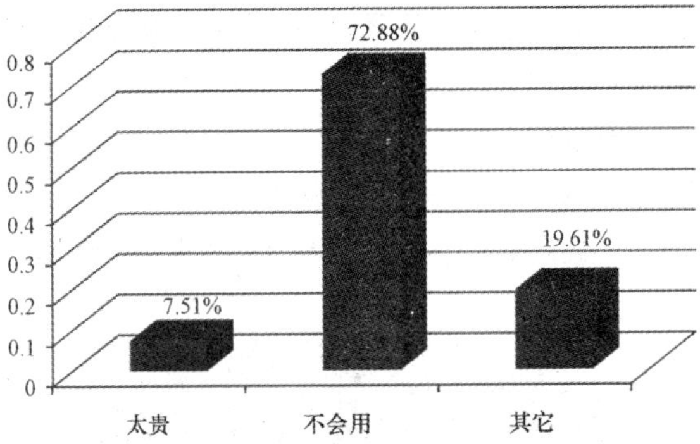

图6–7　没有通过网络获取信息的原因

6.2.3.3　农村信息资源得不到有效传播

农村信息资源只有通过各种途径传输到信息用户手中才能充分地利用，发挥其真正的价值。但是现有的农村信息资源传输渠道都存在一定的“梗阻”现象，究其原因则是相当部分农户认识不到农村信息传输的渠道，更谈不上农村信息资源的开发利用了。手机、固定电话、电视等信息终端设备在农村已经有了很高的普及率，互联网络在农村也得到了一定程度的普及，这些信息终端设备是农户获取和发布信息的重要途径，依靠这些终端设备开发和利用农村信息资源应是一个重要方式。然而，我们的调查结果显示通过这些渠道来开发利用农村信息资源的情况并不理想。因为相当部分农户并不知道这些相应的信息传输渠道。

开发手机短信息平台进行信息传输应是一条比较现实的途径，目前在调查主要区域湖南省已经开发出来并投入使用的涉农短信息平台主要有农信通、科信通、供销通等短信息平台，然而我们在调查时发现有75%的人根本就不知道上述涉农短信平台，也不知道其他涉农短信平台，也没有使用过上述平台提供的信息服务（图6-8）。

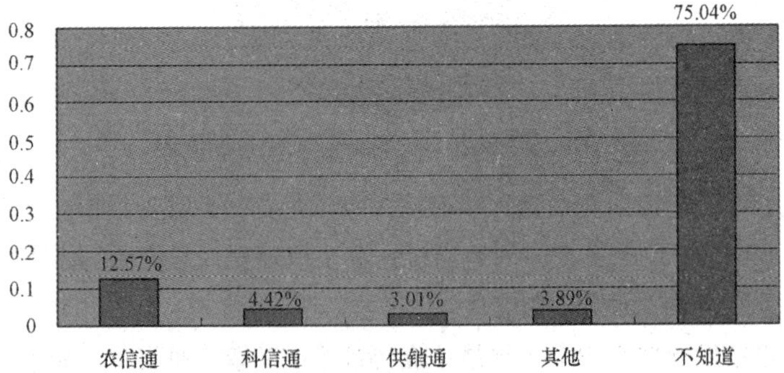

图6–8　涉农短信平台知晓情况

当前调查区域科技系统开通了12396咨询热线，农业系统开通了12316咨询热线，卫生系统开通了12320咨询热线，气象系统开通了12121咨询热线及其他热线电话，通过这些热线电话，农民可以获取相应的信息资源。通过调查，我们发现仍有60%的人根本就不知道上述热线，也不知道其他热线电话，也从没有拨打过任何热线电话以获取信息（图6-9）。

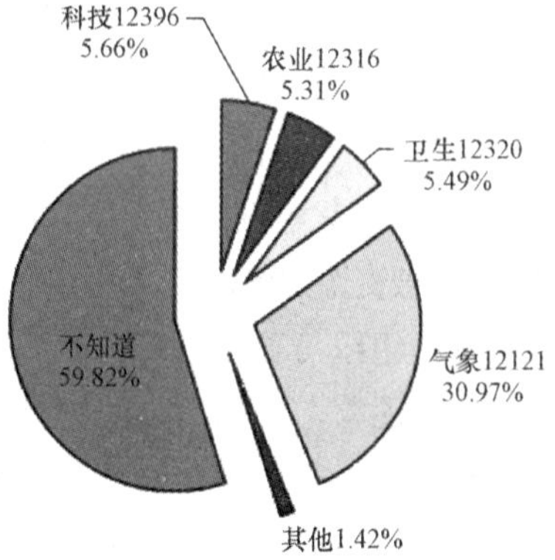

图6–9　涉农电话热线知晓情况

当前调查区域涉农信息网站主要有党员远程教育网、中小企业网上融资超市、网上供销社、红星农网及其他涉农信息网站。通过调查，我们发现仍有59.82%的人根本就不知道上述涉农信息网站，也不知道其他涉农信息网站，也从没有通过涉农信息网站以获取信息（图6-10）。

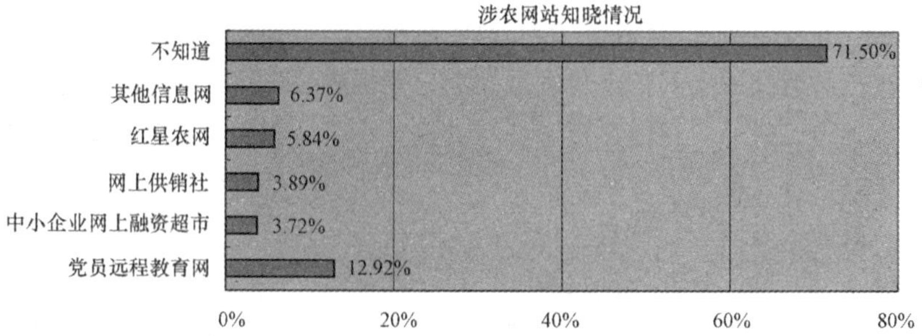

图6–10　涉农网站知晓情况

由此可见，现行的农村信息服务网络体系在农村基层并未得到较高的认可，农民对手机短信平台、电话热线、涉农信息网站的低知晓度，也说明了通过这些途径进行传输的农村信息资源无法得到充分和有效的开发利用。

6.3　加强大数据时代农村信息资源开发利用的对策

6.3.1　加强农村信息资源的整合与共享

6.3.1.1　加强农村信息资源建设的统筹与规划

“三农”是一个庞大而极为复杂的系统。全面、及时、系统地掌握国内外涉农领域信息的难度极大。我国现有的涉农信息资源分布在不同部门由其进行归口管理，囿于部门利益，信息资源的共享环境差。农村信息资源的开发利用是一项跨部门、跨地区、跨行业的庞大系统工程，需要多方协作、整体协调，离不开政府的统筹谋划与指挥协调。针对我国农村信息资源开发利用现状，主要应从以下方面努力。

一是要提高对农村信息资源开发利用的认识。各级政府及其领导干部要充分认识到农村信息资源的开发利用之于农村信息化建设的重要意义。要树立起农村信息资源开发利用的“为农服务”意识、农村信息资源建设的“共建共享”的“大局观”。

二是要进行农村信息化建设的组织与管理创新。要切实克服部门分割、步调不一导致的“信息孤岛”“信息烟囱”现象，可从两方面进行探索：一方面，可以探索农村信息化建设的组织结构的创新。在国家层面，建立一个全国性的农村信息化建设管理的牵头管理机构，为农村信息资源的开发利用提供坚实的组织保障。该机构负责农村信息化建设的总体协调和布局谋篇，具体到农村信息资源的开发方面，主要是进行总体规划、指挥协调和日常管理，避免各部门间信息资源的低水平重复开发利用和资源浪费，并负责制定农村信息资源开发利用的大政方针和长远发展规划，解决农村信息资源开发利用中的重大问题。在各级政府层面，也要建立类似的对口管理部门或建立起农村信息资源开发利用的协调运作机制，使政府充分发挥宏观调控职能，实行统一规划、统一管理、统一协调，按照一致的目标，进行共同开发建设，制定具有地方特色和现实指导意义的农村信息化发展规划，明确建设思路和目标，各涉农部门依自身职能准确定位，进行农村信息资源的“共建共享”，做到农村信息资源开发利用的每个环节和方面都实现周密策划、协调有序，保障农村信息资源开发利用工作的顺利进行。另一方面，探索农村信息化建设的协作机制。一是在涉农部门之间建立有效的信息化建设合作机制，使其在进行相关信息化建设时，既能发挥其积极性，又能沟通协调、通力合作。这需要各个部门形成农村信息资源开发利用大局观，破除狭隘的部门利益局限。二是在政府与社会各方之间建立起信息化建设的协作机制。信息化建设不能仅靠政府，还要鼓励社会和广大农户参与进来，建立起“政府指导、企业主导、农户参与、市场运作、规范管理”的协作机制，使社会各界都动员起来协作完成农村信息资源的整合与共享，提高其开发利用水平。

三是要加强农村信息资源开发利用的政策法规建设。完善的政策法规是培育和发展农村信息资源开发利用的重要生态环境，直接决定着农村信息服务业发展程度，是农村信息资源开发利用的制度保障。要促进我国农村信息资源的有效开发利用，应在借鉴国外成功经验的基础上，逐步制定和实施符合我国实际的专门的农村信息资源开发利用规划与管理、农村信息资源知识产权保护及农村信息服务行业自律等方面的政策法规，建构起完善的农村信息资源开发利用的政策法规体系，培育和规范农村信息市场，营造良好的农村信息资源开发利用环境，使各类农村信息资源的开发利用有法可依、有章可循，为农村信息化建设提供切实可行的制度保障。

6.3.1.2　制定和实施农村信息化建设的标准化

标准化问题是农村信息资源开发利用的关键所在，只有加强农村信息资源开发利用的标准化工作，对农村信息资源开发利用的各个环节都采用标准化，才能将信息资源的采集、传输、存储、分析、利用等各个阶段有效衔接起来，使农村信息资源得到充分的开发和利用，使其能在更大范围内实现共享，实现农村信息资源价值最大化。

一是制定和推广应用农村信息化建设技术标准。要组织有关部门、利益关联方、相关领域的专家等开展对信息的采集、存储、传输、共享等各个环节及信息基础设施建设等方面技术标准的研究。针对涉农信息资源多元、异构、多态和分散的特点，通过信息资源共享，实现信息资源高效利用与服务。重点制定农村信息资源存储规范、数据交换协议和共享发布接口标准，有效整合分散在各政府部门、科研院所、市场、企业等涉农信息资源。如按照“统一接入、单点登录、开放接口、资源共享”的原则，在横向上实现各涉农网络的网际互联，建立省级农村信息资源统一发布和展示的省级综合信息服务平台，在不改变原网站前提下，实现自动链接，用户通过平台门户，以链接方式接受“农技、农政、农资、农商、农金”等信息服务，在纵向上，明确各层级农村信息服务平台的网络结构；统一信息平台技术标准，如统一网络服务器、网络交换设备、存储设备等网络平台建设技术标准参数，统一信息交互平台、应用服务平台、基础服务平台、业务数据库、云计算硬件资源平台等服务平台建设技术标准及信息安全技术标准等。还有要注重大型农业应用软件开发的标准化，避免在这方面的重复建设和资源浪费，此外，还要适应全球化的需要，在农村信息标准化方面要考虑与国际接轨问题，积极参与国际农业信息技术标准的制定。

二是制定和推广应用农村信息化建设管理标准。提高农村信息资源的开发利用水平离不开对农村信息资源的有效管理。推行农村信息化建设的管理标准是实行科学管理的需要，也是建立协调高效的开发利用秩序的必然要求。秩序是一切系统存在和发展的基础。任何一个系统，其内部一定是依据相互分工协作的秩序，其外部也要遵循一定的秩序，与相关的系统分工协作，共同实现其上层系统的目标。管理标准实质上就是建立系统秩序的标准，通过制定和实施各类管理标准，使管理系统的要素间形成有机联系，相关系统间互相协调，发挥功能和实现总体目标[①]。制定和实施农村信息建设管理标准，如完善各信息服务机构和平台的运行管理制度，可以使涉农信息资源在涉农系统间及其内部的有序流动和高效利用，避免浪费和重复建设。

三是制定和实施农村信息化建设的工作标准。为实现整个农村信息化建设工作过程的协调，提高工作效率和质量，有必要对农村信息化建设工作各方面做出具体的标

① 国家标准化管理委员会.农业标准化[M].北京：中国计量出版社，2004: 70.

准和规范。结合农村信息资源开发利用的具体内容，进行合理的岗位设置，明确其职责权限，工作内容与要求，规范农村信息资源开发利用的具体流程，如信息采集工作流程，使信息采集工作明确化、有序化和规范化，避免农村信息资源开发利用过程中“缺位”“越位”“错位”的现象。

6.3.2 加强农村信息资源建设力度

6.3.2.1 加强农村信息资源建设体系

丰富和充足的农村信息资源是进行农村信息资源开发利用的基础。当前，应立足于我国农村信息资源建设的现实情况，根据我国农村信息需求发展趋势，要建立起包括农村信息需求调研系统、农村信息采集系统、农村信息处理系统等在内的健全的农村信息资源建设体系，为农村信息资源的开发利用提供保障①。

首先，要建立农村信息需求调研系统。为农村信息用户提供用得上的信息是农村信息资源开发利用的关键。加强农村信息资源体系建设，提高农村信息开发利用水平必须从农村信息用户的实际需求出发。只有充分了解广大农村信息用户非常关切的问题及其生产生活中的难题，从用户需求的角度出发，加强信息资源的建设及其开发利用，才能满足其千变万化的要求。农村信息资源以广大的农村居民、涉农生产者、市场经营者和管理服务者等为服务对象，对于不同的服务对象，其信息需求各不相同，有的需要生产信息、科技信息，而有的需要生活信息、政策信息；有的需要农产品供求信息、价格行情信息，有的需要就业培训民生服务信息；不仅需要原始、静态信息，还需要分析预测、市场指导等深度加工信息，农村信息需求复杂多样。从政府的角度来讲，有必要依托各级农业行政部门，吸纳有关部门人员参加，组建不同层次，分区域的农村信息需求调研组织，定期或不定期开展农村信息需求调查与研究，及时掌握各类信息用户的需求动态，及时了解和掌握全国性或区域性的信息需求变化，适时对农村信息采集、处理和发布系统进行调整，进而提供符合信息用户需求意愿和获取水平的信息资源。就基层各类信息服务机构而言，关键是建立起有效的信息服务反馈机制，加强对信息服务的跟踪和售后服务，与用户建立起积极的互动与交流机制，及时了解其个性化和特殊化的信息需求。

其次，进一步完善农村信息采集系统。及时、准确而全面地采集农村信息资源是农村信息资源建设与开发利用的重要前提。信息采集系统就是围绕信息需求，通过各种渠道和形式进行信息的收集与报送。现阶段，要根据新形势下的农村信息需求，对各涉农部门现有的信息采集渠道进行改进、提高和拓展，建立起政策法规类、技术服务类、价

① 张玉香.农业信息化理论与实践[M].北京：中国农业出版社，2005.

格供求类、行业发展类等不同类型的信息采集系统，在各系统下还要进行细分，建立起若干个类别的信息采集子系统。根据各类信息资源分布的特点及信息需求的发展趋势，每个信息采集系统要建立起相应的信息指标体系，制定信息采集规范和工作标准，配备必要的人员和基础条件，如电脑、通信条件等，实现信息的定期采集、审核和上报。

再次，加强农村信息处理系统建设。信息处理就是对采集到的信息进行整理、审核、筛选、汇总、储存、分析与提炼。信息处理系统通过一些必要的软件，如通用软件、专业软件、分析软件、专家系统等对采集到的信息进行去粗取精、去伪存真，并进行识别，做出正确的选择及进一步的整理、集成等，把初级信息产品加工成可公开发布以供各方利用的有用信息。当前，建设的重点是要加强基层信息采集点的信息处理能力，为条件较差的采集点配备必要的办公设备及相关信息处理软件，同时，要加强对基层信息采集人员进行必要的培训，提高其初步的信息处理能力。

6.3.2.2　提高农村信息资源供给水平

要提高农村信息资源的数量和质量，为农村经济社会发展提供充分而有效的信息供给。当前，重点是要加强各类涉农数据库、涉农网站及涉农图书文献资源的建设。

一是大力加强各类涉农数据库建设。涉农数据库是农村信息资源的重要载体，是开发利用信息资源，促进农村信息共享的基本途径。当前，各涉农部门应按照“统一规划，协同发展”的原则，结合农村信息资源分布和全国涉农信息部门的情况，合理规划涉农数据库建设近期目标、中长期目标，统一建设标准，在数据库的类型、内容和规模方面进行有效控制，建设一批涉农数据库，形成全国性与区域性、公益性与市场服务型、综合型与专业型等各种类型共同构成的数据库体系，并且实现数据库间的互联互通，相互对接，实现信息资源的分散存储、集中管理和共享应用。重点是建设一批全国性、公益性及对农村经济社会发展具有战略性、先导性影响的基础资源数据库，如人口、地理、自然资源、医疗、金融等基础信息库和公共服务数据库等，逐步发展一批综合性数据库，不断完善各类专业性数据库，如种植业信息数据库、畜牧兽医及饲料信息数据库、政务信息数据库等。同时，要对现有数据库进行功能拓展，除了进行基本的信息检索外，要增加智能化的内容，把数据库与专家系统、模拟模型、过程控制等技术有机结合，通过对无序的、海量的非结构化数据的开采，从中提炼有效信息，及时发现知识，使之成为农村经济社会发展服务的有效资源，解决农村信息化服务“最初一公里”的问题。

二是加强涉农网站群的建设力度。随着互联网的日趋成熟和迅速普及，网络已成为各类信息资源的重要载体，也是人们获取信息的重要渠道。通过互联网络搭建农村信息平台，实现农村信息资源的有效传输，是农村信息化建设的重要组成部分。首先，要加强对涉农网站的建设规划，建设一批层次分明、特色鲜明、类型多样的涉农网站群。既要有全国性的涉农网站，也要有体现区域特色和行业（专业领域）特色的网站，避免“大而同，小而同”现象。其次，建立政府涉农网站体系的统筹管理机制。自上而下的各级政府涉农部门往往均建有网站，这些网站本身具有一定的组织性，应以此为基础，统筹建立政府涉农网站体系，建立彼此间的数据交互机制，对网站内容进行科学布局，加强网站间的联合，强化涉农网站的功能整合，为广大农村信息用户提供及时、权威、可靠及符合需求的涉农信息资源。再次，鼓励社会力量建设涉农网站。要制定优惠政策，鼓励各类涉农企业、农民合作社、专业大户等投资建设网站，实现农村信息资源传播的多元化渠道，实现网站间的优势互补。还有，就是通过各种途径加大涉农网站的宣传推广力度，提高网站的知晓度和访问率，实现农村信息资源的有效传播和利用。此外，网站建设的具体过程中要基于用户使用的角度，遵循人性化、“傻瓜化”（便利化）、功能有效整合、信息资源的及时更新等原则。

三是继续推进涉农图书文献资源的建设。首先是要加强农业科研、科普图书文献资源建设，为广大农业科研、农技推广工作者提供大量的文献资源，继续加大投入，订购反映农业科研与科普前沿知识的图书文献，特别是增加有关外文文献。其次是加大基层公共图书馆建设，特别是增加县级图书馆、乡镇文化站馆藏图书，改革县乡图书机构服务方式，推出适农文献资源服务方式，提高县乡文献资源利用率。再次，继续加大村级图书文献资源建设。继续推进“送书下乡工程”“全国文化信息资源共享工程”“农家书屋”“农村文化大院”等工程，为广大农村弱势群体提供便利的、可获得性的农村图书文献资源服务。

6.3.3 多途径提高农村信息资源开发利用水平

6.3.3.1 加强农村信息资源开发利用技术的创新与应用

农村信息资源开发利用技术指的是农村信息资源的收集、处理、传递及利用过程中所涉及的技术，主要包括信息获取技术、信息传递技术、信息处理技术及实施信息控制与显示的技术等。加强农村信息资源开发利用技术是实现科学开发和有效利用信息资源的技术保障，是提高人们对农村信息资源开发利用水平的必然要求。现代信息技术发展迅猛，涉农信息研发组织要在现有信息技术的基础上及时进行消化吸收和改进创新，使之适用于农村信息化建设实践。

就农村信息资源的开发利用而言，当前要重点开展以下方面的工作：一是开发研究农村专业信息搜索技术。搜索引擎是信息用户查找网络信息最主要的工具，当前盛行的是综合性搜索引擎，其信息覆盖范围宽、适用用户广，但专业指向性差。涉农专业搜索引擎的缺失使得大量的涉农信息资源湮没在浩如烟海的信息网络之中，从而制约了农村信息资源的有效利用。随着网络信息资源的爆炸式增长，开发和研究包括应用智能搜索、反馈技术等的涉农专业信息搜索引擎就显得非常必要，满足农村信息用户对查询信息快、新、准、精、全的需求，进而为广大农村信息用户提供精准化、个性化的信息服务。二是开展农村信息服务异构资源整合技术研发与应用。目前我国已建有大量涉农信息数据库及各种应用系统，但是这些数据库与系统之间采用的是不同的检索平台和标准，彼此之间在内容上存在一定的交叉和重复，信息用户常需花费较多的时间和精力来熟悉各自的检索系统和应用界面，检索完成后还要对来自不同数据库的数据进行去重处理，非常的费时费力。对于信息素养相对较低的广大农村信息用户来说，这严重制约了他们对信息资源的利用。因此，加强对农村信息服务异构资源整合技术的研发与应用，在不改变原始数据的存储和管理方式基础上，为多源异构数据提供高层次的多元服务，使广大农村信息用户能方便快捷地获得所需信息资源。三是开发涉农网格技术研究。网络是继Internet、Web之后的第三次网络浪潮革命。Internet实现了电脑硬件的连接，Web实现了网页的连通，而网络则是将所有的计算机连接成一个整体，整个网络如同一个硕大无比的计算机，进而便于进行高速的信息存取、实现信息资源的共享①。涉农网络作为一个新型的整体性技术框架，可提供一体化的农村信息获取、处理和应用服务技术，提供一站式的智能化信息处理应用技术，提供全新的农业生产组织与服务新技术等。

此外，还要进一步开发研究涉农信息资源的推送技术、智能代理技术、网页采集技术、信息资源数字化技术等各类信息资源开发利用技术。

6.3.3.2　加强农村信息用户的信息素养教育与培训

只有具有一定规模和一定程度素质的信息用户群体，才能形成社会对信息资源的有效需求，否则无法实现对信息资源的有效开发利用。农村信息用户的信息意识、信息素养和信息应用能力是农村信息资源的价值得以实现的重要基础。当前，我国正处于由传统农业向现代农业转型时期，政府需要大量的信息资源制定涉农政策和进行宏观管理，农技人员需要信息资源进行技术传播和知识的传递，农户需要信息资源用以指导生产生活。因此，要强化涉农政府部门领导干部、农技人员和广大农户的信息意识，提高其信息素养和信息利用能力并激发其信息需求，必须对其进行必要的教育与培训。一是大力提倡并推行继续教育。坚持“普及化”“系统化”和“制度化”的原则开展各种教育培训活动②。利用现有的“阳光工程”、农民工再就业工程、农民培训等资源，进行信息基础知识的教育和培训，有针对性地开展有关计算机、网络等设备的操作技能培训及提高信息用户对信息的组织、鉴别、开发和利用的能力，使广大信息用户的整体素质得到逐步提高，逐步提高农村信息资源开发利用的整体水平。二是加强宣传教育活动。通过各种途径，如报刊、传单、讲座、政策宣讲和典型事例宣扬等方式进行信息化知识的宣传活动，使信息化知识和技术手段得到广为传播，使之入脑入心，使广大农户和信息使

① 常青.网络农业科技信息资源的开发与利用[M].长沙：湖南人民出版社，2008: 170.

② 张玉香.农业信息化理论与实践[M].北京：中国农业出版社，2005.

用者在日常生活中潜移默化地强化信息意识。三是出台激励政策和措施，如实行信息补贴政策等，吸引广大农户自觉采用信息化方式和手段进行农业生产和生活。

6.3.3.3 整合农村信息资源发布和传输渠道

畅通的信息渠道是农村信息资源开发利用的重要保障。当前，在农村最为广泛的信息传输渠道是电视、语音呼叫热线、手机短信等，互联网、WAP移动互联网等新型信息传输渠道也逐步得到应用，同时报纸杂志、文件会议、广告传单、人际传播等传统的信息传统渠道依然在发挥作用。将各种信息传输通道进行有效整合，逐步实现综合集成信息服务，是提高农村信息资源开发利用的必然要求[①]。

一是探索农村“三网融合”机制，实现一种网络承载多种业务。要融合广电网、电信网和互联网各自的优势和特点，建成全覆盖、全方位、多渠道的高效信息接入平台，使不同的用户能够利用已有的信息设施和渠道及时便捷地获取所需信息资源。通过放开互联网业务，鼓励多方竞争，允许和鼓励在互联网开展IPTV业务；加快数字电视网络建设，推动在数字电视网络经营互联网业务；因地制宜地探索无线宽带接入、电力线载波接入、卫星互联网宽带接入等技术，为广大农村提供覆盖广泛、廉价实用、切实可行的信息网络条件，推进农村网络资源的开发利用。如湖南省长株潭城市群和衡阳市率先实现“三网融合”，3G移动通信覆盖所有乡镇，宽带接入能力达到100 M。

二是整合各类信息化设备和场所，实现一种终端承接多种服务。各涉农部门在前期已在农村基层投放了各类信息设备和资源，建构了一定数量的信息服务场所和站点。为发挥农村信息资源开发利用的整体效果，应由基层政府出面将争取到的终端设备和服务场所、站点进行整合，纳入到基层农村信息化建设大局中来，由基层政府统一调度使用，统一安排。如将各类乡村级的科技信息服务站、商务信息站、远教服务站等进行整合，使之实现“一站多能”，将各类设备、网络通道等集中使用，建设统一的基层信息服务平台。

三是探索农村信息资源综合集成，实现一种应用多手段传递。积极探索多种信息传播渠道的有机结合与转换，关键是要建立起以农村综合信息服务网站为基础应用平台，将呼叫中心、短信平台、WAP应用接口、IPTV等有机结合，在综合服务平台上实现互联互通。如湖南省探索了支持“语音、短信、视频”等多方式接入的“一体两翼”农村农业综合信息服务平台。其中“一体”是指具有统一接入功能的综合信息服务平台；“两翼”是指两类重点服务群体，即“百万农户、万家企业”及其相应的信息服务系统，包括以公益化服务为主的农村民生信息服务系统和农村党员干部现代远程教育系统，以社会化服务为主的农村中小企业信息服务系统和产业信息服务系统。“一体”和“两翼”在统一标准下实现无缝链接，形成多部门联动、全程推送、一站式服务的“一体两翼”新模式。当前，湖南农村农业综合信息服务平台已经建成并开始运营。该综合

① 李道亮.农村信息化与数字农业[M].北京：中国建筑工业出版社，2010.

服务平台集成了基层党建、健康监护、呼叫中心（12396）、产业社区、农业百科、数字家乡、农村商务等方面的信息资源及其传输通道[①]。

此外，要创新农村信息资源开发利用服务的组织形式，加强涉农企业、农产品批发市场、合作社、种养大户、经纪人等信息中介的培育和管理，发挥这些组织和个人在信息资源开发利用中的作用，建立起“企业+农户”“市场+农户”“合作社+农户”“种养大户+农户”“经纪人+农户”等信息传递关系，实现农村信息的有效传递[②]。各级地方政府涉农部门还要根据当地农民实际需求定期发放书刊、科技小报及培训资料，还有通过“信息大篷车”“信息下乡”等形式向农民传递信息。通过各种方式的有机结合，全方位地进行信息资源的传播，实现信息资源的有效开发利用。

① 参见湖南省国家农村农业化示范省综合服务平台，网址：www.hn12396.cn.

② 宋富胜，赵邦宏，等.河北省农业信息化发展研究[M].北京：中国农业科学技术出版社，2009.

第7章　大数据时代农村信息化服务队伍建设问题研究

在我国信息技术飞速进步，国家财力日益雄厚以及工业带动农业，城市反哺农村的背景下，困扰我国农村信息化建设的最主要因素已不是技术和资金，人的因素才是最主要的。因此，农村信息化建设中最关键的问题还是队伍的建设问题，农村信息化的关键在应用，而应用水平的高低则取决于掌握信息化知识和技术的人员数量和质量，没有一支相当数量和较高质量的农村信息化服务队伍，再完备的信息设施、再先进的信息技术也无法得到推广和应用，农村信息化建设也无法得到可持续发展。所以，我国农村信息化建设除了加强对包括软硬件信息设施在内的农村信息网络的建设以外，“人网”的构建是农村信息化建设的核心内容。“人网”指农村信息化服务队伍，主要是以省、市（州）、县（市）、乡（镇）多层次专家、服务和管理人员所组成的以人为核心的网络[①]。农村信息服务队伍是连接基层农村信息服务机构与广大农民的桥梁与纽带，引导小农户走向大市场的导航员，是促进信息化进村入户的直接有效途径，是提供农村信息化建设水平的关键力量。当前，我国农村信息化服务队伍，即“人网”建设严重滞后于农村信息化物理网络建设，已成为制约农村信息化可持续发展的关键问题，必须引起重视并予以切实解决。

7.1　农村信息化服务队伍建设基本情况

7.1.1　农村信息化服务队伍不断壮大

7.1.1.1　农村信息化管理服务队伍逐渐成形

早在1992年农业部就成立了农村经济信息体系领导小组以加强对当时的农村信息化建设管理。自此之后，全国各级政府部门纷纷成立相关部门以推进农村信息化建设，逐渐形成了从中央到地方[部委、省（区、市）、市、县（区）]、专兼职相结合的呈金字塔状的农村信息化管理服务队伍。在农业系统，中央层面是以农业部市场和经济信息司及各信息中心全体工作人员为主，与其他司局相关工作人员共同组成，统筹协调全国农业系统农村信息化建设的管理与服务工作，地方层面各级政府（省、市、县）农业系统纷纷成立了市场与经济信息处（科、股）等机构，组建了一批农村信息化建设的管理与

① 李燕凌.农村科技服务与管理[M].北京：高等教育出版社，2011：337.

服务队伍[①]。在农村党员干部现代远程教育工程建设领域，中央层面由中组部牵头、其他相关部委参与组建了全国农村党员干部现代远程教育试点工作领导协调小组，并成立了日常办事机构，地方各级政府均设立了相对应的工作机构并落实了人员队伍，构建了一支农村党员干部现代远程教育建设管理服务队伍。其他各部委如科技部、工信部等也分别在自己的管辖范围内开展农村信息化建设，在各自系统内加强农村信息化服务队伍建设，形成了农村信息化服务队伍建设分头并进的格局。

7.1.1.2 农村信息化专家咨询队伍发展快速

与广大农民及一般农村信息员相比，各类农业专家在农村信息化建设过程中具有明显的技术优势和知识优势，其作用越来越重要。当前全国各地主要依托咨询热线、信息服务平台以及各种项目组建各类农村信息服务专家咨询队伍。如宁夏依托“三农呼叫中心”构建了农业专家库，各类农业专家达756人，这些专家涉及农林、畜牧、果蔬等方面，能通过视频、语音和网络等方式，点对点地为农民提供各类信息咨询服务[②]。黑龙江省依托“金农工程”“12316”综合服务平台和应用信息技术发展现代化大农业试点示范工程，建立了1 044人的省级农业信息服务专家队伍[③]。湖南省农业厅于2012年成立了湖南省12316农业信息综合服务平台联络员和语音服务专家队伍，其中联络员共29名，主要负责与12316农业信息综合服务平台保持联系，上传下达12316有关工作并督促落实，为专家队伍建设、专家语音服务、知识库建设、信息采集等方面提供服务；共有涉及政策法规、农业教育与培训、涉外农业、科技管理、植物保护、水稻、油料等农业各领域的12316语音服务专家49名，大部分具有高级职称，其主要职责是审核本专业的知识库数据信息，根据12316农业信息综合服务平台安排轮流到语音室值班接听来电，回复12316热线转入的疑难咨询[④]。经过近年的建设和调整，北京市的“12316”农业服务热线专家队伍已经发展至131人[⑤]。吉林、湖北、云南等地也在农村信息化专家咨询服务队伍建设方面取得了明显的成效。从总的形势来看，大部分省份都在省、地级市、县层面构建了农村专家咨询服务队伍，专家数量逐步增加，服务范围也越来越广，极大地促进了农村信息化建设步伐。

高校是农村信息化服务咨询专家的重要来源。近年来，全国各农业高校的专家教授不仅积极参与政府组织的对农咨询服务，各高校还利用自身的人才和技术优势，纷纷通过不同形式主动组建农村信息化专家咨询队伍。如湖南农业大学于2005年启动了“双百”科技富民工程，即湖南农业大学在湖南省不同的经济生态区域内选择100个农业种

① 李道亮.中国农村信息化发展报告（2010）[M].北京：北京理工大学出版社，2011.

② 见宁夏农村综合信息网专家库：http: //www.12346.gov.cn/website/Expert_List.jsp?_bid=17&_sid=59&_cid=01.

③ 农业部市场与经济信息司：黑龙江和吉林农业市场信息工作调研报告，载《市场信息工作简报》，2011-05-31.

④ 湖南省农业厅办公室关于成立湖南省12316农业信息综合服务平台联络员和语音服务专家队伍的通知.

⑤ 农业部市场与经济信息司：北京市“12316”农业服务热线服务工作新亮点，载农业部网站，2012-03-08.

植、养殖和农产品加工业专业大户、涉农企业和农民专业合作组织作为示范基地，组织100个由专家、教授牵头，中青年教师、博士为主力，相关专业的研究生和高年级大学生共同参与的科技富民服务小组，由科技富民服务小组与示范基地进行对接提供各方面的咨询服务[①]。“双百”工程实施以来，湖南农业大学共组织了101支科技富民服务小组深入农村开展长期对接与服务。同时在全省选择布局了109个基地，基地区域覆盖了湖南省近80%的县（市、区）。几年来，科技富民小组累计下基地1 200余次，培训企业技术人员和农民近5万人次。东北农业大学2002年依托其自主开发的“农业专家在线”网站建设了“农业专家咨询系统”，组建了由44名专家组成的咨询服务队伍，专家定期发布各类有价值的农业信息，并及时回复用户所提问题，与用户能够及时地互动。网站已发布各类信息10万余条；日浏览量达17万次；专家回答各类用户问题逾万个[②]。此外，中国农业大学、南京农业大学、河北农业大学等农业高校也组建了专家咨询服务队伍，致力于“三农”服务，壮大了农村信息化服务队伍。

7.1.1.3 基层农村信息员队伍规模日益壮大

目前，全国省级农业行政主管部门均设立了信息工作职能机构和平台，97%的地（市）、80%左右的县级农业部门设置了农业信息管理和服务机构，56%的乡镇成立了信息服务站，加上遍布县、乡的农技、畜牧、农机、经管、水产等推广队伍及组织部门的农村党员干部现代远程教育工程的信息服务人员、商务系统的商务信息员等，一个纵横交错的信息服务队伍已经初步形成。据统计，我国已发展各类农村信息员20多万人[③]。

各省（区、市）农业系统、工信系统、科技系统、组织系统、商务系统等各个系统非常注重农村信息员队伍的建设，队伍发展不断壮大。如黑龙江省采取分级培训的方式，举办农业信息员培训班，现已建立了一支覆盖省、市、县、乡、村的13 000人的专（兼）职信息员队伍，累计培训30 000余人次[④]。广西农业部门不断加强农业农村信息员队伍建设，在吸纳、培养、使用、稳定农业农村信息人才方面做了大量卓有成效的工作，经过几年的共同努力，目前广西培植起了一支由6 000多人组成、经过专门业务培训、执证上岗且较为稳定的农村信息员队伍[⑤]。河南省在全省18个省辖市的108个县市共举办培训班159批（次），投入培训资金124万元，培训商务信息员30 344人。目前湖北省已建立起一支覆盖全省农村地区的气象信息员队伍，总数达27 000多人[⑥]。为有效应对气象灾害，重庆市加快了以政府主导、部门联动、全社会共同参与的防灾减灾机制建

① 李燕凌.农村科技服务与管理[M].北京：高等教育出版社，2011：144.

② 东北农业大学：农业专家咨询系统，http: //www.hljagri.gov.cn/10ztzl/2010blh/czxm/201011/t20101101_344067.htm，2010-11-01.

③ 见《农业部十二五将推进各部门涉农信息资源整合》，http: //www.lnjn.gov.cn/government/ministry-news/2011/12/356007.shtml，2011-12-8.

④ 参见：黑龙江信息中心.黑龙江农业信息网介绍. http: //www.hljagri.gov.cn/10ztzl/2010blh/czdt/201011/t20101101_344061.htm，2010-05-11.

⑤ 吴炳科，饶珠阳.加强信息员队伍建设，推进广西农业农村信息化与现代农业发展[N/OL].人民网，2013-01-08.

⑥ 陆铭.湖北省88名优秀气象信息员喜获表彰[EB/OL]. http: //www.hb.chinanews.com/news/2011/1012/92651.html，2011-10-12.

设，气象、国土、水利、民政等涉灾主管部门和基层政府基本建立了灾害预警预报联防组织和机构，街道、村社、企业的气象减灾信息员队伍也逐渐成形，人数达到10 900人[①]。云南省各级政府农业局与云南移动合作，从省级到乡镇一级的“农信通”信息服务团队，涵盖了农业、畜牧、水利、林业、计生、农村教育、农村卫生、农村医疗、农村供销、劳动务工等多个涉农部门，现已发展并稳固有2 300余名信息员。湖南省共有基层突发事件信息员8万余人，覆盖全部乡镇、90%以上行政村等[②]。

7.1.2　队伍建设日趋制度化和规范化

农业部于2002年出台了《关于做好农村信息服务网络延伸和农村信息员队伍建设工作的意见》明确了农村信息员队伍的建设任务，提出农村信息员培训组织实施单位主要是县级农业部门，提出了培训的方式方法，即与绿色证书和跨世纪青年农民培训相结合，采取农广校现代远程教育、现场教学等方式进行，指出了培训重点和培训要求，即重点培训信息收集、传播方法和农业科技、经营管理知识，计算机、网络应用基础常识，通过培训达到会收集、会分析、会传播信息的“三会”要求；明确了培训对象主要是经纪人、种养经营大户、农业产业化龙头企业、农产品批发市场、中介组织以及村、组干部等。这个文件为农村信息员队伍建设指明了方向，是农村信息化服务队伍建设的标志性文件，开启并促进农村信息员队伍培训制度化、规范化的方向发展。为规范农村信息员队伍建设，与文件同时出台的还有《农村信息员资格认证暂行办法》，明确建立了建立农村信息员资格认证制度，进一步明确了农村信息员的范围及其资格条件、工作要求、资格培训、认证程序及日常管理等方面，是农村信息员队伍建设的指南。

2009年12月工信部、科技部、农业部、商务部、文化部五部委联合出台了《国家优秀信息员考核评估参照标准》，提出从思想品德、出勤值勤、工作作风、业务技能和工作业绩五个方面对农村信息员进行考核。根据该标准，五部委于2010年举行了首次考核评估考核工作总结会，在全国31个省（区、市）和新疆建设兵团部，涉及300个地级市、1 852个县区（占全国县区总数的60.84%），110 226名农村信息员中评出了175名村级优秀信息员[③]。该标准的提出大大促进了农村信息员队伍建设的标准化、规范化，对促进农村信息员队伍服务建设的有序发展具有极为重要的意义。

在农业部制定的《关于做好农村信息服务网络延伸和农村信息员队伍建设工作的意

① 李松.重庆市基本建成覆盖全市的气象灾害信息员队伍[EB/OL]. http: //news.sina.com.cn/c/2009-12-06/164116726859s.shtml，2009-12-06.

② 湖南省应急管理办公室.湖南省基层突发事件信息员队伍建设情况[EB/OL]. http: //www.hunan.gov.cn/zwgk/yjgl/gzdt/201301/t20130108_801814.html，2012-11-28.

③ 李道亮.中国农村信息化发展报告（2011）[M].北京：电子工业出版社，2012：144.

见》《农村信息员资格认证暂行办法》及工信部等五部委制定的《国家优秀信息员考核评估参照标准》及相关工程项目规范要求指导下，各级地方政府相关部门结合本地的实际情况纷纷出台农村信息员队伍建设办法、地方优秀信息员考核评估标准等，完善了农村信息员队伍建设的制度，建设管理日趋规范化、标准化，有力地促进了农村信息员队伍的有序发展。

各级地方政府还积极主动探索各类农村信息化服务队伍建设的制度化之路。如吉林省于2011年出台了《吉林省万名骨干农村信息员培训计划》，计划利用三年的时间，培训骨干农村信息员10 000名①。黑龙江省制定了《黑龙江省农村信息员队伍建设及培训方案》以指导农村信息员队伍建设。新疆出台了《自治区农业农村信息化建设专家管理办法（试行）》，对专家咨询队伍的选聘和管理、权利和义务、考核与奖惩等方面进行了规定。山东省东营市农业局于2010年制定了《农村劳动力转移培训阳光工程农村信息员培训规范（试行）》，对培训对象、培训目标、培训环节、培训内容及学时分配、知识与技能要求、培训实施与考核等方面都做了详细而明确的规定。

7.1.3 信息化服务队伍培训逐步推进

加强对农村信息化人才的培养和培训是建设农村信息化服务队伍的有效途径。近年来，各级政府部门纷纷出台有力举措，不断创新和加强农村信息化服务队伍的培养和培训力度，农村信息化服务队伍建设取得新进展。

根据党中央国务院“大力推进农村信息化”“健全农村综合信息服务体系”的有关文件精神，为了培养新农村信息化建设人才，教育部教育管理信息中心组织全国新农村建设及三农核心专家团队，针对目前农村信息化建设的迫切需求，充分利用互联网技术、物联网技术、控制技术、模拟技术、3S技术、虚拟技术、多媒体等高新技术，开发新农村信息化建设专业，包括多媒体课件，教学大纲，示范教学课程，实训教材，网络核心技术和软件等，于2010年6月26日正式启动全国农村信息化人才培养认证教育项目（New rural informatization education project，简称NRIT教育项目），面向全国高校开展全国农村信息化人才培养认证考试，开设三农信息管理、农产品经营管理、物流管理、现代农业技术服务、现代农业产业设计与经营管理、现代农业信息增值服务等专业的人才培养与考试认证，并建立了与之配套的专业教学大纲、教学计划、教材、软件、考试题库等，搭建和集成了一套适合中国国情的，以电子三农政务、电子三农商务为服务内容的新农村信息化解决方案②。该项目以农业生产、政府、科研教育、涉农企业、新生

① 丁晓云.吉林省实施万名骨干农村信息员培训计划. http: //www.moa.gov.cn/fwllm/qgxxlb/qg/201111/t20111128241846 7.htm，2011-11-28.

② http: //www.nrit.cn/CallaboutUS.aspx.

代农民为服务对象，该项目的开展为各级政府及涉农企业等输送优秀的农村信息化专业人才提供了重要支撑。

加强对农村信息员的培养和培训是当前壮大、优化农村信息化服务队伍的最有效的举措。近年来，全国各地高度重视农村信息员的培训工作，取得了较好的成效。

天津市农业局市场信息处（信息中心）于2006年组织12个区县信息员20余人举办了一期培训班[①]。培训内容包括网站维护管理、网站信息报送、信息采集及编写要点等，同时针对《农民致富信息》期刊约稿和发放等方面进行了系统培训。各区县也逐步开展农村信息员培训，蓟县在全县26个乡镇949个村的年青党员干部、后备村干部、农村致富能手和种养大户中选拔农村信息员进行培训，在2009—2010年完成农村信息员培训任务2 074人。为进一步加强农村信息员培训考核管理，提高考核质量，保障考核的公正和公开，天津市农委信息中心与天津农学院计算机系就农村信息员培训工程合作开发了农村信息员培训（计算机）在线网络版考试系统，该系统的投入使用对农村信息员培训工程建设具有重要意义[②]。2011年，天津市市农委市场信息处召开农产品市场信息监测预警系统信息员培训会，对18个农业部定点批发市场及3个试点生产基地的20多名信息员进行了培训，至此天津市农产品批发市场全部有了信息员[③]。2013年，天津市农委下文将气象信息员培训纳入天津市农业实用技术培训计划，对全市三个区县1 200名村级气象信息员开展农业气象实用技术培训[④]。

2011年7月，广西“金农工程”一期建设项目管理员（信息员）培训工作正式启动[⑤]。由广西农业厅负责举办两期网站管理员的培训班，再由农业厅指导、各市农业局（农委）承办市辖区信息员培训工作的方式，同年11月高质量超额完成了全区16期22个班的培训任务，参加培训的区、市、县、乡（村）四级信息员达2 618人。2012年，在党的十八大即将召开之际，由广西农业厅人事处牵头，广西农业信息中心组织举办了为期三天的农业信息与网络安全工作培训班，组织全区各市各行业的农业信息化建设骨干共90人，系统学习农业信息化与网络信息安全的业务知识，强化安全意识[⑥]。

吉林省在2011年就启动实施了万名骨干农村信息培训计划，计划利用3年时间培训10 000名农村信息员[⑦]。该计划逐年推进，2013年7月，吉林省启动了第三轮培训，将在

---

① 天津市农业信息中心：市农业局组织召开区县信息员培训班，http: //www.tjagri.gov.cn/asp/detail.asp?id={350A7D1E-54D3-499A-A5D8-787F753BDAB3}.

② 天津市农村信息员培训在线考试系统投入使用，http: //www.tianjinwe.com/tianjin/tbbd/201010/t20101006_1985610.html，2010-10-06.

③ 陈忠权.天津市18个农产品批发市场有了信息员[N].天津日报，2011-11-02.

④ 赵敏.气象信息员培训纳入天津市农业实用技术培训计划[N].中国气象报，2013-05-28.

⑤ 包寒.广西“金农工程”项目管理员（信息员）培训班正式启动[EB/OL].http: //www.gxny.gov.cn/web/2011-07/316715.htm，2011-07-22.

⑥ 吴炳科，饶珠阳.加强信息员队伍建设，推进广西农业农村信息化与现代农业发展[EB/OL].人民网.2013-01-08.

⑦ 丁晓云.吉林省实施万名骨干农村信息员培训计划[EB/OL].http: //www.agri.gov.cn/V20/ZX/qgxxlb_1/qg/201111/t20111128_2418467.htm，2011-11-28.

全省5个地区本级和26个县开展骨干农村信息员培训，计划培训骨干农村信息员4 000名。到2013年末将能如期完成培训10 000名骨干信息员，每个信息员指导带动周边10个左右农村信息骨干用户，预计能指导和带动10万骨干用户带头应用信息技术发展生产和增收致富[①]。

山西省于2007年通过山西网通开展社会主义新农村建设试点村信息员培训班，完成了首批1 098个新农村建设示范村信息员培训的任务[②]。甘肃省于2012年通过甘肃省广播电视大学启动在全省范围内开展一村一名农民信息员（简称“一村一员”）培训试点工作[③]。

湖南省近年来也加大了农村信息员培训的力度。2011年，长沙市气象局举办农村气象信息服务站气象信息员培训班，来自全市45个农村气象信息服务站的45名气象信息员参加了培训[④]。同年，耒阳市分四期对全市1 000名信息员进行免费培训，每一期培训结束后，组织学员进行统一技能鉴定考核，考核合格者发放培训证书和职业资格证书[⑤]。2013年7月11日，由湖南衡阳市委组织部联合市人社局、市国土资源局、市电业局、市电信公司等部门举办的衡阳市农村党建网格化管理信息员培训班开班。此次将培训党建网格化管理信息员5 100人左右，全市每个行政村至少培训1名、社区至少培训2～3名信息员[⑥]。2013年7月12日，湖南省国家农村信息化示范省基层信息站点信息员郴州专场培训班在郴州成功举办，郴州7个县级分管农业工作人员，61个乡、村级基层站点工作人员，7个涉农企业代表共75人参加了本次培训。此前，长沙、湘潭、娄底、常德等地已举办了四期专场信息员培训[⑦]。

此外，山东、陕西、河南、浙江、安徽等各省市利用国家政策与信息化专项工程，如“金农工程”“三电合一”“阳光工程”等，或出台专门政策、投入专项资金，积极推进农村信息员队伍培训，全国农村信息员培训累计达上百万人次，极力地促进了农村信息化建设和农村信息化服务工作进展程度。

7.2 农村信息化服务队伍建设存在的问题及原因

农村信息化服务队伍建设要与农村信息服务网络延伸紧密结合，物理网络延伸到哪

---

① 丁晓云.2013年吉林省骨干农村信息员培训计划启动实施[EB/OL].http: //www.agri.gov.cn/V20/ZX/qgxxlb_1/jl/201308/t20130805_3548169.htm，2013-08-05.

② 刘杰.新农村信息员培训开始[EB/OL].http: //news.sina.com.cn/c/2007-03-30/044211526772s.shtml，2007-03-30.

③ 见《甘肃广播电视大学农村信息员培训工作实施方案》，http: //124.152.245.47/show.aspx?id=21&cid=12，2013-03-13.

④ 邓大海.长沙市举办农村气象信息服务站信息员培训班[EB/OL].http: //www.hnqx.gov.cn/，2011-6-24.

⑤ 郑子勇.2011年耒阳市农村党员教育信息员培训班开班[EB/OL].http: //www.hnleader.gov.cn/Index/City/ViewCityNews/?NewsID=3778，2011-11-14.

⑥ 湖南衡阳市农村党建网格化管理信息员培训班开班，http: //www.hnredstar.gov.cn/djdt/t20130717_428810.html，2013-07-19.

⑦ 湖南省科技信息研究所.湖南省国家农村农业信息化示范省基层信息站点信息员郴州专场培训班成功举办[EB/OL].http: //www.hnst.gov.cn/kjdt/hnkjkx/201307/t20130718_328402.htm，2013-07-18.

里，农村信息化服务队伍就应该延伸到哪里。然而，与农村信息化建设软硬件设施等物理网络建设的火热程度相比，农村信息化人才队伍即“人网”的建设则是处于“冰火两重天”的境地，农村信息化服务队伍建设严重滞后于农村信息化建设总体进程，具体表现在以下几个方面。

7.2.1　农村信息化服务队伍建设规划缺失

农村信息化服务队伍建设规划缺失主要有两方面的原因：一是认识不到位。农村信息化服务队伍建设滞后的直接表现就是没有充分认识到农村信息化服务队伍在推进农村信息化建设中的战略地位和关键作用。在农村信息化建设过程中，各级政府普遍存在“重技术、轻管理”“重物轻人”“重建设、轻服务”“重短期政绩、轻长期成效”等观念，认为抓农村信息化建设，就是投钱给物，搞信息设施建设、搭信息平台，建设成果明显，而服务队伍建设具有长期性，短期内难见长效。因此，很多地方政府在推进农村信息化建设的时候，没有把农村信息化服务队伍建设工作纳入议事日程，没有在社会整体人才资源开发范围统筹考虑和安排农村信息化人才的培养与开发，对农村信息化人才队伍建设缺乏整体把握，对出现的各种新问题、新情况没有进行深入探索和研究，使现有有限的可用农村信息化人才资源配置不到位，无法做到“人尽其才”。二是思路不清晰。从总体来讲，我国各级政府对农村信息化服务队伍建设还没有形成比较清晰的思路，在农村信息化建设的基本思路、关键要素和切入点等方面尚不清晰。现有的农村信息化服务队伍建设的有关规划、制度和规范还比较零散，对农村信息化服务队伍的人才供求缺乏精细的分析，服务队伍的结构和分布还没有形成体系框架等。总之，当前农村信息化服务队伍总体规划和系统设计滞后，缺乏对农村信息化建设的过程监控与持续优化策略。

7.2.2　从事农村信息服务的人才数量不足

7.2.2.1　农村信息服务人才总量不足

虽然近年来我国农村信息化建设取得了一定的成效，但是离我们设想的预期效果还有很大的距离，其中一个非常关键的因素就是从事农村信息服务的人才数量严重不足。从事农村信息化服务需要大批既懂现代信息技术，又要具有从海量信息中搜集有用信息并进行处理、传递和应用的相应知识，还要懂得农村经济运行规律方面知识的专业人才，这些人才既要能为广大农民、农业企业、合作组织等提供有关农产品的价格、供求等市场信息，还要会据此进行市场形势分析，指导农村信息服务对象进行生产经营活动等，同时还要指导农业从业者进行电脑操作等实用信息技能，提高信息资源利用能力等。目前，我国农村信息化建设还处于初级阶段，农村信息化服务队伍建设严重滞后，信息服务工作者数量严重不足，已成为制约农村信息化建设的关键瓶颈之一。据我们在与基层政府工作人员及农户交流座谈时了解到，当前农村信息化建设最缺的就是懂信息化的人才。我们发现在湖南省比较落后的湘西山区，一些基层硬件设施建设速度远超过了信息化人员培训，很多地方有电脑、网站等硬件甚至较为先进的软件系统，却无人会操作和运用。

7.2.2.2 专职信息服务人才数量不足

当前，在有限的农村信息化服务人员中，不管是从事信息化管理与服务的工作人员还是基层的农村信息员，大部分是由兼职人员构成。如很多地方吸纳了大学生村干部、科技特派员等人员充当农村信息员，这些人员有其专业知识、学识能力等方面的优势，但同时这些人往往身份归属不清，流动性大，同时还有其他业务工作，对于从事农村信息服务也有不利的一面；在乡村层面，农村信息员基本上由农技员、村干部等兼任。总而言之，这些人员要么是“临时工”，要么是身兼数职，平时一般要忙于其他工作往往无暇顾及信息化服务工作，甚少主动关注、收集和传递农村农业信息，信息化服务工作处于被动状态。兼职信息员很少有时间接受专业性训练，服务质量也难以保证。

7.2.3 农村信息化服务队伍结构很不合理

当前，我国农村信息化服务队伍不仅数量严重不足，其质量也不高，主要体现在以下几个方面。

7.2.3.1 专业结构不合理

衡量农村信息化服务队伍人才专业结构是否合理主要从学历与能力两个方面来进行。学历结构是指农村信息化服务队伍中具有本科、硕士及博士等各学历层次的人员之间的比例关系，而能力结构则是指在农村信息化服务队伍中所具备农村信息化服务所需要的各种能力的人员数量的多少。

在农村信息化服务队伍中（含农村信息化管理与服务人员、科技特派员等），基层农村信息员的学历比较低，尤其是村级农村信息员绝大部分为高中及以下学历，具有大专及以上的人员数量少。信息化服务对信息服务人员要求较高，但现有信息化服务队伍受文化程度所限，其信息服务意识和信息能力及知识更新能力均会受到一定的影响，再加之缺乏相应系统的培训和学习，知识更新缓慢，信息化服务队伍整体水平参差不齐，难以跟上农村信息化建设步伐，必然会影响到信息服务质量。

农村信息化服务对人员素质的要求有异于其他信息行业，其业务范围广泛、信息含量高，要求从业人员既懂农村经济社会运行规律又掌握一定的现代信息技术和信息化知识。目前我国从事农村信息化服务人员的专业学科背景广泛，大部分来自农业相关学科专业、农业经济管理专业、信息科学相关专业或其他专业。我国长期的专才教育，使得各类人才的知识面比较狭窄。在现行的农村信息化服务队伍中，要么缺乏农业科技知识，要么信息技术和知识不精，最终导致搞技术的不懂经济；搞专业的不懂信息；能指导生产却不懂市场预测。这些人员在承担农村信息化服务时，往往感到力不从心，难以胜任，这种状况也不利于农村信息化建设的推进。

7.2.3.2　层次结构不合理

农村信息化服务队伍中绝大多数是由无职称、低职称、低技能、低学历的乡村级信息员构成。农村信息化服务中技能型人才和高层次人才严重缺乏。技能型信息化人才主要指农村信息化建设与服务一线的软硬件开发人员和应用操作人员，是支撑农村信息化建设与发展的技术保障，这部分人所从事的工作往往很累，重复又枯燥，同时由于农村待遇缺乏吸引力，发展机遇也不如城市，很多人不愿到农村来从事此类工作，导致这部分人才缺口很大；高层次信息化服务人才主要是指既懂管理又懂三农还熟悉信息化知识的管理服务人员和既具有高水平研究开发能力又了解农村信息化服务需求还具有推广能力的高级专业技术人才（包括各类涉农科研人员、农村农业咨询专家等），尽管近年来各类各层次农村信息化服务人才数量上逐渐增多，但相对于广大农民群众的巨大需求而言，缺口仍然很大，尤其是这些高层次人才往往集中在县级以上部门和单位，基层更是少得可怜。

7.2.3.4　年龄结构不合理

农村信息化服务队伍年龄结构指的是队伍中老、中、青各年龄阶段的人在数量上的比例。服务队伍中不同年龄人员的比例构成及其相互关系直接影响到农村信息化服务的水平和质量。老、中、青各年龄阶段人数比例协调并且分配和使用合理，则有利于形成一支既有丰富经验又充满活力和发展后劲的农村信息化服务队伍。从农村信息化发展趋势和特点来看，年轻化是优化农村信息化服务队伍人才结构的重要途径。当今社会信息量浩如烟海，信息更新速度瞬息万变，被称之为“信息爆炸”的时代，同时当今时代又是一个充满竞争的社会，农村经济社会发展同样也充满了信息，也充满了竞争。相对而言，对于不断出现的新事物、新观念、新技术等，年轻人的接受能力更强、更易于掌握，同时，他们工作精力旺盛、竞争意识和开拓精神强烈，更适合于从事此类工作。

然而，从年龄结构上看，我国农村信息化服务队伍同农村科技人才队伍一样老龄化趋势比较严重，长期以来，由于大中专毕业生、高职院校的毕业生都倾向于在城市就业，尤其是信息科学相关专业的毕业生在城市发展有更多的机遇和更好的待遇，农村很难吸引年轻人到农村就业和创业，农村信息化服务队伍相应地很难补充到新鲜血液。我们在调查中发现，基层的农村信息化服务人员很少发现35岁以下的年轻人，这种状况是加大农村信息化服务队伍建设面临的一大难题。

7.2.4 农村信息服务队伍工作积极性不高

7.2.4.1 人员编制难落实

由于各地对农村信息化建设本身就不够重视，农村信息化建设也只是应付了事，农村信息化服务人才的培养、使用工作并未提上工作日程，农村信息化服务队伍多数都是利用大量的兼职人员拼凑起来的，由于编制紧张，有些地方尽管成立了信息化管理服务机构、农村信息服务站等机构，但工作人员要么是借调、要么是临时工作，农村信息化服务人员多不能占用编制，这就很大程度上削弱了人们的工作积极性，农村信息化服务队伍难以得到发展壮大。

7.2.4.2 工资待遇不如意

从事农村信息化服务工作的人员待遇普遍不高，职称难评，晋级无望，导致信息化服务人员工作积极性不高，队伍不稳定。多数人员是兼职，相应的兼职补助、待遇也不高，据调查了解，除少数地方农村信息员有少量的误工补贴外，大多数人是没有任何补贴的，从事农村信息化服务相当于是在其本职工作之外的一项义务劳动，因此很多人都不愿意从事农村信息化服务工作。有的时候因工作产生的通信费、交通费等无法报销而要由农村信息员本人承担，这严重影响到其工作积极性。受工资待遇的限制，农村信息化服务队伍无法吸引一些高素质、高水平的人才。

7.2.4.3 工作经费无保障

农村信息化建设经费投入不足，农村信息化服务工作经费也相应缺乏保障。受地方经济发展水平限制，农村信息化服务工作经费筹资渠道有限，基层信息化服务组织缺乏固定的运转经费来源，农村信息化服务队伍技术培训以及教育、培养经费无法落实，从事基层农村信息化服务的人员知识老化，农村信息化服务工作质量和水平无法得到保证。有些地方甚至连开展工作所必需的基本办公设备与经费都得不到保证，导致正常的工作无法开展，从而严重影响到广大农村信息化服务人员的工作热情。

7.2.5 农村信息服务队伍管理培训水平低

7.2.5.1 过程管理缺位

由于农村信息化服务队伍人才遴选范围本身就很有限，人才选拔标准往往不高，服务队伍人员素质水平参差不齐。但是多数地方对农村信息化服务队伍的管理也是处于一盘散沙状态，没有完善的管理制度体系，如对农村信息化服务人员的岗位职责、权利义务等方面缺乏明确的规定；缺乏严格的考核机制，对农村信息化服务内容、服务水平、质量等缺乏有效考核，导致了信息化服务工作中的“大锅饭”现象，即干好干坏一个样，干多干少一个样，干与不干一个样的现象，从事信息化服务的人员缺乏竞争意识，存在应付了事，得过且过的心理；缺乏完善的激励机制，激励政策不明确，激励方式不多，精神激励也不多，物质激励由于经费的缺乏往往也无法落实；对大学生村干部、科技特派员等担任农村信息员缺乏制度规范；对专家咨询队伍的管理服务不到位等。

7.2.5.2　培训力度不大

农村信息化服务队伍的素质现状决定了开展经常性的培训是提高其服务能力的必然要求。然而，长期以来基层农村信息化服务队伍的培训力度远远不能适应现实需求，存在诸多问题。

（1）培训观念不正确。尽管中央对各类农村实用人才的培训工作重视高、力度大、投入多，部分地方对农村实用信息技术培训重视不够，将培训视为走过场，这必然使要培育一批“有文化、懂技术、会经营”的农村信息化服务队伍停留在设想上。

（2）缺乏系统的培训规划，培训活动比较零散，同时培训教师对培训对象缺乏了解，对其培训需求不清楚，培训内容缺乏针对性，培训的实效不高。

（3）缺乏稳定的培训依托基地。现有的培训机构基础能力薄弱，如农村成人文化技术学校、农业广播电视学校等培训的师资力量不足，师资结构和能力水平不适应培训的需求；同时培训的硬件设备欠缺，如有关信息技能操作课程，需要学员与老师同步操作，但需要培训的人数多，农村培训机构电脑等设备数量不足，无法做到人手一台机器，教学难以开展。

（4）培训组织实施难度大。农村信息化服务人员由于年龄偏大或还有其他工作或者受地域、习惯、农时等因素影响，培训意愿不强烈，或怕自己文化素质偏低接受能力差，对新技术新信息采取躲避、观望态度，不愿意尝试。

7.3　加强大数据时代农村信息化服务队伍建设的对策

加强农村信息化服务队伍建设是农村信息化建设的必然要求。在农村信息化服务队伍建设过程中，必须坚持服务队伍建设与信息化建设同步推进，健全农村信息化队伍，迎头赶上农村信息化建设步伐；坚持普及与提高相结合的建设原则，在建设一支综合素质高、应用技能过硬的骨干队伍的同时，迅速扩大非专业的信息化应用服务队伍；必须坚持因地制宜的原则，挖掘社会力量的潜力，壮大农村信息化服务队伍。

7.3.1　加强农村信息化服务队伍建设规划管理

7.3.1.1　提高政府部门及社会各方对农村信息化服务队伍建设的认识

当前，制约农村信息化服务队伍建设的重要因素就是政府部门及社会各界对其认识不到位。农村信息化建设要最终达到预期效果并实现可持续发展，必须有一支质量过硬、本领扎实，经过系统、专业及经常化训练，乐于服务并能服从于农村信息化建设的稳定的队伍。一是要通过各种场合如会议、集中学习等途径促使各有关部门及其领导干部认识农村信息化服务人才建设的重要性、紧迫性，促使各级领导干部深入农村开展实地调查研究，了解基层农村信息化服务队伍的现状与困难，思考农村信息化建设可持续发展大局，努力形成农业、科技、信息、组织人事等相关政府部门共同建设本地农村信息化服务人才队伍、支持农村信息化建设的工作格局。二是要在全社会范围内进行大力宣传，让社会公众认识到加强农村信息化服务队伍建设是突破农村信息化建设瓶颈的有效途径，是促进农业科技与现代信息技术不断发展的客观需要，也是实现农业现代化的客观要求。主要是通过各类报纸杂志、广播电台、电视台、手机短信、互联网等各种媒体以及广告标语、文宣队伍等全方位、广泛、深入、持久地进行宣传，提高本地全体社会公众尤其是广大农业从业者的信息意识，激发其对信息化服务的需求，从而提高对农村信息化服务队伍建设重要性的认识。

7.3.1.2 将农村信息化队伍建设纳入到各级农村信息化建设范畴来

切实改变农村信息化建设中“重物不重人”的做法，必须认识到农村信息化队伍建设也是农村信息化建设的重要内容，推进农村信息化建设，要始终把农村信息化队伍建设作为一项重要的内容来抓。这就要求从事农村信息化建设研究的理论工作者要理清农村信息化建设的内容和范畴，为农村信息化队伍建设提供理论支撑，同时各级政府部门在制定农村信息化建设规划时，要将农村信息化服务队伍建设纳入到农村信息化建设总体框架中来，并突出其重要程度。

7.3.1.3 以制定农村信息化服务队伍建设规划为抓手促其有序发展

要促进农村信息化服务队伍建设，有必要制定专门的农村信息化服务队伍建设发展规划。各级政府要在进行深入细致的调查研究，充分掌握现有农村信息化服务人才队伍现状的基础上，根据各地农村信息化建设实际所需要的服务队伍规模和结构，进行农村信息化服务队伍建设的顶层设计，明确不同地区不同阶段的建设任务和工作重点，促进农村信息化服务队伍建设的有序规范进行。主要做法有：一是建立政府党委统一领导、组织认识部门牵头负责、涉及农村信息化建设部门具体负责、各相关部门相互配合的农村信息化服务队伍建设工作领导体系；二是建立健全农村信息化服务队伍建设工作联席会议制度，组织相关部门定期研究和合力解决本地方农村信息化服务队伍建设工作中的重大问题；三是为确保农村信息化服务队伍建设各项任务落到实处，应将其纳入到本地方人才队伍建设工作框架中去，并作为一项指标纳入到党政正职和主管领导干部的考核体系中去；四是要确立农村信息化服务队伍建设投入优先观念，要在地方财政中划拨专门资金用于设立服务队伍建设专项资金，为农村信息化服务队伍建设提供可靠的资金保障。

7.3.2　逐步有序推进农村信息化服务队伍建设

要推进农村信息化建设向纵深发展，必须建设一支结构完整、数量齐全的农村信息化服务队伍，主要包括建设高水平的农村信息化专家咨询服务队伍；建设既懂信息技术、又懂农业技术还懂管理的农村信息化管理服务队伍；建设区县、乡（镇）、村各级农村信息员队伍，同时鼓励农民经纪人等社会力量参与农村信息化服务，全面开展面向“三农”的信息化服务工作。

7.3.2.1　建设高水平的农村信息化专家咨询服务队伍

农村信息化专家咨询服务队伍是指由农业大专院校、科研院所的专家、教授以及涉农高级技术人员等人员组成，利用现代信息技术，通过互联网络、电话热线、手机短信等形式，以高效快捷的方式为涉农企业、种养大户、广大基层农民提供农村科技知识、涉农政策等方面咨询服务的人才队伍。加强专家咨询队伍建设，进一步整合涉农技术专家队伍，积极构建多领域、跨部门的农村信息服务专家队伍，为农村信息化重大工程建设、信息资源开发利用和为农信息服务咨询提供技术咨询和智力支撑。以农业科研和大学为主体，围绕产业链，建立以产业技术创新联盟和岗位科学家为核心的省级专家科技服务团队，通过创业示范促进技术成果转化和带动社会化服务，开展网上在线咨询服务和现场服务等。以县（市、区）为主体，结合当地实际遴选农业、信息、经营管理等领域专家，以及农民专业合作社组织负责人、种养大户、技术能手、农业企业负责人，组成包括科技特派员在内的基层专家团队，开展现场出诊、创业示范、技术培训、咨询指导等多样化科技服务。

1．加强专家咨询队伍的选聘和管理

根据当地农业农村经济发展的需要，选聘一批具有一定学历和专业技术职称，有较强的文字和语言表达能力，能够收集、分析、传播有关农业信息，了解和掌握计算机、互联网应用等基本技能的专家，采取双向选择，实施动态管理，根据专家咨询服务的实际情况决定专家的增减去留，不断吸收优秀人才，充实更新专家队伍。

2．明确专家的权利和义务

尊重专家所发布信息的著作权、享受一定的补贴等权利，明确专家在收集整理信息、提供信息咨询服务及保证所提供的专业信息应具有科学性、指导性、超前性、预测性，保证信息的真实、完整等方面的义务，确保专家咨询服务的实效。

3．强化对专家队伍的考核与奖惩等制度规定

根据农村信息化建设目标、任务和发展实际，制定专家咨询队伍的考核办法，如根据一年内专家提交的信息量、采用率和专家接听咨询电话情况进行年终综合考评，评定等级，授予荣誉称号或物质奖励等表彰奖励。日常管理中，采取平时抽查、半年检查的方式，及时收集反馈专家建议、意见和发展中的问题，作为动态管理的依据。对于长期

不参加安排的专业咨询（包括语音热线解答）、专业技术研讨、授课等各类农信通业务相关活动达到一定程度的，不予续聘，同时收回专家聘书，终止专家资格等。

7.3.2.2 建设一支高素质的农村信息化管理服务队伍

农村信息服务运行的管理队伍是农村信息化建设有序推进的中坚力量。农村信息化管理服务队伍是指在农村信息化建设过程中履行政府职能的政府机构及辅助政府机构开展农村信息化建设的管理、协调与服务等各项工作的事业单位内部具有各级编制的工作人员队伍，也包括兼职从事此类工作的人员队伍。农村信息化管理服务队伍是将党中央及各级政府有关农村信息化建设的路线、方针及政策措施落到实处的主导力量。农村信息化管理服务队伍直接掌握着大量的政府资源，是农村信息化建设发展方向的引导者、各方力量的协调者，在农村信息化建设中具有举足轻重的作用。加强农村信息化管理服务队伍建设具有重要意义，现阶段主要是要从以下几方面加以改进。一是配齐数量，落实编制。通过调入、借调、考录、选聘等形式充实管理服务队伍，按照政策要求给予落实编制，避免因政策因素，导致工作人员“事不关己高高挂起”、无所事事或无为能力等“打酱油”状态，调动其工作积极性。二是明确职能，强化服务。对于管理服务人员该干什么，不该干什么，其工作任务、职责权限范围等予以明确的划分，强化其管理服务功能。三是完善制度，加强考核。通过制度规范，促使其将只要精力真正用于农村信息化建设管理与服务。

7.3.2.3 建设一支基础扎实的专兼职农村信息员队伍

农村信息员队伍是农村信息化建设中活的因素，是农村信息化服务网络中最重要的主体，是直接向农户提供信息化服务实现农村信息化进村入户，破解农村信息化应用“最后一公里”的有效途径。农村信息化物理网络（信息化服务平台、信息基础设施等）建成之后，农村信息化能否健康、持续、有效运转，关键取决于农村信息员队伍是否健全和有效运转。因此，建设一支能够正常运转、有效完成信息采集、整理和传递等信息化应用服务的农村信息员队伍对于实现农村信息化建设的可持续发展具有极为重要的意义。

农村信息员是从行政村、专业合作组织、农业龙头企业、农产品批发市场及农村经纪人中遴选出来从事农业信息采集分析和传播、农村信息化管理、政务信息发布及各种面向农村的应用系统数据收集、整理、录入和上报等工作的农民。农村信息员是连接基层农业信息服务机构与广大农民的桥梁和纽带，其主要作用是：密切联系周围的农民，主动了解生产、加工、经营以及市场需求动态，及时、准确地收集、分析、发布信息；充分利用网络等各类渠道的信息资源，采取因特网等各种有效手段，积极开展信息服务；配合县乡农村信息服务机构的相关工作[①]。农村信息员直接为农户生产经营中遇到

① 农业部.关于做好农村信息服务网络延伸和农村信息员队伍建设工作的意见.2002-07-01.

的实际问题提供有针对性信息服务，其服务方式灵活多样，既可以在田间地头生产一线面对面地提供服务，也可以通过手机、短信等工具进行沟通，还可以通过自身的示范为农民答疑解惑，进而促进农村信息的有效应用。

农村信息员队伍建设过程中以强化专职信息员队伍为关键，要建立起一支省、地、县、乡（镇）级的专职农村信息员队伍，而且要以乡（镇）级的专职农村信息员队伍建设为重点，将其建设成一支既掌握信息技术基础知识，又了解现代农业科技与农业生产经营知识，具备信息收集、甄别、处理、应用、反馈与预测等信息应用和服务能力，而且服务意识强、富有责任感、综合素质较高的专职信息化服务队伍，让他们在农村生产经营中指导和帮助农户利用信息化致富。

建设一支村级兼职综合信息员队伍是实现农村信息化服务进村入户的必然要求。按照“多员合一”的原则，整合农村基层现有各类信息员、联络员（如物价监督员、消防安全信息员、产品质量联络员、气象信息员、食品药品安全信息员等），避免设置过滥、职责不清、业务生疏等问题。村级信息员由工作认真、责任心强、熟悉村民情况、具有一定微机操作能力的人员担任或兼任，从科技特派员、大学生村干部、村支两委、一村一大、回乡优秀青年（含退伍军人、返乡创业民工）、回乡退休干部与科技人员、村级教师等中选拔。此外，还要调动广大农民的积极性，建设一支业余信息员队伍，形成对农村信息员队伍的补充。

村级信息员主要在村级行政开展“面对面”信息服务。一是开展网上办事代理，如与电信电力、银行、交通旅游、医院等单位合作，依托村级服务站开展本地支付、票务、远程挂号、农超对接及农商对接等代办业务。二是开展信息服务助理，如帮助农村居民收发邮件和短信，组织气象灾害预警信息的接收与传递，协助开展防雷减灾工作，协助农户反映民意，协助农民信息技能培训、气象灾害防御知识和气象科普常识的宣传。三是推广农村阳光政务，如在低保、社保、“三金”、粮食直补、奖励补贴、良种补贴、农机补贴、农资综合补贴、家电下乡补贴、建材补贴、农民科技培训补贴等方面实施阳光政务，提高农村政务和党务，以及农信、农技、农商、农企等服务能力，促进农村民主、基层组织和和谐农村社会建设。

7.3.3　多措并举加强农村信息化服务队伍培训

7.3.3.1　分层逐级推进农村信息化服务队伍培训

根据农村信息化建设实际需求，制定切实可行的农村信息化服务队伍培训计划，按照“逐级培训、注重实效、有序推进”的原则，通过多层次、多阶段地开展农村信息化服务队伍培训，以确保农村信息化服务队伍建设的有序推进和取得实效。

分层逐级培训就是按照培训计划，将培训对象大致分为组织管理队伍、技术骨干队伍、基层服务队伍三个层面，分别由不同级别的政府部门和单位展开相应的培训（表7-1）。

表7-1 农村信息化服务队伍分层逐级培训情况

培训层次	培训主体	培训方式	培训对象
组织管理	中央部委/省厅	集中培训与以会代训相结合	各级领导及管理人员
技术骨干	省市县政府/企业	集中培训与远程教育相结合	各级服务队伍骨干力量
基层服务	县乡政府/骨干	多种方法灵活运用	乡村级专兼职信息员/农民

1．组织管理队伍培训

农村信息化建设离不开政府的强力推动，领导干部对农村信息化建设认识程度则是关键。在农村信息化建设初期，主要是对各级领导干部进行农村信息化建设有关知识和政策的宣讲、培训，提高其信息素养和信息化建设管理能力，同时由于信息技术和知识更新快，而且在建设过程中经常出现新情况、新问题，需要经常性地对各级政府部门及相关机构的领导干部、管理人员展开培训。可以从国家级和省级两个层面开展，国家层面的培训主体是中央各部委如农业部、科技部、工业和信息化部等部门，负责培训的对象是地级市及以上分管农村信息化建设的领导干部；省级培训主体是农业厅、科技厅、工信委等主要负责县级及以下基层农村信息化建设管理的领导及管理人员。培训方式采用集中培训与以会代训相结合，如工信部于2008年以集中培训的方式在威海开办了全国农村信息化领导干部培训班。甘肃利用每年一次的全省农业信息中心主任会议对各级信息化管理干部进行培训等。

2．技术骨干队伍培训

技术骨干队伍是农村信息化服务的核心力量，是带动农村信息化建设的主力军和带头人。这里所讲的技术骨干指的是各级农村信息化服务队伍中具有一定的文化素养、计算机理论基础知识扎实、信息技术接受能力强等特征的科技特派员、农村大学生村干部、农民经纪人、种养大户、专职农村信息员等农村信息化服务队伍。这一层次的培训可由省市一级组织，也可由县级政府部门组织和实施。还可以充分调动中国移动、中国联通、中国电信等国内电信运营商和国外IT企业（如微软、惠普等）等信息企业参与培训。培训方式主要是定点集中培训结合现代远程教育等其他方式灵活进行。

3．基层服务队伍培训

基层服务队伍是农村信息化服务的基石，是促进农村信息化服务推广普及的直接力量。这一层面的培训对象主要是乡村级专兼职农村信息员及具有一定的文化素养、具有一定的信息化服务潜力的农民群众。培训方式可以是由县乡层面组织定点集中培训，也可以由技术骨干队伍在乡村农村信息服务站内分批培训，还可以通过信息大篷车等方式灵活进行，最大限度地扩散农村信息化技术和知识，增强农村信息化服务应用能力。通过这种培训，可以发现和发掘大量接受能力强、培训效果好的农民进入信息化服务队伍行列。

7.3.3.2 通过多途径构建稳定的培训平台和基地

为了促进农村信息化服务队伍培训的经常化、规范化和实效化，必须要有一批符合各地实际情况的农村信息化服务队伍培训与培养基地和平台，依托基地和平台开展可持续性的培训活动，对推进农村信息化建设与服务都具有极为重要的意义。

一是依托农业大专学校构建多层次人才培养和培训基地。充分利用涉农高校人才多、学科齐、研究力量强等优势，建立起“校地合作”的人才培训基地。各类农业大学、农业高职院校既有信息科学相关专业，也有各类涉农专业，具有相应的师资力量能为农村信息化服务队伍提供IT类专业与农业实用技术科学等多科性知识和技能的培训。而且各类院校具有先进的信息化基础设施、各类数据库等信息资源和信息系统等，能为培养层次丰富的信息化人才提供良好的平台和资源。

二是依托现有的农村职业培训体系构建本土化培训平台。充分发挥现有县级党校、农广校、农村职业学校、农业技术学校、农民成人学校及农村普通中学等在开发乡村农村信息化服务队伍方面的作用，一方面可以在学校开设计算机应用基础课等相关课程，另一方面通过定期举办短训班等形式，培养乡村级专兼职信息员及能应用基本信息技能的新型农民，普及农村信息化和农业经营管理等方面的知识。

7.3.3.3 要特别注重培训内容的针对性及实用性

在培训内容上以应用为导向，坚持理论够用、重在实践的原则，特别针对农村信息化建设所需的实用信息技能和信息知识进行培训。一是以提升农业科技创新能力为方向。围绕农业现代化发展的需要，着力提高农业科技创新能力，对综合素质高、业务能力强、成绩显著的信息化服务骨干力量进行集中培训，提高其示范带动能力。二是以提升信息化服务能力为核心。立足于农村信息化服务的岗位职责，按照“干什么学什么，缺什么补什么”的原则，采取集中培训与分散实践多种方式相结合，展开有关电脑使用和互联网络应用等基础常识、涉农信息的收集、传播以及农业科技、农业生产经营知识等方面的培训，提高基层农村信息员的信息服务能力；重点培训农业部“一站通”系统、农村综合信息服务平台、农业专家在线服务系统、“双向视频诊断”系统等常用系统的使用和操作，尤其是培训农村信息员能通过手机短信的收发和定制涉农信息、熟练运用网上供求信息发布等实用技能，达到会收集、会发布、会分析、会传播、会运用信息的“五会”水平，为广大农民提供有效的涉农信息服务。三是以增强综合素质为重点。围绕提升综合素质、增强服务效能，采取专题培训、跟班学习和个人自学等形式，开展政策法规、经营管理、农业科技、市场营销等方面知识培训。通过培训，使农村信息员能够掌握上级的有关涉农政策法规、农业科技、市场信息等方面的知识，在农民和市场之间搭建信息通道，把市场信息传递给农民并指导农民利用信息网络把手中的农产品销售出去，真正成为指导农民生产经营的参谋助手。

7.3.3.4 完善农村信息化服务队伍培训形式方法

1．依托项目与工程开展培训

继续依托中央和各级地方政府开展的农村信息化培训项目开展培训。如农业部的“金农工程”、教育部NRIT-PRO实训项目、“一村一名大学生”及“新型农民创业培植工程”“农村富余劳动力转移就业培训工程”“农业远程培训工程”等农村实用人才培训工程等，充分整合培训资源，力求取得实效，切实提高农村信息化服务水平。

2．以会代训与以考代训相结合

通过召开各种动员会、总结会、业务学习会等形式培养农村信息化理念、知识；完善信息化职业技能考试，培训和提高农村信息化服务队伍的信息技能。

3．集中培训与远程培训相结合

根据需要灵活安排培训形式。定点集中培训方式便于培训对象和主讲人进行面对面的直接交流，培训对象之间也可以相互交流实际经验和碰到的困惑。在条件成熟的地方，可以进行网络远程培训，能够不受场地和设备、培训对象数量等的限制，可重复进行，能有效节约培训资源。

4．定期培训与不定期培训相结合

根据培训计划的安排定期举行培训活动，巩固、提高或更新农村信息化服务人员的知识结构和技能水平；平时可以根据需要、各地实际情况通过信息大篷车、农村信息服务站、农村信息员等对培训对象进行不定期的培训。

7.3.4 建立农村信息化服务队伍建设长效机制

农村信息化建设是一项长期工作，农村信息化服务队伍建设也将贯穿农村信息化建设全过程，这就要求各级政府部门建立和完善长效机制并长期一贯地执行。

7.3.4.1 建立健全农村信息化服务人才的选拔与引进机制

按照各类农村信息服务人员的任职资格条件、工作要求在全社会范围内公开选拔文化水平较高、业务能力过硬、沟通能力强、服务意识和责任观念突出的人充实到农村信息化服务队伍中来，尤其是要加强农村信息员队伍的建设，保证每个村至少有一名符合要求的信息员，将农村信息服务网络延伸到最基层。积极探索和逐步完善农村信息化服务人才聘用制，采取政府引导、企事业单位参与、业绩成果奖励等方式吸引一批“懂技术、会管理、能力强”的信息化专家、技术人员等各类人士主动加入农村信息化服务队伍。

特别要注重引进大中专毕业生到农村基层从事农村信息化服务工作。政府要制定和完善相关优惠政策，吸引精通现代信息技术和知识、综合素质高的大中专毕业生到农村

“找出路，谋发展”，如制定“大学生农村服务计划”对承诺到农村任职服务达到一定年限的免除学费、继续完善减免助学贷款、提供津（补）贴、公务员（事业单位）招考中给予优先等制度选拔一批大学生来从事农村信息化服务工作；为大学毕业生创业提供“绿色通道”，优化大学生创业环境等。将这些人充实到农村信息化服务队伍中来，提高农村信息化服务的整体素质和服务能力，壮大农村信息化服务队伍。

7.3.4.2 建立并完善农村信息化服务队伍的考核评价机制

在基层农村信息化服务队伍方面，工信部等五部委已制定并发布了《国家优秀信息员考核评估参照标准》（以下简称国标），从思想品德、工作作风、业务技能和工作业绩等五个方面对农村信息员进行考核，并对农村信息员进行考核评估，根据结果进行通报表扬。这对于树立先进典型、弘扬服务农村信息化建设的先进事迹，推动农村信息化建设的有序发展具有积极意义。各级地方政府应该在国标的基础上，制定和完善符合地方实际的考核评价机制，建立日常考核制度，进行经常性的监督检查和考核评价，推进农村信息化服务的经常性开展和长效化。

7.3.4.3 建立并完善农村信息化服务队伍的激励约束机制

一方面要强化激励机制。对于从事农村信息化服务的人员要保障其基本的待遇，发放一定的补贴或津贴，对经常通过互联网络和手机、电话等方式进行服务的给予网络费用或通信费用等方面的优惠或补贴。通过制度、协议等形式明确服务人员的岗位职责、责任要求及奖惩办法，定期考核其工作业绩，根据考核结果进行奖惩，规范服务工作，激发工作热情、稳定服务队伍。同时，还可以通过市场机制进行激励，允许基层农村信息员从事一定范围内的有偿信息服务，对其提供经济刺激，如信息员通过电子商务信息为服务对象发布供求信息收取一定的信息发布费；买卖成交的双方按成交额或约定的数目给予信息员以信息服务费等。

另一方面要明确约束机制。要加强农村信息化服务队伍建设的各项规章制度和管理办法及其实施细则和具体规定，明确农村信息化服务人员的职责权限、服务流程和服务规范，严格要求按制度办事，强调制度的落实，力戒制度的“人性化”和形式化，对于长期不能开展服务，或业绩达不到要求，或因工作失误造成恶劣影响者要给以相应惩处甚至予以解聘或淘汰。

第8章　大数据时代农村信息化建设运行效率问题研究

随着农村信息化建设的不断深入，各地的农村信息化建设也应取得一定程度的成效。要保障农村信息化建设的有序运行和有效开展下去，尤其是在当前农村信息化建设投入有限的情况下，非常有必要对农村信息化建设运行情况进行阶段性的评价，以及时了解农村信息化建设运行的实际情况，发现农村信息化建设运行存在的问题，及时矫正农村信息化建设方向，提高农村信息化建设效率。我国农村信息化建设具有长期性、复杂性等特征，农村信息化建设当前还处于起步阶段，面临着诸多错综复杂的现实问题，这些问题引起了理论界和实践部门的广泛关注，然而农村信息化建设运行效率问题则鲜有提及。我们认为对农村信息化建设运行效率问题进行科学合理的评价和分析，有助于我们更加了解和把握农村信息化建设情况和建设效果，并为下一阶段的农村信息化建设提供意见或建议。本章运用DEA-Tobit分析模型，对湖南省农村信息化建设运行效率进行实证研究，揭示其农村信息化建设运行效率情况，总结农村信息化建设的一般规律和发展趋势，为农村信息化建设的进一步推进提供理论基础和政策建议。

8.1　农村信息化建设运行效率问题概述

8.1.1　效率的概念界定

效率一直以来就是公共管理所追求的核心价值。伍德罗・威尔逊在其《行政学之研究》中明确指出政府在进行公共管理时必须考虑如何用最少的花费与代价达到管理目标。欧文・E・休斯也曾指出“效率成为最高的善”。尽管效率不是公共管理追求的全部价值，但效率作为衡量经济社会进步与发展程度的重要工具已得到了普遍的认同[①]。

在对于什么是效率的问题上，管理学、经济学、工程学等不同学科的著名学者均进行了较为深入的研究。柏拉图在其所著的《理想国》中就表达了关于效率的朴素思想，他认为人们在从事符合其天性的工作时，能够干得最快、最好，获得最多、最好的效果。马克思在系统研究资本主义的过程中观察到了劳动生产效率，即在最低限度的劳动时间内获得最大限度的物质财富[②]。自近代以来，效率得到了广泛的研究。其中，得到

① 胡扬名，吴松江.论行政程序设计的五维目标[J].理论探讨，2013（5）.

② 卡尔・马克思.政治经济学批判[M].上海：群益出版社，1950.

最广泛关注和认可的是Vilfredo Pareto在1906年所提出的效率概念，他认为最优的效率应达到这样一种状态，任何再调整措施都不会在不使任何人境况变坏的情况下，而使某些人的处境变得更好，即不存在任何改进的空间，也就是有效率。这种状态被称之为帕累托最优（Pareto Optimality）。如果达不到这种状态，也就是说仍存在没有使任何人境况变坏的情况下，使得至少一个人变得更好，那么这时的状态还没有实现最优效率，还有改进的空间，即处于帕累托改进状态（Pareto improvement）[①]。帕累托最优效率描绘的是一种现实中不可能完全实现的理想状态，但是为人们展开对系统资源的优化配置提供了一个理想的蓝图。Paul Samuelson（1954）认为效率即“不存在浪费”，也就是“经济在不减少一种物品生产的情况下，就不能增加另一种物品的生产时，它的运行便是有效率的”，这时经济便在生产可能性边界上实现效率最优[②]。阿瑟·奥肯认为效率就是多多益善，即“从一个给定的投入量中获得最大的产出”，同时，他给这个“多”提出了限定条件，即“须在人们愿意购买的范围内”，也就是说产品与服务的提供要以符合社会需要为前提，不然的话，生产得越多所导致的浪费也就越大，效率自然越低[③]。曼昆（2009）把效率定义为“社会能从其稀缺资源中得到的最大利益”[④]。我国的一些学者也对效率的定义进行了探索。厉以宁（1999）将效率定义为资源的有效使用与配置，他认为只要符合一定的约束条件，如在一定的投入水平下获得较多的产出或者是获得一定的产出只需更少的投入，便可以说是效率的增长[⑤]。樊纲（2007）将经济效率理解为一个效用概念或社会福利概念，他认为社会利用现有资源进行生产所提供的效用满足程度，亦即需要的满足程度与所费资源的对比关系就是效率，故也将之称为资源利用效率[⑥]。

综上所述，从不同的角度进行研究和考察，可以得出对效率的不同解释。概括起来，主要有三种理解：一是基于成本节约的视角，即一定的产出条件下投入最大限度地减少；二是着眼于一定投入条件下产出最大限度地提高；三是综合考虑投入产出的系统安排与组合优化，以达到效率边界的最前沿，实现整体上总效率最大化。尽管人们对效率的解释各不相同，但是在效率概念最核心的命题上都是一致的，即效率是产出与导致这些产出的投入之间的比率。

8.1.2　农村信息化建设运行效率评价

农村信息化建设的公共产品属性决定了农村信息化建设过程必然要追求以最少的

① Vilfredo Pareto. Manual of Political Economy[M]. Augustus M. Kelley，1971（Translation of French edition From 1927）.

② 萨缪尔森.经济学[M].北京：中国发展出版社，1992.

③ 阿瑟·奥肯.平等与效率[M].北京：华夏出版社，1987：2.

④ 曼昆.经济学原理（原书第5版·上册）[M].上海：梁小民译，北京：北京大学出版社，2005.

⑤ 厉以宁.经济学的伦理问题[M].上海：生活·读书·新知三联书店，1999.

⑥ 樊纲.公有制宏观经济理论大纲[M].北京：经济管理出版社，2007.

资源耗费，最大限度地提高农村信息化建设成效。因为“纳税人总是期望行政机关能用他们最少的金钱高效地为他们提供更多的服务”①。农村信息化建设运行效率是指农村信息化建设运行过程中资源的优化配置，使农村信息化建设符合帕累托效率条件。如果进行农村信息化建设时投入资源过多或一定量的投入所产生的农村信息化建设成效未能满足需求，造成浪费和产出损失，则为农村信息化建设存在效率不高问题。农村信息化建设运行效率评价就是农村信息化建设的一定阶段，根据预定的目标，对农村信息化建设实施过程的基本情况及其效果进行的系统、科学和客观的分析和评价，将评价结果作为下阶段的建设决策提供依据，以进一步规范建设行为，优化建设秩序和提高建设实效。

准确衡量农村信息化建设水平和发展速度，明确我国农村信息化发展所处阶段和位置，是当前农村信息化建设研究领域中的热点和难点问题。当前，我国学术界对农村信息化评价研究的焦点集中在对农村信息化建设水平的测度方面。在国外，信息化水平测度的方法和理论已经比较成熟，主要有波拉特法（Porat Approach）、日本电信和经济研究所的信息化指数法（RITE’s Index of Information）、信息社会指数（IDC Information Society Index）、联合国信息利用潜力评价（UN’s Information Utilization Potentials）、国际电讯联盟世界电信指标体系（ITU World Telecommunication Indicators）、电子经济评估体系等（刘世洪，2008）②。我国信息产业部也于2001年颁布了《国家信息化指标构成方案》，提出了衡量国家信息化水平的20项指标。我国学者对农村信息化水平测度的研究主要是在国外信息化水平测度方法和理论及《国家信息化指标构成方案》的基础上，探索农村信息化水平评价指标体系和测评方法。如刘世洪（2008）在分析我国农村信息化建设的农村信息资源开发利用、农村信息网络建设、农业信息技术应用、农业信息产业发展、农村信息人才、农村信息化外部环境 6大要素的基础上，建立了6大类25子类的指标体系，运用 Delphi法确定其权重，建立一套“综合指数法”并对我国各地区农村信息化发展状况进行了比较分析③。马秀霞（2009）从农村信息资源开发与利用能力、农村信息装备及基本设施建设、农村信息化主体水平、农村信息化的经济与社会环境等方面构建了“农村信息化指数测评模型”，并对宁夏的农村信息化现状进行计量测评与分析④。杨诚、蒋志华（2009）提出构建由信息网络、信息技术应用、信息资源、信息产业、信息人才五大要素指标和28个二级指标构成的农村信息化水平评价指标体系⑤。卢丽娜等（2010）以国家信息化六要素为基础，参照波拉特法和日本信息化指

① George Berkley & John Rouse（1991）.The Craft of Public Administration（fifth edition）, Wm.C.Brown Publishers, at35.

② 刘世洪.中国农村信息化测评理论与方法研究[D].北京：中国农业科学院研究生院，2008.

③ 刘世洪，许世卫.中国农村信息化测评方法研究[J].中国农业科学，2008, 41（4）: 1012-1022.

④ 马秀霞.宁夏农村信息化现状计量研究[J].宁夏社会科学，2009（5）.

⑤ 杨诚，蒋志华.我国农村信息化评价指标体系构建[J].情报杂志，2009（2）.

数法构建农业信息化指标体系，采用德尔菲法和AHP法确定各项指标的权重[①]。在农村信息化水平测度方面，主要采用波拉特法（蔚海燕，2004；黄婷婷，2007；王爽英、童泽霞，2008；李德华，2009；于淑敏、朱玉春，2011）、回归分析法（刘春年等，2006）、主成分分析法（陈振等，2007；李思，2010；叶华、高咏先，2011；张榕，2011）、层次分析法（乔淑，2009；李旭辉，2012；樊露露，2012）、线性加权函数法（丁丽等，2010）等或者综合运用几种方法进行研究。

综上所述，现阶段学术界对农村信息化建设的评价研究主要集中在农村信息化建设水平的测评，即对农村信息化建设现状的分析和评价，而对农村信息化建设运行效率的评价研究较少。当然，对一定时期农村信息化建设水平和效果通过定量评价和考核，对于发现农村信息化建设存在的问题及找准薄弱环节，把握农村信息化发展趋势具有积极意义，但是此类研究也有其局限性，即此类研究实质上是聚焦于农村信息化建设的产出及其水平，而对产出与导致这种产出的投入之间的比例关系即效率缺乏关注，我们知道，达到一定的水平其投入可能很小，这是有效率的，但也有可能其投入极大甚至不计成本，诸如各类政绩工程，这可能是低效率的甚至是无效率的，这是我们需要极力避免的现象。因此，加强农村信息化建设运行效率研究，对于农村信息化建设更具指导意义和现实价值。

近年来，已经有学者开始对农村信息化建设效率评价问题展开研究，如杨印生、赵罡（2008）探讨了农业信息化系统投入产出效率评价指标体系的构建，并运用DEA方法对吉林省农业信息化效率进行了实证研究[②]。李思（2011）通过建构农业信息化投入与产出的效率评价指标体系，运用 DEA及超效率 DEA模型，对攀西地区2000—2009年农业信息化效率进行实证评价[③]。梁春阳（2012）探索了农业信息服务绩效的概念及其内涵并初步提出了农业信息服务绩效评价指标体系[④]。王绍峰（2012）采用因子分析法对甘肃省政府主导推动模式的 4种服务形式进行了绩效评价[⑤]。李琳、赵一雪（2012）运用DEA模型，对黑龙江省13个地级市农业信息化效率进行测度[⑥]。由此可以看出，从投入产出角度评价农村信息化建设效率逐步得到重视，从效率测评角度把脉农村信息化建设将逐渐成为研究趋势。但从现有研究来看，有关农村信息化建设效率评价研究还比较零散，所选取的指标比较杂，有的指标难以采集到真实有效的数据，而且大多数仅对农村信息化建设效率进行研究，而对影响效率的因素却没有进行深入分析。在这方面还有很大的研究空间，本研究将就此进行深入探索。

① 卢丽娜，于风程，范华.我国农业信息化水平测度的理论与应用研究[J].理论学刊，2010（6）.
② 杨印生，赵罡.基于DEA的吉林省农业信息化系统投入产出效率测度[J].现代情报，2008（4）.
③ 李思.基于DEA及超效率 DEA模型的农业信息化评价研究[J].湖北农业科学，2011（6）.
④ 梁春阳.论农业信息服务绩效评价体系的构建[J].图书馆理论与实践，2012（9）.
⑤ 王绍峰，施韶亭.农村信息化政府主导推动模式绩效评价[J].甘肃科技，2012（7）.
⑥ 李琳，赵一雪.基于DEA模型的黑龙江省农业信息化效率测度[J].安徽农业科学，2012（16）.

8.1.3 农村信息化建设运行效率评价目标

在农村信息化建设过程中进行效率评价旨在对农村信息化建设状况、实现程度及其成效进行科学测评，尽可能提高农村信息化资源利用效率，把握农村信息化建设运行规律，避免农村信息化建设走弯路和造成资源浪费，保障农村信息化建设的健康有序发展和良性运行。因此，农村信息化建设运行效率评价应达成以下目标。

首先，把握农村信息化建设运行现状。主要是考查一定地区农村信息化资源开发利用状况、农村信息基础设施的建设情况、农村信息化服务队伍建设及其服务绩效、农村信息化建设主体作用发挥及各构成要素建设是否发展均衡，是否实现建设目标等。同时，可对不同地区农村信息化建设效率进行比较，发现其差距，进而判断和衡量一定地区农村信息化建设水平。

其次，监测农村信息化建设发展趋势。通过对农村信息化建设效率评价数据的分析，发现农村信息化建设的可行方法，找准农村信息化建设的薄弱环节，及时调整农村信息化建设方向，进而保障农村信息化建设的高效有序推进。

最后，优化农村信息化建设管理决策。开展农村信息化建设效率评价的主要目标就是为农村信息化建设管理决策提供科学依据。通过农村信息化建设效率评价，可以为政府明确农村信息化的发展方向，为各级政府制定农村信息化政策提供量化指标及农村信息化建设规划提供可靠保障。

8.2 DEA–Tobit理论模型及其基本原理

我国农村信息化建设可以看作是一个将多种投入转化为多种产出的系统工程。因此，农村信息化建设效率即为政府将各种信息化建设投入转化为农村信息化产品与服务的相对效率。本书采用DEA-Tobit两步法进行农村信息化建设效率评价及其影响因素分析，第一步是使用DEA方法评价各地农村信息化建设的效率值，第二步是通过建立受限Tobit回归模型分析影响农村信息化建设效率的各种因素。

8.2.1 DEA方法

8.2.1.1 DEA的基本原理与优点

DEA是数据包络分析法（Data Envelopment Analysis）的简称，最初是由美国学者查恩斯（A.Charnes）、库柏（W.Cooper）和罗兹（E.Rhodes）于1978年所提出来的。DEA是一种线性规划技术，是由管理科学、系统工程和决策分析、运筹学等领域交叉结合而形成的一种效率评价方法，是分析具有多种投入和多种产出的相同类型的部门（地区或单位）间相对效率的有力工具[①]。其基本原理是将每一个被评价的样本视为一个决策单元（Decision Making Units，DMU），在这里DMU是一种约定，它可以是政府，也可以是企业或非营利组织，也可以是具体的某个组织或单位，如医院、学校、班组等，每个DMU都具有相同的“投入”和“产出”变量。通过对各DMU投入和产出比率的综合分析，得出每个DMU的综合效率指标，并以此为依据来对其进行分类和排序，然后判断DMU是否为DEA有效。这种有效性的判断实际上就是通过判断DMU与有效生产可能集的“前沿面”的距离来确定其是否DEA有效。有效生产可能集的“前沿面”就是满足最优化条件的曲线，即Preto最优点构成的曲线。在假设不存在随机性误差的情况下，如果一个DMU位于“前沿面”上，则说明该DMU具有完全效率，其效率值为1。若一个DMU处于效率前沿面内部，则该DMU为相对无效率，其效率值小于1（大于0），该值与1之差则代表该DMU的相对无效率程度。

设某DEA评价研究共有u个样本，即u个DMU，且每个DMU的投入变量X有v种，同时产出变量Y有w种，可表示为：

$$
\begin{array}{cccccccc}
 & & \text{DMU}_1 & \text{DMU}_2 & \cdots & \text{DMU}_m & \cdots & \text{DMU}_u \\
F_1 & \cdots & X_{11} & X_{12} & \cdots & X_{1m} & \cdots & X_{1u} \\
F_2 & \cdots & X_{21} & X_{22} & \cdots & X_{2m} & \cdots & X_{2u} \\
\cdots & \cdots & \cdots & \cdots & \cdots & \cdots & \cdots & \cdots \\
F_j & \cdots & X_{j1} & X_{j2} & \cdots & X_{jm} & \cdots & X_{ju} \\
\cdots & \cdots & \cdots & \cdots & \cdots & \cdots & \cdots & \cdots \\
F_v & \cdots & X_{v1} & X_{v2} & \cdots & X_{vm} & \cdots & X_{vu} \\
Y_{11} & Y_{12} & \cdots & Y_{1m} & \cdots & Y_{1u} & \cdots & H_1 \\
Y_{21} & Y_{22} & \cdots & Y_{2m} & \cdots & Y_{2u} & \cdots & H_2 \\
\cdots & \cdots & \cdots & \cdots & \cdots & \cdots & \cdots & \cdots \\
Y_{k1} & Y_{k2} & \cdots & Y_{km} & \cdots & Y_{ku} & \cdots & H_m \\
\cdots & \cdots & \cdots & \cdots & \cdots & \cdots & \cdots & \cdots \\
Y_{w1} & Y_{w2} & \cdots & Y_{wm} & \cdots & Y_{wu} & \cdots & H_u
\end{array}
\tag{8-1}
$$

其中，$\boldsymbol{X}_m=(X_{1m},\ X_{2m},\ \cdots,\ X_{vm})^{\mathrm{T}}$，$\boldsymbol{Y}_m=(Y_{1m},\ Y_{2m},\ \cdots,\ Y_{vm})^{\mathrm{T}}$表示投入和产出向量，并且$X_{jm}\geqslant 0$（$j$=1，2⋯，$v$），$Y_{km}\geqslant 0$（$k$=1，2⋯，$w$），$F_j$表示第$j$种投入指标的权重，$H_k$表示第$k$种产出指标的权重，所有权重均由各DMU构成的评价总体被评价对象来决定，则第m个DMU_m的效率评价指数可表示为

$$
\theta_m=\frac{\sum_{k=1}^{w}H_k Y_{km}}{\sum_{j=1}^{v}F_j X_{jm}},\quad m=1,\ 2,\ 3\cdots,\ u \tag{8-2}
$$

① 魏权龄.评价相对有效性的数据包络分析模型——DEA和网络DEA[M].北京：中国人民大学出版社，2012.

θ_m即为第m个决策单元DMU_m的效率值，是该决策单元各投入指标值加权之和与各产出指标值加权之和的比率，其取值范围在0～1之间。

DEA方法自出现以来就受到了广泛的关注，作为一种有效的分析工具和研究手段在管理科学、系统工程、运筹学和决策分析、评价技术等领域中得到了广泛的应用。DEA作为效率评价工具具有独特的优势，主要表现在：

（1）DEA主要用于具有多种投入和多种产出的复杂系统，而且不需要事先弄清各个投入和各个产出指标之间的函数关系就可以对多投入和多产出指标进行计算。

（2）DEA方法不需要事先对各指标进行主观赋权，因为模型能够自行计算其权重，这就避免了效率评价受主观判断的影响，保证评价结果的客观公正性。

（3）运用DEA模型进行效率评价，可以直接使用原始数据，即不需对各类数据进行无量纲化处理，使数据不受计量单位的影响。

（4）DEA能为决策者提供定量分析的决策依据，提高了决策过程的科学性与合理性。

本研究结合农村信息化的特点，认为DEA方法适合用于评价农村信息化建设运行效率，主要体现在：

（1）农村信息化建设是一个具有多种投入和多种产出的复杂且处于动态发展过程的系统工程，各投入变量和产出变量间客观上存在着复杂的相互关系，难以对各个变量进行准确的表达和描述，无法确定它们之间的函数关系。而DEA方法正擅长于处理此类问题。

（2）农村信息化建设需要运用多方面的投入和产出变量来描述农村信息化建设的不同方面，而这些变量的量纲往往是不同的，而DEA方法恰好不用对各类变量进行无量纲化处理，并且不会由于各个投入、产出变量的计量单位不同而影响效率值。

（3）采用DEA方法对农村信息化建设进行效率评价，不仅能获得各DMU的相对效率，还可以得到相对无效率的DMU与处于前沿面上的DMU之间的差距及其程度，还可以得知如何对无效率DMU投入与产出指标进行数量上的增减来达到前沿面上的生产，进而实现完全效率。这能为管理决策部门对无效率DMU的改进办法提供科学依据。

8.2.1.2　DEA基本模型

自 1978年A.Charnes，W. W Cooper and E. Rhodes提出DEA方法以来，该方法得到了广泛的推广和应用，在这过程中又得到了不断的完善和发展，形成了多种模型，其中最为常见，也是在实际中应用最广泛的有两种基本模型，即C^2R模型和 BC^2模型。

1．C^2R模型

C^2R模型，也常被称之为CCR模型或CRS模型（The constant returns to scale model），它是Charnes、Cooper和 Rhodes（1978）提出的第一个DEA模型，也是最基本的DEA模型。C^2R模型的运行前提是规模收益固定不变。设待评价系统有u个决策单元

（DMU），共有v个投入指标和w个产出指标，那么带有非阿基米德无穷小量ε的C^2R模型可表示为：

$$\begin{cases} \min \quad [\theta - \varepsilon(\boldsymbol{e}^{\mathrm{T}} S^{-} + \boldsymbol{e}^{\mathrm{T}} S^{+})] \\ s.t \quad \sum_{j=1}^{u} X_j \lambda_j + S^{-} = \theta X_0, \\ \sum_{j=1}^{u} Y_j \lambda_j - S^{+} = Y_0, \\ \lambda_j \geqslant 0,\ j = 1, \cdots, u \\ S^{-} \geqslant 0, S^{+} \geqslant 0 \end{cases} \tag{8-3}$$

式（8-3）中，θ表示被评价决策单元的效率值，θ值越大，说明该决策单元相对于其他决策单元的效率更高，更趋于合理，反之，若θ值越小，则说明该决策单元的相对效率越小，资源浪费现象越严重。ε为非阿基米德无穷小量（ε在实际应用中常取值为极小的正数，如10^{-6}），$\boldsymbol{e}^{\mathrm{T}}$是单位行向量。$S^{-}$、$S^{+}$均为松弛变量[①]，其中$S^{-}$表示在既定技术水平与产出条件下，投入要素所未能有效发挥作用的数量（即可以减少的投入数量），而S^{+}则意为既定技术水平和投入条件下，产出不足的数量（也就是产出所应当增加的数量）；X_j、Y_j分别为第j个决策单元（DMU_j）的投入指标和产出指标；λ_j为DMU_j的权值。

若θ=1且S^{-}=S^{+}=0，那么说明此时DMU_j的DEA有效率，处于理想状态，也就是所投入的各种资源得到了最大程度的利用，产出效果获得了最大化，即：在现有产出条件下不宜增减投入量。

若θ=1，且S^{-}、S^{+}中至少有一个不等于0时，那么DMU_j的DEA为弱有效，其投入或产出存在效率损失，即要么是投入数量过多，要么是产出数量过少，存在某种程度上的资源浪费。当然也说明该决策单元的效率已接近相对最优状态，但仍然有改进的余地。那么，相应的可以选择保持原有的产出水平，在某些投入方面减少S^{-}或者保持原有的投入状态，在相应的产出方面增加s^{+}。

若θ＜1，则意味着DMU_j的DEA为无效率，也就是说只要用比现在还少的投入就能获得现有的产出，说明该决策单元远没有达到最优状态。若还存在S^{-}、S^{+}不为0，那么还同时存在着投入或产出结构的不合理。

2．BC^2模型

BC^2模型，也常被称之为BCC模型或VRS模型（The variable returns to scale model）。该模型是CCR模型的延伸，Banker Charnes和Cooper（1984）在CCR模型的基础上，将假设条件的限制放宽至考虑规模报酬可变的情况下提出的CCR模型的改进方案即

① 松弛变量指的是实际观测值与效率最优值之间的差值。

BC²模型[①]。

BC2模型是在CCR模型的基础上引入了一个约束条件，即$\sum_{j=1}^{u}\lambda_j=1$，表示为：

$$\begin{cases}\min \quad [\theta-\varepsilon(\boldsymbol{e}^{\mathrm{T}}S^{-}+\boldsymbol{e}^{\mathrm{T}}S^{+})] \\ s.t \quad \sum_{j=1}^{u}X_j\lambda_j+S^{-}=\theta X_0, \\ \sum_{j=1}^{u}Y_j\lambda_j-S^{+}=Y_0, \\ \sum_{j=1}^{u}\lambda_j=1\,, j=1,\cdots,u \\ \lambda_j\geqslant 0,\ j=1,\cdots,u \\ S^{-}\geqslant 0, S^{+}\geqslant 0\end{cases} \tag{8-4}$$

求解式（8-4），如果θ=1，则表示被评价决策单元DMU_j为DEA有效，这意味着DMU_j在既定的投入下达到了最大化的产出，或者说实现既定的产出目标时做到了最小化的投入，资源实现了有效配置。如果θ<1，那么表示被评价决策单元DMU_j为非DEA有效，亦即在这u个决策单元所构成的评价系统中存在着产出不足或投入过多现象，也就说未实现资源的最优配置。

8.2.2 Tobit模型

Tobit模型最早是由诺贝尔经济学奖得主托宾（Tobin）于1958年针对受限因变量（Limited Dependent Variable）[②]所提出的一个计量经济学模型，并由经济学家戈德伯格（Goldberger）于 1964年首度采用。Tobit模型属于因变量受到限制的一种模型，其特征之一就是因变量只能以受限的方式被观测到，并在某种约束条件下取值的模型，其值是切割值或片断值，故又常被称之为删截回归模型（Censored Regression Model）、受限因变量模型、样本选择模型等。Tobin在 1958年建立的标准模型为[③]：

$$y_i^*=x_i\beta+\varepsilon_i \qquad \varepsilon_i\sim N（0，\sigma_2） \tag{8-5}$$

式中，i表示第i个观测单元（或决策单元），y_i^*为因变量，也常被称之为潜变量（latent dependent variable），y_i是观察到的因变量，x_i是自变量，β为相关系数向量，ε_i为随机干扰项，且$\varepsilon_i\sim N$（0，σ_2），受限样本值为：

$$y_i=\begin{cases}y_i^*=x\beta+\varepsilon i, & y>0 \\ 0, & y_i^*\leqslant 0\end{cases} \tag{8-6}$$

① R. D. Banker, A. Charnes and W. W. Cooper. Some Models for Estimating Technical and Scale Inefficienciesin Data Envelopment Analysis[J]. Management Science, Vol. 30, No. 9（Sep., 1984）, pp. 1078-1092.

② James Tobin. Estimation of relationships for limited dependent variables[J]. The Econometric Society, Vol. 26, No.1（Jan., 1958）, pp. 24-36.

③ Takeshi Amemiya.Tobit models：a survey[J]. Journal of Econometrics，1984，（24）：3-61.

即当$y_i^*>0$时，取$y_i=y_i^*>0$，称y_i^*为“无限制”观测值，即实际的观测值。当$y_i^*\leqslant 0$，取$y_i=0$，称y_i为“受限”观察值，“受限”观测值均截取为0。

对于要分析的数值如果是切割（Truncated）或片段（Censored）时，若使用普通最小二乘法（Ordinary Least Squares，OLS）直接回归将出现的参数估计有偏和不一致，那么遵循最大似然法概念的Tobit模型则不失为一个估计回归系数的较好选择。在当前的研究中，人们普遍认同，Tobit模型能很好地应用于效率的影响因素问题，并能找出效率改进的方向和途径。我们采用DEA方法运算出来的农村信息化建设效率值正位于0～1之间，回归方程中的因变量就被限制在这个区间内，而Tobit模型正是用于解决此类因变量受限制一种模型。

8.2.3 DEA-Tobit两步法

DEA-Tobit两步法（Two-stage Method）[①]最早是由Tim Coelli为深入了解系统效率的影响因素及其程度而于1998年在DEA方法基础上衍生出的一种新的效率评价方法。该方法第一步采用 DEA方法求得研究样本的相对效率值，第二步则以这个相对效率值作为被解释变量，以影响因素作为解释变量建立回归模型，利用 Tobit模型来解决效率分布的问题并提出相应的改进路径和解决办法。

DEA-Tobit两步法自被提出以来，就受到了社会各界的广泛关注，并被广泛用于评价医疗卫生、文化教育、工业企业、金融行业、农业产业、科技管理等社会各领域的效率问题及其影响因素的分析。如Kirjavainen（1998）也采用了该方法比较研究芬兰各类高中学生学习的效率异同，发现相比于私立学校，公立学校的学生学习效率更高，并分析了其影响因素[②]。泰国学者Watcharasriroj，Tang，John C.S（2005）应用DEA-Tobit两步法对该国非营利医院信息技术和规模效率及其影响因素进行了分析[③]。DEA-Tobit两步法作为一种新的效率问题及其影响因素的评价分析方法在国外的研究中应用比较广泛而趋于成熟。在国外相关研究的影响下，我国一些学者也借鉴并使用该方法来研究我国社会各领域内的效率问题。该方法已被广泛应用于各类企业和公司（韩晶，2008；刘和东，2010）、金融行业（姚晋兰、毛定祥，2009）、医疗卫生（唐娴等，2010；陈冰、吉生保，2013）、科技管理（郭淡泊等，2012）等领域。在“三农”问题研究领域，也有越来越多的学者使用该方法来研究相应的效率问题及其影响因素。如涂俊，吴贵生

① Tim Coelli. A multi-stage methodology for the solution of orientated DEA models [J]. Operations ResearchLetters, Volume 23, Issues 3-5,（Oct., 1998）, pp.143-149.

② Tanja Kirjavainen. Efficiency differences of finish senior secondary schools: An application of DEA and Tobitanalysis[J]. Economics of Education Review. Volume 17, Issue 4,（Oct., 1998）, pp. 377-394.

③ Watcharasriroj B, Tang, John C. S. The effects of size and information technology on hospital efficiency[J]. Journal of High Technology Management Research. 2005（15）：1-16.

（2006）采用DEA-Tobit两步法对我国30个省、市、自治区农业创新系统效率进行了比较，发现农村基础教育水平和自然灾害对区域农业创新系统具有显著影响，而政府科技经费并不是显著影响因素①。李燕凌（2008）以湖南省为例，采用14个市（州）的截面数据，运用 DEA-Tobit回归模型分析了财政支农支出效率水平及其影响因素，结果为投入-产出模式对财政支农支出效率的作用是有限的，只有合适的财政投入产出规模才有利于提高其效率水平②。苏时鹏等（2011）应用DEA方法测算了福建省的农业科技成果推广服务效率，并应用Tobit模型分析了影响农业科技成果推广服务效率的因素③。杨伯坚（2012）采用基于省际面板数据的DEA-Tobit两步法对2004—2008年中国财政农业支出效率进行了实证分析，并研究了影响财政支农支出效率的因素④。

由上可知，与其他综合效率评价方法相比，DEA-Tobit两步法的优点比较明显，如适用范围极广，同时操作起来非常简单、评价结果比较客观。作为一种新的效率评价方法，DEA-Tobit两步法在经过了在多领域历经较长时间的使用和验证，在方法上已经非常成熟，具有借鉴价值。目前，该方法较少在农村信息化建设领域得到采用，将该方法引入到农村信息化建设领域，能够丰富该领域的研究方法，同时能使该领域研究缺乏可操作性，忽视实证分析和偏重定性研究的现象得到改观。

8.3 农村信息化建设运行效率问题实证研究

8.3.1 农村信息化建设运行效率实证分析

8.3.1.1 变量的选定与数据来源

1. 投入和产出变量的选定

如前文所述，当前鲜见对农村信息化建设运行效率问题进行研究，在有限的几篇相关研究文献内，其农村信息化建设效率的投入产出指标的确定并没有一致的标准。本书在深入考察湖南省农村信息化示范省建设实际情况，根据农村信息化建设的投入-产出关系，并咨询了农村信息化建设领域内相关专家的基础上，最后选取五个投入变量和五个产出变量来测度农村信息化建设运行效率（表8-1）。

① 涂俊，吴贵生.基于DEATobit两步法的区域农业创新系统评价及分析[J].数量经济技术经济研究，2006（4）.

② 李燕凌.基于DEA-Tobit模型的财政支农效率分析——以湖南省为例[J].中国农村经济，2008（9）.

③ 苏时鹏，郑逸芳，黄森慰.基于DEA-Tobit模型的农业科技推广服务效率研究——对福建省306个农业科技推广项目的实证分析[J].技术经济，2011（9）.

④ 杨伯坚.2004—2008年中国财政农业支出效率的实证分析——基于省际面板数据的DEA-Tobit两步法[J].财政研究，2012（3）.

表8-1　投入与产出变量

投入变量	产出变量
宽带入户项目资金（万元）	宽带入户的数量（个）
信息咨询专家数量（人）	农民访问（咨询）专家的次数
网上发布农产品交易信息（条）	网上农产品交易额（万元）
县政府电子政务栏目数（个）	浏览和访问电子政务栏目次数
网站、短信、电视广播发布的就业信息（条）	农民务工就业人数

2. *数据来源与说明*

本书用于效率测算数据来源于问卷调查。作者依托导师主持的湖南省科技厅重大委托课题《湖南省国家农村信息化示范省建设绩效评价研究》与湖南省科技厅农村处合作制定了《湖南省县域农村信息化服务绩效评价指标（调查问卷）》，并向全省80个县（市）下发，要求各县（市）科技局填报相关情况，为了保证调查数据的客观性和真实有效性，要求填写单位问卷上盖章并寄送纸质版至科技厅农村处。在下发的80套问卷中，收回78套有效问卷，有效率为86.7%。

8.3.1.2　投入产出变量的相关性检验

运用DEA测算效率的一个前提条件就是投入与产出变量之间要具有“同向性”，即一对投入与产出变量之间要具有较强的正相关性，排除某项投入的增加反而导致某项产出减少的现象。本书运用SPSS20.0，采用Pearson相关性检验对拟定的五对投入产出变量进行了相关性检验，结果见表8-2。

表8-2　投入变量与产出变量的Pearson相关系数

投入变量 产出变量	宽带入户项目资金	信息咨询专家数量	网上发布农产品交易信息	县政府电子政务栏目数	网站、短信、电视广播发布的就业信息
宽带入户数量	.612**				
农民访问（咨询）专家的次数		.301**			
网上农产品交易额			.466**		
浏览和访问电子政务栏目次数				.712**	
农民务工就业人数					.359**

**. 在 .01 水平（双侧）上显著相关。

由表8-2可知，样本县（市、区）的投入变量与产出变量之间具有正相关性，均通过了1%显著性水平下的双侧检验，也就是说这五对投入产出变量符合DEA模型所要求的“同向性”原则，具有合理性，能够用于进行DEA效率测算。

8.3.1.3 效率测算与结果分析

考虑到我国农村信息化建设起步较晚，用于农村信息化建设的各类资源仍然非常有限，我们评价农村信息化建设效率应着眼于在一定的产出水平情况下，农村信息化建设投入的资源效用的最大化，要在尽量降低成本的同时要尽可能地增大效益。在对指标进行相关性验证后，本书采用DEA方法中的CCR模型，即Iutput-Oriented的 CRS方法，以湖南省78个县（市）为效率测算的决策单元，对调查问卷所得投入产出数据进行整理，运用专用软件DEAP2.1对各县（市）的农村信息化建设运行效率进行测算，测算结果详见表8-3。

根据表8-3的效率系数并参照其松弛变量，我们可以发现湖南省农村信息化建设的平均值为0.69，说明还有31%的效率改进空间。在被评价的78个县（市、区）中安乡、鼎城、汉寿、津市、澧县、临澧、桃源、安化、临湘、汨罗、湘阴、醴陵、天元、株洲、辰溪、会同、靖州、麻阳、通道、新晃、中方、凤凰、武陵源、常宁、衡山、冷水江、双峰县、新化县、安仁县、北湖、嘉禾、临武、永兴、资兴、绥宁、浏阳、宁乡、长沙、蓝山、东安等40个县（市、区）为农村信息化建设有效率。而其余的38个县（市、区）均为DEA无效率。

在农村信息化建设无效率的38个县（市、区）中情况又比较复杂，效率值为0.9以上的有三个，即攸县、郴州苏仙区、耒阳市，其效率值分别为0.98、0.97、0.92，说明不用花特别大的努力就能达到有效状态。$0.5<\theta<0.9$的也只有9个县（市、区），效率值低于0.5的县（市、区）多达26个，其中低于0.2（含0.2）的达18个，低于0.1的达10个，这说明当前湖南省相当部分县（市、区）的农村信息化建设的组织管理水平还相当低下，在当前农村信息化建设资源有限，投入水平不高的情况下由于诸多原因特别是管理水平的影响导致大量的资源浪费。

8.3.2 农村信息化建设运行效率影响因素分析

DEA模型可以通过投入和产出测算出决策单元的效率值，但无法解释造成决策单元效率值差异的影响因素。要处理这个问题，在测算出各决策单元的效率值之后，要对效率值的可能影响因素进行回归分析。当使用效率值作为回归模型的被解释变量时，就面临效率值小于等于0和大于1时的数据截取问题。在这种情况下，若用普通最小二乘法（OLS）进行参数估计，结果有偏而且不一致。所以，为了避免OLS估计带来的偏误，通常采用受限因变量模型，也就是Tobit模型来进行估计。

表8-3　DEA测算结果（效率系数θ、松弛变量S）

序号	县（市）	效率系数θ	松弛变量S^+					松弛变量S^-				
			int-ho	v-time	e-busi	web-vist	jobs	int-mo	experter	e-info	e-gov-web	job-info
DMU_1	安乡	1	0	0	0	0	0	0	0	0	0	0
DMU_2	鼎城	1	0	0	0	0	0	0	0	0	0	0
DMU_3	汉寿	1	0	0	0	0	0	0	0	0	0	0
DMU_4	津市	1	0	0	0	0	0	0	0	0	0	0
DMU_5	澧县	1	0	0	0	0	0	0	0	0	0	0
DMU_6	临澧	1	0	0	0	0	0	0	0	0	0	0
DMU_8	桃源	1	0	0	0	0	0	0	0	0	0	0
DMU_{11}	安化	1	0	0	0	0	0	0	0	0	0	0
DMU_{14}	临湘	1	0	0	0	0	0	0	0	0	0	0
DMU_{15}	汨罗	1	0	0	0	0	0	0	0	0	0	0
DMU_{17}	湘阴	1	0	0	0	0	0	0	0	0	0	0
DMU_{20}	醴陵	1	0	0	0	0	0	0	0	0	0	0
DMU_{21}	天元	1	0	0	0	0	0	0	0	0	0	0
DMU_{24}	株洲	1	0	0	0	0	0	0	0	0	0	0
DMU_{25}	辰溪	1	0	0	0	0	0	0	0	0	0	0
DMU_{29}	会同	1	0	0	0	0	0	0	0	0	0	0
DMU_{30}	靖州	1	0	0	0	0	0	0	0	0	0	0
DMU_{31}	麻阳	1	0	0	0	0	0	0	0	0	0	0
DMU_{32}	通道	1	0	0	0	0	0	0	0	0	0	0

续表

序号	县（市）	效率系数θ	松弛变量S^+					松弛变量S^-				
			int–ho	v–time	e–busi	web–vist	jobs	int–mo	experter	e–info	e–gov–web	job–info
DMU_{33}	新晃	1	0	0	0	0	0	0	0	0	0	0
DMU_{34}	中方	1	0	0	0	0	0	0	0	0	0	0
DMU_{37}	凤凰	1	0	0	0	0	0	0	0	0	0	0
DMU_{44}	武陵源	1	0	0	0	0	0	0	0	0	0	0
DMU_{46}	常宁	1	0	0	0	0	0	0	0	0	0	0
DMU_{49}	衡山	1	0	0	0	0	0	0	0	0	0	0
DMU_{58}	冷水江	1	0	0	0	0	0	0	0	0	0	0
DMU_{59}	双峰县	1	0	0	0	0	0	0	0	0	0	0
DMU_{60}	新化县	1	0	0	0	0	0	0	0	0	0	0
DMU_{62}	安仁县	1	0	0	0	0	0	0	0	0	0	0
DMU_{63}	北湖	1	0	0	0	0	0	0	0	0	0	0
DMU_{66}	嘉禾	1	0	0	0	0	0	0	0	0	0	0
DMU_{67}	临武	1	0	0	0	0	0	0	0	0	0	0
DMU_{71}	永兴	1	0	0	0	0	0	0	0	0	0	0
DMU_{72}	资兴	1	0	0	0	0	0	0	0	0	0	0
DMU_{73}	绥宁	1	0	0	0	0	0	0	0	0	0	0
DMU_{74}	浏阳	1	0	0	0	0	0	0	0	0	0	0
DMU_{75}	宁乡	1	0	0	0	0	0	0	0	0	0	0
DMU_{76}	长沙	1	0	0	0	0	0	0	0	0	0	0
DMU_{77}	蓝山	1	0	0	0	0	0	0	0	0	0	0

续表

序号	县（市）	效率系数θ	松弛变量S^+					松弛变量S^-				
			int-ho	v-time	e-busi	web-vist	jobs	int-mo	experter	e-info	e-gov-web	job-info
DMU_{78}	东安	1	0	0	0	0	0	0	0	0	0	0
DMU_{23}	攸县	0.98	0	0	0	0	5 946.477	0	0	891.757	0	0
DMU_{69}	苏仙	0.97	0	0	0	0	1 462.762	0	134.007	0	0	0
DMU_{51}	耒阳	0.92	626.175	11 907.86	299.56	31 545	0	0	20.048	0	0	36 633.84
DMU_{16}	平江	0.87	0	0	0	0	1 871.383	0	41.34	12 095.43	0	35 089.37
DMU_{18}	茶陵	0.87	6 506.598	0	241.503	8 771.551	1 912.191	0	0	0	0	0
DMU_{70}	宜章	0.78	825.809	0	0	0	8 071.551	1 555.93	0	30 327.79	0	24 441.2
DMU_{42}	慈利	0.72	0	0	6 043.902	0	3 693.586	0	0	0	0	0
DMU_{47}	衡东	0.65	0	0	3 793.233	35 714.05	10 099.95	0	0	0	0	0
DMU_{52}	南岳	0.64	127.271	1710.53	50.075	3 780.445	0	0	0.494	0	0	75.386
DMU_{64}	桂东	0.55	785.482	0	4 153.673	0	0	111.169	0	0	0	0
DMU_{40}	龙山	0.54	1 072.985	0	0	58 706.86	8 746.206	0	9.371	0	0	0
DMU_{65}	桂阳	0.53	2 284.493	0	26 899.7	0	0	0	0	0	0	0
DMU_{53}	祁东	0.49	0	0	0	15 969.52	0	0	22.366	15 339.64	0	1 949.15
DMU_{38}	古丈	0.42	0	0	0	25 734.01	0	0	312.386	0	0	0
DMU_{22}	炎陵	0.37	0	0	0	0	0	0	0.04	13.787	1.961	0
DMU_{28}	沅陵	0.36	256.79	0	6 772.079	0	18 472.3	0	2.187	168.095	0	0
DMU_{7}	石门	0.35	0	342.594	1 107.763	0	5 861.291	0	0	0	0	0
DMU_{26}	鹤城	0.33	0	0	4 686.022	41 650.63	0	0	0	0	0	0
DMU_{35}	芷江	0.28	0	0	1 976.858	0	0	0	7.459	0	0	16 444.03

续表

序号	县（市）	效率系数θ	松弛变量S^+					松弛变量S^-				
			int–ho	v–time	e–busi	web–vist	jobs	int–mo	experter	e–info	e–gov–web	job–info
DMU_9	雨湖	0.21	0	335.375	56.954	10 148.56	3 717.482	0	0	0	0	0
DMU_{61}	溆浦	0.2	124.842	0	0	11 161.24	1 241.987	0	0	7.995	1.122	0
DMU_{12}	资阳	0.19	0	0	0	23 391.33	44.457	0	0	182.275	0	0
DMU_{39}	吉首	0.18	0	0	0	7 264.558	1 298.033	0	20.889	20.663	0	25.648
DMU_{10}	湘潭	0.17	0	0	153.263	2 955.991	0	0	98.037	374.418	17.379	0
DMU_{43}	桑植	0.17	93.745	0	0	19 656.53	5 241.825	0	0	0	1.059	441.51
DMU_{45}	永定	0.17	886.397	0	0	0	0	0	0	0	6.346	0
DMU_{50}	衡阳	0.14	0	0	0	7 620.132	0	0	24.632	0	0	0
DMU_{48}	衡南	0.13	0	0	0	13 602.75	0	0	28.887	0	0	0
DMU_{19}	荷塘	0.09	0	0	446.066	0	534.44	0	0.566	0	0	22.201
DMU_{68}	汝城	0.09	0	5 766.161	0	0	0	316.84	0	0	0	0
DMU_{27}	洪江	0.08	0	0	0	1 574.204	272.364	0	0.818	0	0	31.897
DMU_{13}	沅江	0.07	0	3.749	16.804	246.605	101.004	0	0	0	0	0
DMU_{41}	泸溪	0.07	0	116.297	0	3 926.815	2 332.682	0	3.521	333.283	0	40.172
DMU_{55}	雁峰	0.07	0	1 550.689	2 296.957	0	1 201.361	0	0.273	219.131	0	0
DMU_{57}	珠晖	0.07	25.279	0	0	1 500.22	741.241	0	0	5.589	0	0
DMU_{36}	保靖	0.04	0	0	0	1 719.726	236.948	0	0.402	33.137	0	198.219
DMU_{56}	蒸湘	0.04	38.874	1 299.774	0	3 713.987	0	0.137	0.884	0	0.449	0
DMU_{54}	石鼓	0.02	0	0	0	0	0	0	0.001	0	0	0
mean	均值	0.69	175.061	295.295	756.339	4 235.317	1 065.404	25.437	9.341	769.397	0.363	1 479.393

本书将农村信息化建设运行效率值作为被解释变量。孔祥智等（2004）发现农业技术推广效率与农户所处的地理位置有很大关联，农户离县城越近，农技推广效率越高，反之则越低[①]。陈仲常等（2011）则发现地理区位方面的差异，使各地取得相同公共产出的投入成本相异，其公共支出的结构与规模也有差别[②]。林万龙（2005）认为城市化水平对各地经济发展水平有显著的影响，进而影响到城乡公共品统筹供给的实现[③]。李燕凌（2011）研究发现距县城距离及城市化水平影响到政府财政支农效率[④]。黄烨（2010）运用波拉特方法测量农业信息化水平，发现发展农业教育，培养农业技术人才对农业信息化建设最为重要[⑤]。房崇珺，李旭辉（2011）则通过调查发现农村信息资源开发利用程度受教育和重视教育程度的影响[⑥]。杜璟等（2013）应用解析结构模型（ISM）法分析农村信息化建设的主要影响因素，发现农村信息技术应用对农村信息化具有直接影响的因素，而这又受到农民信息技能的影响，他们还发现农村信息化政策、制度等是影响农村信息化建设的深层因素，据此，他们认为政府的政策支持、统一规划和有效管理是农村信息化建设有序进行最关键的因素[⑦]。借鉴以上研究成果，并结合我们的调研经验，经咨询专家，将县距离中心城市（市政府所在城市）的距离（DISTANCE），行政村平均人口数（POPULATION），农村人均受教育年限（EDUYEAR），农村信息化标准、规范、制度制定数量（NUMNORM），城镇化水平（LEVELURBAN），民众对县政府的信任程度（PEOTRUST），是否为少数民族自治县（MINORITY），农民平均年龄（YEARS）等因素作为可能影响农村信息化建设运行效率的解释变量，并假设农村信息化建设运行效率与这些影响因素存在如表8-4所示，各解释变量的类型分布见表8-5。

表8-4 农村信息化建设运行效率与各影响因素之间的若干关系假设

影响因素	基本假设
县距离中心城市（市政府所在城市）的距离（公里）	信息化建设以城市为中心，受地域因素影响，信息化由中心城市向周边区域扩散，并呈现边际效益递减的趋势，即距中心城市越远，县域农村信息化建设效率越低
行政村平均人口数（人）	行政村人口越多，信息化技术越易于扩散应用，相应的农村信息化建设运行效率越高

① 孔祥智，等.西部地区农户禀赋对农业技术采纳的影响分析[J].经济研究，2004（12）.

② 陈仲常，张峥.我国地方政府公共财政支出效率的影响因素分析——基于 DEA-Tobit模型的实证研究[J].南京财经大学学报，2011（5）.

③ 林万龙.经济发展水平制约下的城乡公共产品统筹供给[J].中国农村观察，2005（2）.

④ 李燕凌. 县乡政府财政支农支出效率的实证分析[J].经济研究，2011（10）.

⑤ 黄烨.我国农业信息化测度及其相关影响因素[J].河北理工大学学报（社会科学版），2010（7）.

⑥ 房崇珺，李旭辉.安徽省农村信息化体系构建影响因素分析[J].农业网络信息，2011（9）.

⑦ 杜璟，李道亮，陈英义.我国农村信息化影响因素的关系结构分析[J].江西农业学报，2013（7）.

续表

影响因素	基本假设
农村人均受教育年限（年）	信息化建设的推进需要民众有较高的信息意识、文化素养和知识水平，即农村人均受教育年限对农村信息化建设运行效率有正向影响
农村信息化标准、规范、制度制定数量（个）	农村信息化建设运行受管理规范化程度制约，即相关标准、规范及制度的数量与农村信息化建设运行效率呈相关关系
城镇化水平	城镇化水平越高，其信息化程度就越高，对农村的辐射功能就越强，即城镇化水平对农村信息化建设运行效率有正向影响
民众对县政府的信任程度	现代政府管理以公众的支持为基础，即民众对县政府的信任度与农村信息化建设有正相关关系
是否为少数民族自治县	少数民族县有国家政策和基础设施建设倾斜优势，即少数民族自治县与农村信息化建设运行效率有正相关关系
农民平均年龄（岁）	信息技术更新速度快，信息传递、处理、利用等需要灵敏、快捷的反应能力，即农民平均年龄与农村信息化建设运行效率呈负相关

表8–5　农村信息化建设运行效率影响因素的统计性描述

	Y	DISTANCE	POPULATION	EDUYEAR	NUMNORM	LEVELURBAN	PEOTRUST	MINORITY	YEARS
Mean	0.690 0	62.659 0	1 665.818 2	8.983 1	48.871 8	44.055 1	4.089 7	0.141 0	52.667 9
Median	1.000 0	50.000 0	1200.000 0	9.000 0	4.000 0	38.275 0	4.000 0	0.000 0	48.500 0
Maximum	1.000 0	260.000 0	12 000.000 0	47.000 0	999.000 0	100.000 0	5.000 0	1.000 0	78.000 0
Minimum	0.020 0	0.000 0	500.000 0	3.000 0	0.000 0	17.000 0	3.000 0	0.000 0	33.000 0
Std. Dev.	0.382 6	59.493 8	1 929.600 9	4.774 7	156.219 7	20.587 9	0.648 4	0.350 3	11.439 0
Skewness	(0.632 5)	1.260 5	4.3076	6.547 5	4.278 6	1.491 3	(0.085 0)	2.062 8	0.636 6
Kurtosis	1.641 1	4.251 0	21.379 8	52.998 8	22.291 4	4.555 7	2.386 8	5.255 1	2.254 1
Jarque-Bera	11.203 0	25.741 6	1 339.122 0	8 681.905 0	1447.497 7	36.777 6	1.315 9	71.843 8	7.077 1
Probability	0.003 7	0	0	0	0	0	0	0	0.029 1
Sum	53.82	4887.4	129 933.823 4	700.68	3 812	3 436.3	319	11	4 108
Sum Sq. Dev.	11.274 0	272 542.888 7	286 698 698.614 5	1 755.436 1	1 879 154.717 9	32 637.375 7	32.371 8	9.448 7	10 075.5 699
Obs	78	78	78	78	78	78	78	78	78

根据上面的理论假设，构建农村信息化建设运行效率影响因素Tobit回归方程如下：

$$Y_u = \beta_u + \sum_{j=1}^{r} \beta_{uj} X_{uj} + \varepsilon_{ui}, u = 1,2,3\cdots,m, j = 1,2,3,\cdots,r \tag{8-7}$$

式（8-7）中Y_u是农村信息化建设运行效率系数θ_u，u是决策单元个数即县的数量，β_u是常数项，β_{uj}为估计参数，X_{uj}是农村信息化建设运行效率的影响因素，r是农村信息化建设运行效率影响因素的个数，ε为随机扰动项。

本书采用Stata 12.0软件进行Tobit分析，分析结果见表8-6。对方程（8-7）进行Tobit回归分析，结果如下：

表8–6　农村信息化建设运行效率影响因素的Tobit分析结果

变量名	系数	标准误	Z统计量	概率
DISTANCE	−0.000 806	0.001 424	−0.565 927	0.0 714
POPULATION	0.066 543	0.044 063	0.606 624	0.045 6**
EDUYEAR	0.036 039	0.012 822	2.030 853	0.042 3**
NUMNORM	−0.000 249	0.000 538	−0.463 466	0.143 0
LEVELURBAN	0.046 578	0.004 035	4.108 483	0.0 000 ***
PEOTRUST	0.193 493	0.143 919	0.686 144	0.045 7**
MINORITY	−0.046 703	0.229 198	−1.512 680	0.1 304
YEARS	0.000 940	0.006 386	0.147 188	0.1 830
C	1.325 252	0.755 811	1.753 416	0.0 795
因变量均值	0.690 000	因变量标准差		0.382 643
回归标准差	0.362 549	Akaike info criterion		−1.880 599
残差平方和	8.938 027	Schwarz criterion		2.182 741
对数似然统计量	−63.34 336	Hannan-Quinn criter		2.001 552
对数似然统计的均值	−0.812 094			
Left censored obs	0	Right censored obs		40
Uncensored obs	38	Total obs		78

注：因变量为综合效率值（Y），“＊＊”表明在0.05的显著水平下具有统计显著性，“＊＊＊”表示在0.01的显著水平下具有统计显著性。

由表可知，从影响农村信息化建设运行效率的强度来看，城镇化水平（LEVELURBAN）>行政村平均人口数（POPULATION）>是否为少数民族自治县（MINORITY）>信任程度（PEOTRUST）>人均受教育年限>农民平均年龄（YEARS）>县距离中心城市（市政府所在城市）的距离（DISTANCE）>农村信息化标准、规范、制度制定数量（NUMNORM）。但是只有平均人口数、人均受教育年限、对政府的信任程度这三个因素在0.05的水平下显著，城镇化水平在0.01的水平下显著，由此可以判定这四个因素对农村信息化建设运行效率具有显著影响。

其中，农民对政府的信任程度（PEOTRUST）呈显著正相关，且在0.05的检验水平上对农业信息化服务效率的影响显著，系数为0.193 493，说明农民对新技术、新信息的接受，在很大程度上取决于对当地政府的日常工作的接纳程度，当信任程度高时，农民更容易接受信息化服务。

行政村平均人口数（POPULATION）在5%的水平上与农业信息化服务效率呈显著正相关，对其影响也很大，表明行政村的平均人口越多，信息化服务的效率也越高。

农民平均受教育年限（EDUYEAR）对农业信息化服务效率的影响也比较大，这表明目前农民受教育水平较低，其认可、接受和使用新技术的能力较差，从而会影响农业信息化的服务效率。

城镇化水平（LEVELURBAN）与效率值呈现正相关，其对农业信息化服务效率的影响也较大，系数为0.046 578，且在1%的水平上显著。也就是说，城镇化水平高的地区服务效率比城镇化水平低的地区的服务效率高0.046 578。

农民平均年龄（YEARS）与服务效率值虽然也呈现不显著的正相关，原因是当前农村的大部分年轻人都外出打工，一般由中年人和老年人留守，农民平均年龄越大虽然能影响着服务效率，但是该因素在统计水平上表现为不显著，所以作用并不突出。

但是，农村信息化标准、规范、制度制定数量（NUMNORM）与服务效率值呈现不显著的负相关。这意味着在当前社会中，由于农业信息化建设和服务的相关标准、制度等都还不完善，农村已有制度的认可程度并不高，导致基于这些制度的数量越多，信息化服务效率却越低。

是否为少数民族自治县（MINORITY）与农村信息化服务效率值呈现负相关，与非少数民族地区相比，少数民族县的信息化服务效率更低一些。

离中心城市距离与农村信息化服务效率值呈现负相关，离中心城市越近的县信息化服务效率越高，一般认为这是因为离中心城市近会获得更多的机会，有利于当地的信息化发展。

8.3.3 研究结论与政策建议

8.3.3.1 研究结论

（1）提高农村信息化建设的效率对加强信息化服务及促进农业科技进步具有重要作用。应用DEA-Tobit两步法可以测算农村信息化建设运行效率值，并找出关键的影响因素。农村信息化建设的投入变量和产出变量都很多，本书只以宽带入户项目资金，信息咨询专家数量，网上发布农产品交易信息，县政府电子政务栏目数，网站、短信、电视广播发布的就业信息作为投入变量，以宽带入户的数量、农民访问（咨询）专家的次数、网上农产品交易额、浏览和访问电子政务栏目次数、农民务工就业人数作为产出变量，形成了五对投入产出关系。随着农村信息化服务效率理论的日益完善及越来越多的相关数据积累，我们以微观数据进行研究，并扩大样本量以进行效率测算，从而使模型结果具有科学性和应用价值。

（2）管理水平低下、资源投入有限等因素导致农村信息化建设效率低，因此效率提升的空间很大。针对农村信息化建设效率较低的实际情况，可以通过评价并比较各决策单元来寻找效率提升的切入点，特别是对服务有效的决策单元的投入冗余变量进行分析，进而找出相关投入要素的不必要的投入量。针对农村信息化建设运行效率偏低的实际情况，寻找促进农村信息化发展的切入点。

（3）农民对政府所提供信息的认可和信任是影响农村信息化建设运行效率的至关重要的因素。该因素在所有的因素中效率很高，在一定程度上证明了农民需求在农村信息化服务中的重要地位。农民是信息化服务的直接接受者和信息提供者，由于当前的信息更多的是借助于乡、村两级的宣传，所以，如果没有农民的认可，几乎所有的信息都是无效的。因此，有必要探索以建立一种以农民需求为导向的农村信息化服务体系。

8.3.3.2　政策建议

（1）拓宽政府-农户交流渠道，加强沟通能力。农户对政府供给信息的信任需要借助于一定的渠道来实现，可以利用日常宣传、专家讲课、信息员服务等形式来实现。其中，最重要的是政府可以通过建立农村信息化服务平台，以加强与农户之间的交流和沟通。信息平台的形成一方面有利于政府发布有效的信息，另一方面也有利于农民获取更多的信息。在此过程中，可以整合政府、企业、社会各方的信息资源，形成开放式的农业信息服务平台，构建“四个鼓励”的交流渠道，即鼓励和支持科研院所、高校在信息平台上及时发布信息，鼓励社会组织提供真实有效的信息化服务信息资源，鼓励专家、专业大户参与到信息平台进行信息服务，鼓励农民利用自身优势在信息平台上提供真实的农业需求信息，使农民通过平台获得更多的可靠的信息。

（2）提高农民的信息化意识，提升受教育水平。农民作为农村生产与生活的主体及农村经济社会发展最活跃、最革命的因素，是农村信息化建设与运维的必然主体，同时也是农村信息化建设的受益者，因为说到底农村信息化建设是服务于广大农民的，广大农民群众能否主动采纳和运用信息技术和信息化成果，能否收集和发布各类信息，能否主动参与信息化建设，直接关系到农村信息化建设的成败。然而，农民科学文化素质普遍较低的现实，使得在农业生产中广大农民缺乏信息技术应用能力，难以搜寻有效的农业生产生活信息，同时，由于使用方法、技能的缺失，现存的信息也得不到有效利用，导致广大农民可能畏于信息化、疏于信息化。因此，首先必须提高广大农民的信息化意识，要通过各种途径宣传和展示信息化的作用和价值，培养农民对信息化建设兴趣和需求，让农民从“要我信息化”变为“我要信息化”，推动其主动参与农村信息化建设。其次，加强对农民的信息化培训，使其掌握基本的信息化技能，进而使得农民参与信息化成为一种可能。因此，要开展长期的、大规模的信息化教育和实用信息技能培训，使信息化应用对于农民来说变得简单、便捷、实用。这是农村信息化建设能够“落地”的关键所在。

（3）加快城镇化建设，提高信息化服务水平。大力推进工业化、信息化、服务化是城镇化的基础条件，反之，城镇化亦将促进地区的工业化、信息化、服务化发展。湖南省的城镇化建设必须依靠产业支撑，使一部分农村劳动力从传统农业中脱离出来，逐渐进入高新现代农业中，使农村逐步向城镇集中。通过城镇化建设，使农民认识到新型产业发展的重要性，积极参与现代农业生产，增加农村人均占有农业资源的份额，提高劳动生产率；通过城镇化建设，促进农民向城镇居民的转变，增加对农产品的需求和工业制成品的需求，增强农民对现代信息服务的需求，达到农民增收的目的；通过城镇化建设，优化农村城镇化的布局结构，发挥中心城镇的辐射作用，以城镇的发展带动农村的发展，提高农村信息化建设效率。

第9章　大数据时代农村公共危机管理信息化问题研究

信息化在农村的渗透、融合和发展为三农发展开创了一个崭新的时代。农村信息化促进了农村和谐稳定，推进了农业高效发展，为农民生产生活提供了极大便捷，使其能与城镇居民一样共享时代发展成果。当然，农村信息化建设并不是抽象的概念或空洞的口号，而应体现在农村社会、政治、经济、文化等诸多领域和方面，如农村教育信息化、农村科技信息化、农村公共服务信息化等。洪涝灾害、地震、泥石流等自然灾难；突发动物疫情、人畜共患流行病等公共卫生突发事件；突发工矿灾难等事故灾难；土地、拆迁等引发的群体性事件等各种公共危机事件在农村频频发生，在农村区域，公共危机已由“非常态化的偶发”转变成了“常态化的频发”事件。加强农村公共危机管理已成为农村社会建设的重要方面。现代信息技术的快速发展，为农村公共危机管理提供了新的、可资运用的有效工具。前文所述的农村信息化建设为农村公共危机管理信息化提供了现实基础，而农村公共危机管理信息化则深化了农村信息化的应用程度，拓宽了农村信息化的具体领域。在农村公共危机管理中，由于危机产生的原因复杂，种类繁多，公共危机信息呈现出海量、多源、异构等特点，传统的分析与处理方法显得力不从心，信息技术发展的新趋势——大数据技术则能为解决信息化时代公共危机管理问题提供最新的技术支持。在大数据时代来临之际，大力推进农村公共危机管理信息化建设，既是加强农村信息化建设的新方向，也是促进公共危机管理科学化的必然要求。

9.1　大数据时代农村公共危机管理信息化建设基本情况

9.1.1　大数据技术在公共危机管理中应用日渐广泛

9.1.1.1　大数据技术拓宽了公共危机信息采集渠道

日益成熟的信息技术日渐应用到公共危机管理中来，特别是物联网技术、遥感遥测技术、互联网搜索引擎技术、图像数据获取技术、GIS（Geographic Information System 或 Geo-Information system，即地理信息系统）数据挖掘技术等大数据技术的应用，使得从存在于各类数据库、媒体、互联网等载体中的海量信息中采集和挖掘公共危机信息成为可能，将这些海量、多源、异构数据处理成具有决策价值的有效信息，为公共危机管理更为精细化、更易于测量和便于追踪提供基本工具[①]。

物联网技术是大数据技术的重要组成部分。基于物联网技术的应急指挥系统，通过部署在危险区域的传感器实时监测潜在风险的各种指标，从而可以判断发生灾害的可能性，能有效提高突发事件现场感知和快速反应能力。北京市就将物联网技术应用于应急管理领域，初步建成了物联网应用支撑平台，开展了物联网应急指挥十大示范工程建设[②]。遥感技术在灾害预警、灾情监测与评估中能起到直接而有效的作用。遥感技术现已广泛运用于地质灾害调查、病虫害监测、森林火灾监测、洪水评估、地震地质评估等。2008年汶川地震发生后，国家遥感中心迅速组织相关专家，研究分析卫星数据，在第一时间获得灾情信息，并及时送往四川抗震救灾指挥部以辅助决策指挥抗灾救灾。2013年四川省芦山“4·20”7.0级强烈地震发生后，中科院遥感与数字地球研究所第一时间启动应急响应预案，启动遥感抗震救灾工作，有力支持了抗震救灾工作。GIS数据挖掘技术能迅捷准确地从储存海量空间、地理信息的GIS数据库中发现对备灾、救灾最有价值的信息。网络引擎技术能够对网络上海量的文本、图像、视频、多媒体信息等检索有关危机信息，有助于管理者了解危机信息结构和趋势。

9.1.1.2 大数据技术提升了公共危机信息处理能力

“大数据”的概念并不仅仅意味着海量的数据和数据处理技术，更为关键的是通过对海量数据进行分析，获得海量数据所蕴含的巨大价值。公共危机事件发生后，自然环境、基础设施、应急资源等公共危机事件环境信息及地震、风暴、洪水等的等级、烈度信息，化学物质污染事件的浓度信息，传染病的感染率、传染速度等公共危机事件本身特有的信息[③]，如何从这些由于突发而呈现出模糊、散乱、混沌等特点的海量危机信息中进行快速分析得出有效结论，是公共危机管理有效决策面临的重要挑战。大数据时代用于处理公共危机信息的技术包括云数据库技术、云计算模式、分布式技术等。数据库技术是公共危机信息处理的最基本的工具。大数据时代云数据库（Cloud DB）技术，提供了海量数据的并行处理能力和良好的可伸缩性等特性，提供同时支持在线分析处理（OLAP）和在线事务处理（OLTP）能力，提供了超强性能的数据库云服务，并成为集群环境和云计算环境的理想平台。云数据库技术、云计算模式、分布式技术等在公共危机管理中的应用，使得管理者并不需要运用复杂的模型和复杂的计算算法，就能够处理大数据，对于不断增长的公共危机数据，管理者可以通过添加低成本服务器甚至是PC就能处理海量数据记录的扫描、统计、分析、预测。风险地图、信息可视化技术、视频展示技术、三维地理信息展示技术等可视化技术，可以将危机事件发生地区的地理信息、应急救援物资储备信息、道路信息等直接展现在应急管理系统界面上，真实展现公共危

① 刘冰. 大数据时代的应急管理变革[N].学习时报，2014-12-22 .

② 张小明. 应急科技：大数据时代的新进展[N].光明日报，2013-10-14.

③ 李博，谢斌.大数据与危机决策[N].光明日报，2015-06-10.

机的现实情境，极大地方便了应急管理的指挥、调度和相关处理[①]。

9.1.1.3　大数据技术优化了公共危机信息传播情势

在信息化时代，无线通信技术和网络技术等促进了公共危机信息传播速度，扩大了传播范围。小区广播、广播电视、固定和移动通信、互联网、卫星系统等应急信息通信技术的开发创新，为公共危机信息的及时高效传播提供了有力保障。网络技术的不断更新，使得社交网站、微博、微信、博客、论坛、播客等新媒体在公共危机信息传播中脱颖而出。“小数据”时代，信息技术对于公共危机信息传播来说就是一把“双刃剑”，既能及时传递信息，传递正能量，也可能是传播“谣言”“噪声”等的温床。

大数据技术的不断开发和创新及其广泛运用，将极大地优化公共危机信息传播情势。在公共危机情境下，通过运用WEB主题信息分析、数据挖掘技术等大数据技术，从与WEB相关的危机信息资源和WEB用户行为中抽取感兴趣的、有用的模式和隐含信息，通过分析相关数据，可以了解危机状态下公众的实际需求、现实诉求和主流意见；可以利用大数据技术对短信、微博、微信等监控社会热点事件，通过对海量社交数据的跟踪分析，挖掘公共危机事件的起源、舆情传播渠道、涉及的关键人物，有效还原危机事件发生过程，用数据和事实呈现公共危机发生的真相[②]；通过利用大数据技术，可以对网络舆论及其蕴含的社会情绪进行研判，有效感知社会公众所关注的社会焦点问题及其持有的各种观点，感知社会情绪发展动态，在此基础上，提前采取应对措施，积极防控公共危机。

9.1.2　应急信息管理系统建设逐步推进

9.1.2.1　国家重大基础信息系统建设取得成效

完备的国家信息系统是大数据时代公共危机防控和应急管理的重要基石。应急信息系统需要人口、地理、交通、社会经济、自然资源等各方面的基础信息系统的支撑。我国自2000年起开始建设人口地理系统，目前卫计委主导的全员人口信息系统几乎已经覆盖了全体人口。国家基础地理信息系统从 1984年开始立项研究，现已建成多种类型的基础地理信息数据库，并建立数据传输网络体系，为国家和省（市、自治区）各部门提供基础地理信息服务。金关（海关）、金税（税务）、金盾（公安）、金审（审计）、金保（社保）等一批国家重点信息应用系统达到国际先进水平。

9.1.2.2　卫生应急信息管理系统建设成效显著

自2003年SARS事件后，卫生应急管理信息系统的建设得到了高度重视，2004年原卫生部就启动了卫生应急管理信息系统的建设，2008年建成验收。国家卫生与计划生育

① 沙勇忠.公共危机信息管理[M].中国社会科学出版社，2014.

② 唐皇凤，陶建武.大数据时代的中国国家治理能力建设[J].探索与争鸣，2014（10）.

委员会成立后，按照“平战结合”的原则对原来的卫生应急信息系统的业务进行了系统的梳理，由2004年所建立的主要以传染病报告管理系统为核心的应急信息系统的业务拓展到卫生应急工作的预防与应急准备、监测预警、应急处置与救援、事后恢复与重建等全方位的应急管理[①]。全国各地也纷纷启动了卫生应急系统的建设，取得了一定的成效。如上海于2006年投入9 870万元启动了“上海市突发公共卫生应急信息系统”的建设，用于连接全市600余家医疗卫生机构和市区两级卫生行政部门[②]；安徽省投资1 000多万元于2008年建成突发公共卫生事件应急指挥与决策系统省级平台，通过平台可以进行突发公共卫生事件应急处理视频会商、开展突发公共卫生事件监测和自动预测预警、与各市卫生局交换应急信息数据、开展突发公共卫生事件应急演练和培训等[③]；辽宁省于2015年建成突发公共卫生事件应急指挥系统，实现了省级平台与14个地市、5个县（区）的互联互通[④]。为加快构建国家、省、市三级卫生应急指挥体系，卫生部于2010年出台《卫生部办公厅关于做好地市级突发公共卫生事件应急指挥与决策系统项目建设工作的通知》，并制定下发《地市级突发公共卫生事件应急指挥与决策系统建设技术指南》，要求全国各地按照“统一布局、统一标准、资源共享、注重实效、不断完善”的原则，科学制定本级突发公共卫生事件应急指挥与决策系统的实施方案，分步骤、分阶段有序推进项目实施。目前国家卫生计生委已经基本完成了国家到省的应急指挥专线网络建设。

9.1.2.3 自然灾害灾情管理信息管理系统逐步完善

国家自然灾害灾情管理信息管理系统于2009年6月1日正式上线，当年实现了全国县级以上民政部门全覆盖，2010年在广东、湖北、江苏7个县（区）147个乡镇进行报灾试点，2012年在冀、苏、赣、鄂、粤5省实现了乡镇全覆盖[⑤]，2014年中央—省—市—县—乡五级灾情管理网络体系初步建立。2015年，民政部救灾司和国家减灾中心组织开发了移动报灾APP应用软件（以下简称“APP软件”），适用于乡级和村级报灾用户，辅助国家自然灾害灾情管理系统桌面端的灾情统计报送工作[⑥]。

9.1.2.4 国家综合应急平台体系建设进展顺利

应急平台是以公共安全科技为核心，以信息技术为支撑，以应急管理流程为主线，软硬件相结合的突发公共事件应急保障技术系统[⑦]。2007年，国务院先后下发《国家应急平台体系建设指导意见》《国家应急平台体系技术要求》对各级各部门应急平台建设

① 杨永燕. 卫生应急信息系统建设重要维度：“平战结合”[EB/OL]. 中国数字医疗网, 2014-07-17.

② 宋国梵. 卫生应急信息系统启动建设[N]. 解放日报，2006-09-30.

③ 代群. 安徽建成突发公共卫生事件应急指挥与决策系统[EB/OL]. 新华网，2008-11-2.

④ 闻英奇. 全省突发公共卫生事件应急指挥系统实现省市县互通[N]. 华商晨报，2015-07-29.

⑤ 张云霞，范春波，刘哲. 国家自然灾害灾情管理系统建设实践与思考[M].中国减灾，2013（9）.

⑥ 民政部国家减灾中心. 民政部部署推广使用移动报灾APP应用软件工作[EB/OL]. 2015-05-20.

⑦ 范维澄，陈涛. 国家应急平台体系建设现状与发展趋势[A].见：中国灾害防御协会会编：中国突发事件防范与快速处置优秀成果选编[C]，2009-04-01.

的基本框架与任务及建设标准提供指导。国家各部委、省、市、县等各级政府部门根据各自职责，纷纷推进了功能完备、各有侧重的应急信息管理系统建设，并在各层级的应急信息管理平台实现了互联互通，使应急指挥与决策得以通畅、应急信息资源进行有效整合和共享，在防御重大灾害和事故方面发挥了重要作用。《应急资源分类与编码规范》《国家应急平台体系数据交换与共享系统规范》《应急信息资源目录规范》《应急平台标识规范》《应急平台门户技术规范》等数据标准也陆续出台。通信、公安、卫生、安监、消防、水利等部门间进行横向沟通与联合，探索构建重大突发事件应急综合指挥平台，探索了区域间突发事件应急联动平台。

9.1.2.5　各类应急信息支撑体系逐步完善

（1）加强了对自然灾害、事故灾难、公共卫生事件、社会安全事件等社会突发事件应急监测预警体系建设。完善了对气象灾害、地质灾害、水旱灾害等信息采集与监测系统；加强了水陆交通、重点工程等现代安全监测监控系统；健全了突发重大动物疫情监测网络与防控系统；完善了暴恐、群体性事件、网络安全等社会安全监测体系。2015年2月26日承担国家突发事件预警信息发布系统建设及运行维护管理，为相关部门发布预警信息提供综合发布渠道等工作的国家预警信息发布中心正式运行，该中心建立了国家、省、市、县四级相互衔接、规范统一、多部门接入的综合预警信息发布业务，具备了对自然灾害、事故灾难、公共卫生事件、社会安全事件等四大类突发事件预警信息的接收、处理和及时发布能力[①]。

（2）应急信息与决策指挥系统基本建成。在纵向上，中央、省、市、县四级应急信息与决策指挥系统基本建成并实现了互联互通，有效实现了信息传输、及时决策与综合调度。在横向上，土地资源、交通运输、公共卫生、公安、环境保护、通信等部门建立了专业的应急信息与决策指挥系统，并在各个层级上基本实现了互联互通。

（3）应急通信保障体系日益完善。我国加强了应急通信保障体系建设，能够有效满足突发事件发生的事前、事中、事后的应急通信需求。即突发事件发生之前的国家重大突发事件监视、预测和地方多发突发事件的日常应对等应急通信保障；事中应急救援中，支持灾区最高指挥员实施现场指挥的通信系统需求、支持现场抢救的通信系统需要、现场电视转播系统需求、现场应急通信技术支持系统的需要、公众自救和呼救应急通信需求及恢复重建过程中公众对外通信的使用要求等方面的保障。

9.1.3　农村公共危机防控信息化建设取得成效

当前，各级农业部门已基本形成分类管理、分级负责、条块结合、属地为主、上下

① 寇江泽.国家预警信息发布中心运行[N]. 人民日报，2015-05-19.

协同的农业应急管理格局，在处置农业突发公共事件方面取得了一定成效。

9.1.3.1 制定出台了系列农村应急管理信息化建设的指导性意见和制度文件

如农业部在2013年出台了《农业部关于进一步加强农业应急管理工作的意见》，明确提出要“大力推进农业应急管理信息化建设”，要求“加快推进农业应急管理指挥系统向基层延伸”“建立和完善农业应急管理软件系统”“搞好农业应急管理决策辅助系统建设”，力求形成全国农业应急管理信息数据资源“一张图”，构建全方位、立体化、现代化的农业应急管理信息系统[①]。2013年6月24日专题召开全国农业应急管理视频会议，对农业应急管理信息化建设进行了全面部署。2014年农业部又出台了《农业应急管理信息化建设总体规划（2014—2017年）》，重点规划农业应急管理信息系统平台体系、应急管理指挥系统、信息资源整合、移动信息终端、应急物联网、空间地理信息系统、应急保障资源管理系统、舆情管理系统、宣教培训演练系统、标准规范体系、信息安全保障体系、预警信息发布系统等12项建设任务[②]。各级农业部门在此指导下，结合本地实际情况，纷纷出台了各自的农业应急管理信息化建设方案和具体措施。农业应急管理信息化建设得到了有力推进。

9.1.3.2 农业应急管理信息化建设规范逐步完善

2007年国务院应急管理办公室制定出台了《国家应急平台体系建设技术要求（试行）》并先后出台了《国家应急平台体系信息资源分类与编码规范》《国家应急平台体系省级平台数据库表结构规范》《应急平台门户技术规范》等一系列应急管理信息化建设规范。依据国家有关应急管理信息化建设规范及《农业应急管理信息化建设总体规划（2014—2017年）》，国家农业部确定了农业应急平台关键技术路线，编制了农业部应急平台建设方案，形成了应急资源目录，制定了规范的应急处置流程，绘制了《农业突发公共事件应急处置流程图》《部内重大紧急工作应急处置流程图》等，规范了应急信息接报、会商、决策、处置等操作程序。在这些应急管理信息化建设规范指导下，各省市纷纷制定出台了各自的农业应急平台建设方案，农业应急管理信息化建设日趋规范化、制度化。

9.1.3.3 农业应急信息化设施建设卓有成效

推进应急指挥场所及其信息化建设，初步具备了视频会议、会议会商、图像接入、指挥调度等信息化功能。重点推进农业应急管理视频会议系统建设，目前该系统已经延伸到31个省级和5个计划单列市农业部门，覆盖43个省级农业、畜牧兽医、渔业等厅局分会场，其中11个省已延伸到市县级农业部门。截至2013年12月，农业部已累计召开全国性视频会议27次，直接参会人数20万人次，大幅度节约了会议经费[③]。

---

① 《农业部关于进一步加强农业应急管理工作的意见》，2013.6.6.

② 《农业应急管理信息化建设总体规划（2014—2017年）》，2014-1-13.

③ 《农业应急管理信息化建设总体规划（2014—2017年）》，2014-1-13.

9.1.3.4　农业应急信息采集网络逐步拓展

农业部基本建立农情调度电子网络系统，实现了部、省（区、市）、地市、县间应急信息的互联互通，形成了比较完善、运作顺畅的应急信息采集渠道，及时调查了解农情、灾情、行情和民情。全国已建立500个农情基点县，建立了1.35万个农情信息固定监测点；2 800个县（区）实现动物疫情报告联网，使高致病动物疫情能够“早发现、早报告、早处置、早控制”成为可能，大大提高了突发动物疫情防控能力；建成县级以上草原防火机构、草原防火监测机构774个，为草原火源管理、火情报告、火灾应急反应提供及时信息反馈；建成各级农产品质量安全监督检验检测中心2 271个；建立了热带气旋和海浪海啸风暴潮信息共享和实时通报制度。完善的应急信息采集网络已经成为各级政府对农村经济社会发展进行动态监测和过程管理的重要手段，各级政府通过及时掌握突发公共事件的发生、发展情况，进行科学预测和研判，进而及时应对与恢复重建。

9.1.3.5　农业突发公共事件应急处置能力大大增强

经由信息化技术手段在低温雨雪冰冻、汶川特大地震、玉树强烈地震、舟曲特大山洪泥石流、重大旱涝灾害等突发事件应急处置中，农业应急管理信息化平台发挥了重要的应急指挥协调作用。草原防火部门建立了草原防火管理信息系统，通过部级、省（区）级和地级草原防火软件系统之间的协同指挥、调度和数据交换，实现草原防火工作的信息化、网络化，提高我国草原防火管理的效率和现代化水平；渔政部门建立了由计算机网络、业务管理系统和通信指挥系统组成的中国渔政管理指挥系统，利用GPS等信息化手段，应急处置重大渔业涉外突发事件，大幅缩短了对渔船渔民的救助时间；防汛抗旱指挥部门利用防汛抗旱指挥系统平台可迅速地采集和传输水情、雨情、工情、旱情和灾情信息，并对其发展趋势做出预测和预报，经分析制定出防洪抗旱调度方案，指挥抢险救灾，有效地运用水利工程体系，努力缩小水旱灾害范围，最大限度地减少灾害损失。

9.2　大数据时代农村公共危机管理信息化建设存在的问题及原因

9.2.1　农村公共危机信息管理基础建设滞后

9.2.1.1　农村公共危机防控大数据技术应用滞后

（1）大数据技术应用壁垒待克服。信息化时代的信息按其格式可分为数字化信息和非数字化信息，按其信息的内容则可分成结构化信息和非结构化信息。大数据技术对海量的数字化信息能进行深度挖掘和有效分析，但是对非数字化信息则尚属无可奈何，同时大数据技术对结构化的数据处理效率远远高于对非结构化的数据的处理。农村公共危机信息大多数是以报纸、纸质图片、书籍、胶片等非数字化形式存储的，这些非数字化信息在属性、格式上差异大，难兼容，而且这些非数字化信息的数字化难度大。农村公共危机信息来源多样，非结构化现象突出，严重制约了大数据技术分析、处理的效率。农村公共危机信息的“非数字化”和“非结构化”成为大数据技术在农村公共危机领域应用的重要壁垒。

（2）大数据技术在农村公共危机管理领域应用不足。大数据技术在商业领域已经得到了广泛的应用，并取得了很好的经济效益。从总体上讲，大数据技术在政府公共服务方面的应用还处于起步阶段。而农村公共危机的信息化也还刚刚发展，公共危机信息化水平还不高。大数据技术作为信息技术发展的最新潮流，在农村公共危机管理中的应用还处于设想阶段。同时，公共危机防控有其自身属性和特点及特殊规律，开发出适应公共危机防控的大数据技术尚需一定的时间。

（3）大数据技术与其他信息技术集成应用落后。在信息化时代，要提高农村公共危机防控的信息化水平，还需要将大数据技术与其他信息技术集成应用才能更好地发挥其优势。从总体上讲，大数据技术与物联网、云计算、移动互联网等信息技术在农村公共危机防控中的集成应用还不多见。

（4）掌握大数据处理技能的人才缺失。大数据在农村公共危机防控中应用的关键在于要有一大批具有大数据思维，具有较高素养，掌握专业化数据处理技能的专门人才。在我国农村公共危机防控中，这类人才极为缺乏，远远不能满足大数据在农村公共危机管理中应用的需要。

9.2.1.2　农村公共危机防控数据基础设施不足

农村公共危机信息数据是进行危机防控的核心。大数据时代农村公共危机数据对数据的快速汇聚、存储容量及其扩展性、访问速度与传输性能等均提出了挑战，传统的本地服务器、磁盘列阵、磁带库等基础设施已无法满足大数据运行的基本需求。要促进大数据技术在农村公共危机防控信息化建设中的应用，必须在数据汇聚设施、数据存储设施、数据处理设施、数据传输设施和通用硬件设施等方面进行开发创新和加强投入。从总体上讲，农村公共危机信息化基础设施建设滞后，各类农村信息化平台基本上集中在大城市，农村信息化平台难以延伸和覆盖到农村，特别是偏远山村。在农村公共危机防控大数据基础设施建设过程中，还存在着重应急管理信息化建设，轻平时防控建设，现有的很多基础设施建设基本上都是着眼于农村公共危机爆发之后的应急指挥和信息、资源调度等方面，而对于平时的危机信息采集、监测和预警等方面的基础设施建设则不关注。

9.2.1.3　农村公共危机信息化管理系统不完善

（1）农村公共危机信息化管理系统建设缺乏统筹规划。当前我国农村公共危机信息化管理系统主要是由各层级政府、各政府部门或企事业单位根据各自的职责权限和管辖范围分别进行建设的。不同类型的危机信息化管理系统建设标准不一致，进度不同，彼此间的互联互通、联动支持的障碍比较大。

（2）农村公共危机信息化管理系统整合性差。农村公共危机信息从信息采集、分析、预警、处理、响应与辅助决策、指挥调度、信息联络与共享等没有进行有效的系统整合，显得比较凌乱。尤其是在平时的防灾和减灾方面，公共危机信息化系统的各子系统很难进行协调与整合。

（3）农村公共危机信息采集、监测、预警系统建设滞后。当前，我国各级政府部门和企事业单位在公共危机防控信息化建设方面的注意力主要集中在应急管理信息化建设方面，注重的是危机事件发生之后应急指挥决策系统、应急救援系统、应急联动系统等方面的建设，而对公共危机的预防和监控等方面的信息化建设关注不够。从当前农村公共危机发生的频率来看，农村公共危机事件已经从"非常态的偶发"变成了"常态的频发"。加强农村公共危机管理，应从被动应付的应急管理向积极主动的防控转变。因此，在农村公共危机信息化管理过程中，除了要加强应急管理信息化建设以外，更要注重的是农村公共危机常态管理的信息化建设，加强对农村公共危机信息的采集系统、监测系统和预警系统等方面的建设就显得尤为必要。

9.2.2　农村公共危机信息资源建设水平低

信息资源建设是农村信息化建设的核心。全方位、高精度、及时性的公共危机信息资源是公共危机管理系统互联互通、共享联动的重要基础。危机数据是危机信息资源的主要表现形式，海量的数据也是大数据技术服务于农村公共危机管理的必要前提。近年来，我国公共危机信息资源建设已经取得了一定的成绩，如建立了大量的危机信息数据库等，但是仍然存在很多问题，主要表现在以下几个方面。

9.2.2.1　农村公共危机信息资源重复建设

如前文所述，我国的公共危机信息化建设，如应急信息管理系统都是各级政府各类政府部门、企事业单位分散建设，独立进行的。由于数据来源分散、数据更新频度不一致等原因，使得同一对象的数据不一致或者以不同表示形式出现，造成危机数据重复，危机信息复杂化，这就给危机信息资源共享、危机信息管理系统信息服务带来困难，更为麻烦的是给应急指挥人员选择危机信息数据时造成困扰，影响应急管理效率。

9.2.2.2　农村公共危机信息资源建设不均衡

首先是城乡间不均衡，危机信息资源建设投入主要集中在城市，农村公共危机信息资源建设投入力度小。其次是危机信息资源建设投入的地区间不均衡，东部发达地区对农村危机信息资源建设更为重视，财政支持力度也大。受经济社会发展程度的制约及地方政府对农村危机资源建设不够重视等因素的影响，中西部地区农村公共危机资源建设非常滞后。

9.2.2.3　农村公共危机信息资源建设水平低

大多数农村公共危机信息资源建设还仅仅停留在危机信息资源“数据库”建设阶段，“数据库”建设的主要方面就是只注重数据的收集、录入和发布，对数据缺乏深入挖掘、分析，价值性不高。危机信息资源的利用程度不高，农村危机种类繁多，爆发频率不规律，危机数据呈现出多源、异构等纷繁复杂的特征，数据开发利用难度大，数据资源利用水平低。还有就是数据的关联应用能力低，如气象部门经常性发布气象信息；暴雨的降雨时间、范围和强度等，而相关的危机防控部门缺乏对这些数据进行关联分析，如洪水发生的概率、泥石流发生的可能性等，缺乏对洪水、泥石流等自然灾害的预警，导致本可避免或减少人员伤亡和经济损失的情况最终还是发生。

9.2.2.4　农村公共危机信息数据采集能力差

主要是数据抓取能力不强、数据采集不准确。数据采集方面普遍存在重复采集、遗漏采集、采集不及时等现象，导致数据库数据不丰富、不全面、不准确，大数据技术无用武之地，分析结果的价值往往不高。如在2013年的雅安地震灾害救济中，由于政府部门缺乏对本地灾民数量、分布情况的数据，导致救灾物资分配不均，引发灾民间及灾民与政府间的冲突①。很多数据库大多只是在建成时采集了一定的数据，而在运行过程中，数据采集和发布更新频率低。大数据收集技术与传统的数据采集技术存在一定程度上的差异，现有的农村信息采集体系和采集方法无法适应大数据时代信息采集的要求。在农村公共危机信息采集过程中，很多危机信息采集员都是农村居民，受文化程度、信息化素养等因素的影响，这些农民信息员在信息资源采集、录入方面存在困难，在口头或电话采集和传递信息时还经常存在谬误。

9.2.3　农村公共危机信息化共享程度不高

9.2.3.1公共危机信息管理系统难以对接

加强公共危机信息管理系统建设是促进农村公共危机管理信息化建设的重要途径。我国涉及农村公共危机管理的政府部门，如农业（渔业）、水利、林业、公安、卫生等纷纷推进了各自领域的危机（应急）信息管理系统建设，并取得了一定的成效。但是各部门的公共危机信息管理系统建设是分散进行的，缺乏统筹规划，公共危机信息资源多源、异构、管理系统相对封闭，导致公共危机信息管理系统在横向上难以沟通和对接。甚至有些部门的不同层级也按各自需要推进公共危机信息管理系统建设，导致这些系统纵向上沟通与对接的困难。同时，由于我国农村地域广阔、农村公共危机种类繁多，农村公共危机信息复杂多样，而危机信息往往都是各个部门独自进行采集和分析处理，危

① 大公网.救灾物资分配：相距10公里待遇大不同[EB/OL].http: //news.takungpao.com/mainland/focus/2013-04/15719 04.html，2013-04-25 .

机信息资源分散在各个部门所管控的信息系统（数据库）中，公共危机信息管理系统的对接困难导致了公共危机管理信息共享难以实现，直接影响到农村公共危机的防范、准备、响应和救援效率，导致农村公共危机防控效率低下和效果不佳。

9.2.3.2　公共危机信息资源标准化程度低

农村公共危机信息资源标准化是农村公共危机信息共享的一个重要前提。要进行充分的信息共享，离不开一整套完备的标准体系，如数据库建设标准、数据资源表示交换和处理标准、数据资源的存储和运维标准、信息资源的开发利用标准、信息化建设管理标准、信息化建设工作标准等。尽管我国在农村信息建设标准方面已经取得了一定的成绩，但是从总体上讲，我国农村公共危机信息资源标准化程度远远低于实际需要。主要表现为：一是公共危机信息资源标准总量不足。这跟政府部门的信息化标准意识不强，特别缺乏统筹规划密切相关。当重大突发性公共危机发生时，公共部门在进行应急指挥中常常因危机信息标准缺失，而造成危机信息沟通的“壁垒”，难以实现及时的应急指挥和调度。二是公共危机信息资源标准混乱。在国家标准缺失的情况下，各地各部门在各自工作领域内建立起其领地或领辖范围内的信息化标准，这些标准多而杂乱，令人难以适从，结果导致公共危机信息共享困难，形成公共危机的“信息孤岛”或“信息烟囱”现象。例如，中国地质灾害数据库元数据库、中国山地环境与灾害数据库等由于建库标准不一致，从而使得在全国范围内实现地质灾害数据共享带来一定的困难①。三是公共危机信息资源建设的管理标准和工作标准缺失。人们通常在进行标准建设的时候有一个倾向，就是重技术标准，轻管理标准和工作标准。即使技术标准比较完备了，系统间、部门间在物理上进行信息共享成为可能，但是由于日常管理和工作缺乏标准，在信息资源建设过程中各项管理工作无章可循，进而影响到信息资源标准化建设，也容易造成信息资源共享的困难。

9.2.3.3　公共危机管理体制障碍影响共享

由于农村公共危机种类繁多，而且公共危机处置要求有较强的专业性，这使得不同的农村公共危机处置往往分属不同的政府部门来牵头，而且不同层级的政府及其部门有各自的利益诉求或有着规避利益损害的诉求，扮演着不同的角色，形成了农村公共危机管理的“条块分割”的状态。在诸多因素影响下，导致公共危机信息共享困难。主要因素有：一是公共危机管理职能分散。以自然灾害危机管理为例，突发动物疫情、洪涝灾害、森林火灾、气象灾害、地震灾害、地质灾害等分属农业、林业、水利、气象、国土资源、地震等部门分管，发生综合性公共危机时，部门间的职能分割容易导致信息沟通与共享的困难。二是农村公共危机防控的“平”“战”脱节。在发生特别重大的农村公共危机时，可能会由地方主要领导出面牵头进行“战时”强势管理，但是，在平时公共

① 陈宇达，汪新庆，刘艳梅. 地质灾害数据共享模式研究[J].国土资源信息化，2007（2）.

危机预防与准备阶段，由于缺乏权威的统筹协调机构，各部门往往疏于沟通，危机防控信息难以共享。三是部门间没有建立起有效的联系沟通机制。在农村公共危机防控中，综合治安、民政、卫生、农业、水利等相关危机管理机构，各自建有公共危机信息管理系统，形成了危机信息的采集、上报、发布、预警等一整套具有各自行业特色的危机处置流程和方案，但是这些系统、流程和方案基本上都是自成体系，相对封闭，处于各自为战的状态。还有就是各部门间缺乏信任，有些部门担心将自己掌握的危机信息共享后，会丧失本部门的相对优势，或者是担心难以获取其他部门的信息，干脆也不共享信息。

9.2.4 农村公共危机信息化传播渠道不畅

9.2.4.1 政府主导乏力

在我国，政府是危机信息资源的主要掌控者，是危机信息传播的主要信源。长期以来，政府主导着农村公共危机信息的传播。在信息化背景下，传统的政府主导公共危机信息传播的模式显得尤为乏力。

（1）政府内部信息传递失真。在政府内部，危机信息传播主要是沿政府层级逐级传递的单链式传播，上级政府的信息主要来源于基层政府的报告。基于地方利益或恐惧问责等方面的考虑，在农村公共危机发生的前兆阶段和爆发初期，地方政府在向上级政府进行报告时往往倾向于瞒报或者轻描淡写，导致上级政府无法得到宏观决策所需的真实信息。在公共危机的蔓延阶段，危机的损害程度超出地方政府管控能力范围的时候，地方政府则倾向于向外散布虚假信息，释放“烟幕弹”，急于撇清责任。在公共危机的恢复重建阶段，地方政府则往往夸大危机后果，向上套取支援和救济资金。

（2）危机信息对外披露滞后。在危机信息的对外传播方面，地方政府处置危机信息非常谨慎，基本上是本着“内外有别，内紧外松”的原则和抱着“宁慢三分，不抢一秒”的信条。究其原因，要么是地方政府盲目乐观和自信，认为危机尽在掌控中，待危机解决再向外公布也不迟；要么是害怕媒体公开报道给危机管理添乱或者害怕引起公众的恐慌则极力封锁消息；还有就是生怕危机信息的传播损害地方政府的形象等。而对外信息传播迟缓，在一定时期内造成危机信息“真空”的状态，这种“神秘感”反而给捕风捉影、混淆视听和不良信息传播提供了机会。最后造成政府在危机信息传播上丧失主动权，使得危机信息传播以政府的再三“否认”和反复“辟谣”的“谣言倒逼真相”和“挤牙膏”的形式进行，政府形象大打折扣，政府公信力急剧下降。

（3）政府危机信息公开度低。从总体上看，政府危机信息传播“透明度”不高，地方政府常常从“保密”或者危机防控实际的需要等角度出发，对于公共危机信息进行“选择性”的传播，该公布什么、公布多少都是政府精心挑选的结果，社会公众真正的信息需求难以得到满足，这使得“谣言”具有旺盛的“市场需求”。

9.2.4.2　媒体传播失范

媒体在公共危机信息传播中处在信源与信息受众之间的中介，是公共危机信息传播的主要载体。媒体在公共危机信息传播中的态度和行为，直接影响着危机信息传播的效果。各类媒体尽管在公共危机信息传播中都有其独特作用和贡献，但是由于其属性和社会地位的差异，也均呈现出各种缺陷和不足。

一是官办媒体被视为政府的喉舌，未能按公众需求传播危机信息。在官方意志左右下，经常在重大突发公共危机中处于失语状态或者遮遮掩掩，要么因新闻管制，层层审核导致披露信息不及时、不完全，经常“报喜不报忧”，更有甚者一些媒体还把危机事件“丧事当喜事”报道，为地方政府及官员“邀功”、唱赞歌等，而对公众极为关注的“发生了什么样的危机”“危机损害程度如何”“潜在风险怎样”等相关信息视而不见。

二是市场化媒体在竞争压力下“乱作为”。一些企业属性媒体在市场利益和同行竞争压力的驱使下，极力谋求“关注度”和“影响度”，积极“抢新闻”“挖新闻”以“博眼球”。在政府封锁消息，正式传播渠道堵塞的情况下，常常根据“只言片语”或一些未经证实的言论进行报道，肆意夸大危机，放大负面影响，甚至还有些媒体恶意炒作危机事件，消费受害者家属等，不仅没有起到传播客观事实，揭露事实真相的作用，反而在社会上制造混乱。

三是“去中心化”的新媒体信息传播失控。库尔特·卢因提出信息传播过程中，存在着一些把关人，只有符合群体规范或把关人价值标准的信息内容才能进入传播的渠道。新媒体信息传播的快捷性、海量性、互动性和立体性，使得“把关人”实际上难以对危机信息进行把关。同时由于新媒体“去中心化”的特点[①]，使得信息管制难以展开。在这种情境下，各种各样的信息经由新媒体得以泛滥开来。

9.2.4.3　公众参与混乱

在农村公共危机中，社会公众是危机信息的主要需求者，因而也是危机信息的主要受众。同时，在危机信息传播过程中，与政府和媒体相比，社会公众处于信息不对称的弱势一端。在危机信息传播不畅，公众的信息需求得不到满足的情况下，公众就会通过各种途径打听和传播信息，危机信息在公众间的人际传播就会呈现出无规则的“布朗运动”状态。在信息化时代，门户网站、网络论坛、手机短信、微博、微信等成为危机信息公众自传播的媒介，使得危机信息传播呈现出快速扩散、影响放大的特征。由于公众在信息传播中的弱势地位，加之其信息解读和理解能力有限，容易形成信息误区，这就使之成为谣言产生的温床。在谣言传播过程中，由于公众的信息甄别能力较低，在恐慌心理、羊群效应等影响下，负面影响迅猛扩大，并易于催生公众的非理性行为，导致公共危机次生灾害的产生。如2003年“非典”事件中，公众抢购食盐与板蓝根的行为；

① 即网络上的每一台计算机彼此相连，没有哪一台是其他计算机的中心枢纽，因此这里没有集权。

2005年松花江水污染导致哈尔滨市民囤积纯净水和食物的现象以及此后“禽流感”使人们“谈肉色变”等，均是由于公共危机信息传播不畅，使公众无法接收到有效信息的后果。而公众间的各种“谣言”“段子”等的传播，则使公共危机信息传播就如“雾里花”“水中月”一样模糊和混乱。

9.3 加强大数据时代农村公共危机管理信息化建设的对策

9.3.1 统筹规划大数据时代农村公共危机管理的信息化建设

9.3.1.1 强化农村公共危机管理过程中的信息化意识与大数据思维

信息化是人类社会发展的不可阻挡的潮流，信息化深刻影响着经济社会发展的方方面面，渗透到人们生产生活的各个角落。信息化意味着信息技术被高度应用，信息资源被充分开发和高度共享。意识是行为的先导，行为是意识的体现[①]。公共管理部门要顺应信息化发展潮流，大力促进农村公共危机管理信息化建设，首先就要树立和强化公共部门及其管理者的信息化意识。因此，要求公共管理部门及其管理者要坚持与时俱进的理念，充分了解信息化在公共危机管理中的作用。从本质上讲，公共危机管理过程就是信息管理过程，不论是危机的前兆期、潜伏期、爆发期，还是恢复期，都存在着信息的采集、存储、传递和利用，都在进行着信息的交流与沟通。公共管理者在公共危机管理实践中要养成信息化的意识，发现某一环节的异常时，立即运用信息技术进行信息的采集和分析，运用科学的思维和方法去研判是否发生公共危机事件。加强农村公共危机信息化建设，就是要求公共管理部门有意识地在公共危机管理的各个环节运用信息技术对公共危机信息进行开发利用，实现农村公共危机防控的信息化和科学化。

大数据技术是现代信息技术发展的新潮流。大数据的海量性、多样性和高速性给公共危机管理带来了新的机遇和新的挑战。大数据深刻影响着传统的危机管理方式、危机管理观念和危机管理行为。如果继续沿用传统的危机管理思维的话，管理者难免感到力不从心，甚至寸步难行。在大数据时代，危机管理者要时刻运用大数据思维来武装人的意识，用大数据思维来处理公共危机的各个环节，要能够从海量的信息中寻找和发现危机问题，用全样本的思维来探求和分析危机问题，用模糊化、关联性与整体性来思考危机问题[②]。

9.3.1.2 加强大数据时代农村公共危机管理信息化建设的顶层设计

大数据技术的迅猛发展和广泛应用及其光明的前景，引起了世界各国的广泛关注。近些年来，许多国家制定出台了国家大数据战略。美国在2009年推出了Data.gov，在

① 陈晓春，胡扬名.建设以公共利益为导向的服务型政府[N].光明日报，2005-04-13.

② Neil Couch, Bill Robins, Big Data for Defence and Security[EB/OL]. https: //www.rusi.org/downloads /assets / RUSI _ BIG DATA _Report_2013.pdf.

2012年美国成立了“大数据高级指导小组”，并发布《大数据研究和发展计划》，正式将“大数据”上升到国家战略的高度。2013年8月12日，英国政府发布《英国农业技术战略》，该战略指出，英国今后对农业技术的投资将集中在大数据上，致力于将英国打造成农业信息学世界级强国。法国2011年7月，启动“Open Data Proxima Mobile”项目，挖掘公共数据价值；2013年2月，法国政府发布《数字化路线图》。2012年6月，日本IT战略本部发布电子政务开放数据战略草案；2012年7月，日本推出了《面向2020年的ICT综合战略》，2013年6月，日本公布了新IT战略——“创建最尖端IT国家宣言”，阐述了2013—2020年期间以发展开放公共数据和林数据为核心的日本新IT国家战略。澳大利亚政府在2013年发布了公共服务大数据战略。新加坡在2006年就发布了“智慧国家2015年（iN2015）”计划①。

近些年来，我国也加强了对大数据的研究与应用。2014年3月《政府工作报告》首次提及“大数据”，此后一年内国务院常务会议6次提及大数据运用问题。2015年7月1日，国务院办公厅印发了《关于运用大数据加强对市场主体服务和监管的若干意见》，这标志着大数据开始上升到国家层面②，但是，这并不是国家战略高度来认识和应用大数据的，我国大数据发展的路线和图景尚不清晰。要促进我国大数据的发展，有必要借鉴国外的有益经验，将大数据上升到国家战略层面，制定一定时期内大数据发展主要目标、重点任务、行动计划和保障措施，有效促进我国大数据的研究和应用。

要促进我国农村公共危机信息管理的有序发展，必须在国家加强大数据建设的战略背景下，对我国农村公共危机管理信息化建设进行顶层设计。从国家层面明确我国农村公共危机管理信息化建设的基本框架，具体来说，主要是围绕七个方面展开：使命与目标任务及在此引领下制定的农村公共危机管理信息化建设的战略安排（实施步骤），并从政策制定、体制安排、程序规范和危机预案四个方面予以实现（图9-1）。

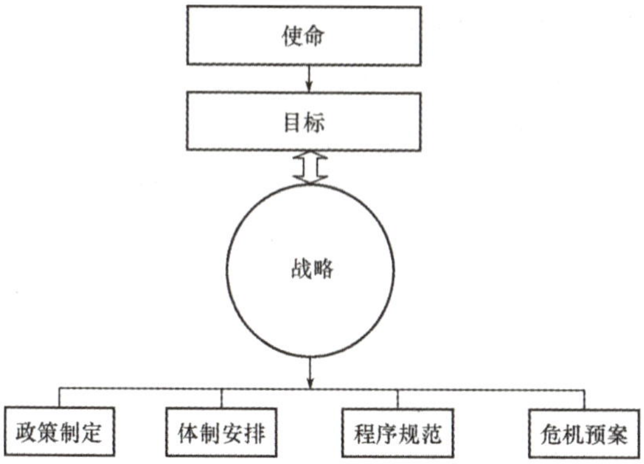

图9-1　农村公共危机管理信息化建设基本框架

① 《中国信息安全》编辑部. 世界主要国家的大数据战略和行动[J].中国信息安全，2015（5）.

② 姚燕清. 政策频出大数据产业步入快速发展期[N]. 上海证券报，2015-07-23.

9.3.1.3 加强大数据时代农村公共危机管理信息化建设的协同治理

大数据潮流浩浩荡荡，顺之者昌逆之者亡。有人将数据视为信息化建设的“石油”，是一国或地区经济社会发展的战略资源。顺应大数据潮流，加强大数据建设是社会发展的必然要求。尽管我国地区间因经济社会发展不平衡，各部门分管事项千姿百态，差异性大而强调各自特色和实情，但是，各地区各部门一哄而上，盲目建设，各搞一套的做法有悖大数据的发展规律。大数据从本质上要求开放与共享，提倡互联互通。这就要求在加强大数据建设时，必须进行统一部署，多部门协同推进。加强大数据管理部门建设，推进大数据管理组织创新，调整组织职能和合理赋权，是有序推进大数据建设的重要前提。当前，可从三个方面进行有益的尝试：一是探索建立专门的大数据建设领导与组织机构，专司大数据建设的宏观层面的统筹规划大数据建设的重点领域、协调整合不同领域和部门的资源及监督控制大数据建设进程。如美国于2011年组建了“大数据高级指导小组”以协调政府在大数据领域的建设[①]。大数据时代农村公共危机管理信息化建设要紧密联系国家大数据建设的宏观背景，需要在权威机构领导下有序高效推进。二是将职能范围相近、业务性质差异不大的相关政府部门进行整合和职能优化，如将有关数据统计的国家统计局与负责信息化建设的工业和信息化部信息化推进司等相关部门合并组建国家层面的大数据建设管理部门。三是在涉及大数据建设、信息化建设、农村公共危机防控等职能的相关部门之间探索大数据建设的合作机制，实现农村公共危机管理信息化建设的跨部门协调、整合，放大农村公共危机管理信息化建设的协同效应。

9.3.2 全面布局大数据时代农村公共危机信息基础设施建设

大数据时代农村公共危机基础设施建设是农村公共危机管理信息化的重要物质基础。在当前，一方面要大力加强对农村公共危机信息化建设的财政投入，设立专门的农村公共危机大数据技术创新专项、信息基础设施建设专项、管理系统建设专项等，提供农村公共危机信息化建设财政投入总量；另一方面，必须对大数据时代农村公共基础设施建设进行全面布局，有序推进，必须明确要建什么？怎么建设？时间序列如何？等问题，切实做到农村公共危机信息化基础设施用得上、功能全、效率高，既要避免基础设施建设上的重大软肋，也要避免大量重复无用建设。

9.3.2.1 促进农村公共危机大数据技术创新

促进农村公共危机大数据技术创新：一方面，将农村公共危机纳入到大数据技术研究与创新应用的重点领域，依托高校和科研机构成立“农村公共危机大数据研究中心（实验室）”，开展相关理论与应用技术研究；另一方面，加强大数据技术与遥感技术

---

① 陈一鸣. 美国：以国家战略应对大数据时代[N].人民日报，2013-01-17.

（Remote Sensing, RS）、地理信息系统（Geography Information System，GIS）、全球定位系统（Global Position System，GPS）、数字摄影测量系统（Digital Photogrammetry System，DPS）、专家系统（Expert System，ES）、物联网技术等各类信息技术的集成创新，促成传统信息技术与新兴信息技术的融合创新与综合应用。

9.3.2.2　强化农村公共危机信息基础设施建设

强化农村公共危机信息基础设施建设：一方面，以不同级别和领域的农村公共危机信息化平台建设为中心，形成农村公共危机信息化基础设施的基本骨架。主要做法是：将农村公共危机管理信息化纳入到农村信息化建设大战略中来，在各级农村信息化服务平台建设进程中同步建设农村公共危机管理信息化平台，在农村公共危机信息化平台建设中注意各类危机事件的管理部门的协调沟通及其同步共进。二是加强农村公共危机信息终端设备建设，拓展农村公共危机管理信息化的“神经末梢”系统，为大数据技术的应用及农村公共危机管理信息化水平的提高打下扎实的基础。主要是加强感知化、物联化、智能化等基础设备的建设，为农村公共危机的监测、预警和实时应急指挥等提供最直观的支撑，为大数据的收集、处理提供基础保障。

9.3.2.3　完善农村公共危机信息化管理系统

农村公共危机信息化管理系统的完善程度是农村公共危机管理信息化水平高低的主要标志。总的来说，要根据农村公共危机管理的特点和实际需要，建成一个高效可靠的“纵横连通，交互协同”的农村公共危机信息化管理系统。一是从农村公共危机管理层级与部门的角度，要建成上下层级相连，横向部门沟通的农村公共危机信息化综合管理系统，以实现农村公共危机防范中数据的互联互通和应急管理中的应急联动。二是要根据公共危机管理的流程，建成公共危机信息监测、公共危机信息预警、公共危机应急管理（含应急指挥决策、应急救援物资配备等）和公共危机善后恢复重建等信息化系统，实现农村公共危机管理的全流程信息化。三是要根据信息处理和大数据分析的流程，建成危机数据搜集系统、危机数据筛选系统、危机关联分析系统和危机舆情跟踪系统等。

9.3.3　有效提升大数据时代农村公共危机信息资源建设水平

数据资源是信息化建设的重要支撑，也是大数据技术得以发挥作用的基本前提。提升大数据时代农村公共危机信息资源建设水平是农村公共危机管理信息化建设的重要内容。

9.3.3.1　加强农村公共危机基本信息数据库建设

（1）加强各层级数据中心建设，建立分布式的数据网络体系。上连中央政府，下达县乡政府，横向连接气象、地质、农业、水利、卫生、公安等不同的农村公共危机管理部门。

（2）要加强各种类型基本信息数据库的建设。既要建设各类公共基础信息数据库，如有关人口数量与人口分布等情况的人口数据库、有关地形地貌等情况的地理信息数据库等，也要建立各类危机的基本信息数据库，如有关各地气象类型、发生频率等情况气象数据库，有关流行病发生、疾病种类、居民健康等情况的公共卫生数据库，有关惠农、支农政策的政策数据库等。在没有公共危机发生时，就要做好基础性、准备性的工作，为公共危机管理提供覆盖广、精度高、质量好的数据支撑。

9.3.3.2 切实提高农村公共危机信息数据采集能力

（1）完善农村公共危机信息数据采集标准和规范。完善数据采集的标准，在时间、精度上进行规范，从而为后续的数据分析打好基础。加强数据资源建设的统筹协调，对数据信息必须做到“一数一源”，确保数据的准确性、稳定性和权威性，避免数据资源的重复建设、重复采集，避免同一对象因不同来源而发生不同表达或数据相互矛盾的现象。

（2）建立健全政府大数据采集制度，明确信息采集责任。各部门在履职过程中，要依法及时、准确、规范、完整地记录和采集相关信息，完善数据的动态更新机制，确保危机信息的及时有效。

（3）加强信息员队伍建设。加强农村基层公共危机信息员队伍的建设，一方面，选拔配强信息员队伍；另一方面，要加强对信息员的经常性培训，特别是对于“多员合一”的信息员队伍要加强其相关信息化素养、危机知识、危机信息采集能力等方面的培训。

9.3.4 整合资源强化大数据时代农村公共危机信息共享程度

9.3.4.1 建设公共危机管理领域统一的数据标准

统一的数据标准是进行数据交换和数据共享的基本前提。标准化是突破数据管理壁垒的必经途径。首先，抓紧制定和出台国家层面的大数据建设标准，包括数据库标准、数据表示标准、数据存储和管理接口标准、数据中心建设标准（技术标准、管理标准、工作标准）等。就公共危机而言，在数据处理方面除了要按照大数据建设标准进行外，还要出台公共危机术语标准、公共危机处置流程标准等。所有新建农村公共危机管理信息化项目必须按照通用标准进行建设。其次，对各类已经农村公共危机信息化项目进行标准化处理。如对各类不能联通共享的数据库通过兼容设备或软件进行兼容化处理，对采用不同格式存储的数据要按照标准格式进行转换等。

经过统一的数据标准，使农村公共危机数据中心与综合数据中心能自由交换数据和数据共享，如经由农村公共危机信息化平台调取人口地理信息系统的相关数据，了解危机发生区域的人口状况等；使不同领域的农村公共危机数据如自然灾害、事故灾难、公共卫生事件、社会安全事件等方面的数据能够自由交换和共享；使不同层级政府部门，能自由交换和共享数据，如从乡、县到中央、国务院实现数据互联互通。

9.3.4.2　建设适应危机管理体制的数据共享机制

（1）加强农村公共危机大数据系统建设。综合集成大数据技术、物联网技术、云计算技术，构建完善的“大数据”+“物联网”+“云平台”的大数据系统（图9-2）。在大数据系统下，政府部门、企事业单位甚至个人可以通过应用程序开放接口，可以方便地获取并利用农村公共危机信息数据。相关政府部门应尽可能多地开放除涉及需保密或保护隐私以外的农村公共危机数据，最大可能地满足公共危机情境下公众的知情权，实现政府与公众间的信息共享。特别是农村公共危机情境下，县、乡镇政府应急管理信息发布部门要本着“及时、准确、透明”的原则，重点就紧急救援情况、抚恤安置情况、救济扶助情况、救灾物资与社会捐助物资的筹集、分配和使用情况等信息进行公布与共享。通过及时的信息共享，既可以满足公众知情权，稳定社会情绪，提高政府公信力，也可以吸引社会力量参与农村公共危机治理，促成农村公共危机治理力量最大化。

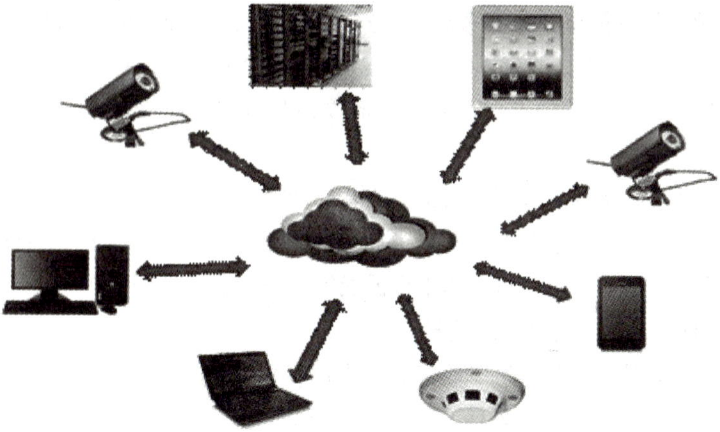

图9–2　农村公共危机信息共享的大数据系统

（2）健全农村公共危机数据共享机制，实现政府部门间信息共享。主要是要构建日常危机信息交换与行动机制，如通过联合开展公共危机防控宣传、多部门共同构建“多员合一”的信息员队伍、危机信息共享等方面的信息交流沟通与合作；构建危机预警会商机制，农村自然灾害、事故灾难、公共卫生事件及社会安全事件发生后相关部门就某一公共危机发生前兆或发生初期，通过数据共享、意见交流等进行紧急会商；构建危机处置联席会议机制，通过危机发生后多方面信息汇总，科学处置农村公共危机；构建危机信息共享激励约束机制，既要有完善的激励机制，通过制度化的形式让各部门分享信息共享所带来的利益，又要强化相关危机管理主体的责任意识，对于进行数据封锁与信息屏蔽、过滤危机信息、发布不实信息的人员和部门进行有力惩罚。

9.3.5 官民合作促进大数据时代农村公共危机信息有序传播

9.3.5.1 转变危机信息传播观念

（1）转变危机管理的政府独治观念。无可否认，政府是农村公共危机处置中最权威、最核心、最强有力的力量。但是在公共危机种类多样、危机事件频繁发生、危机处置难度日益增大及社会时代发生深刻变化的背景下，坚持“全能”政府“包办”危机处置的一切工作显得力不从心。在我们这样一个人口众多、幅员辽阔、社情复杂的国家，一旦发生重大农村公共危机，必须打破传统的政府对危机信息的垄断，破除危机信息高度“保密”的误区，通过及时公布与共享信息，调动社会各方力量共同参与危机治理。既可以消除危机事件的“神秘性”“不确定性”等带来的社会恐慌，稳定社会秩序，提高政府公信力，又可以整合社会力量共同参与公共危机治理，降低政府危机治理成本，提高危机治理效率。

（2）要树立危机信息公共服务理念。一方面，要尊重公众的知情权，应充分认识到知情权是现代社会公众的基本权利，公众有权了解危机发生的状态；另一方面，公众有了解公共危机信息的迫切需求，政府作为公众权力的受让人，有义务满足公众需求。

（3）要强化危机信息传播责任理念。及时、准确、全面地进行危机信息传播是各类媒介的基本责任。政府必须在第一时间公布危机状态信息，确保危机信息的真实可靠。社会媒体和社会公众在危机信息传播中也要切实遵守职业操守和道德责任。

9.3.5.2 优化政府危机信息传播

（1）简化危机信息传播环节。在完善信息基础设施的基础上，减少相关信息的层层把关与传递，对于危机监测、预警及爆发信息等数据开通“信源——信息共享平台”的信息直通车模式，确保信息在政府内部传递的及时性。

（2）完善危机信息报告制度。根据《中华人民共和国突发事件应对法》《国务院办公厅印发关于加强和改进突发公共事件信息报告工作的意见等文件的通知》文件精神，完善可操作的危机信息报告的具体制度。主要是明确农村公共危机信息报告范围、信息报送内容和要求、报告方式、报告时限、报告程序，明确报告责任主体和完善报告问责机制，确保危机信息报告渠道畅通和政府内部信息传递效率。

（3）健全危机信息披露机制。一方面，要加强危机信息公开的制度建设，建立和完善危机信息发布制度、发言人制度，建设信息公开平台，既要主动向社会公众主动披露和推送危机信息，又方便公众随时查询和了解危机信息；另一方面，要细化危机信息公开目录，要根据公众的信息需求尽可能地制定和完善危机信息公开目录，并用法规制度的形式固定下来，使政府危机信息披露有章可循，有章必循，避免政府信息披露“打太极拳”和“模糊化”处理。

9.3.5.3　引导媒体危机舆论传播

（1）引导媒体树立正确的新闻观和价值取向。引导各类社会媒体树立牢固的新闻真实观，全面客观真实地传递危机信息，避免危机情境下信息传播主观有意“失实”和浮躁心态引起的客观“失真”现象，坚决杜绝“危言耸听”炒作危机“博眼球”现象；引导各类社会媒体树立强烈的社会责任感，担当政府和公众之间信息传递者的角色，既传递政府的危机应对举措，又反映公众所思所忧；引导各类社会媒体形成浓厚的人文关怀意识，在充满苦情公共危机事件中，整个社会尤其需要人文关怀，各类媒体应在信息传播过程中要充分注意方式、方法，尽量彰显人性的光辉。

（2）加强政府与媒体的信息沟通。加强与媒体的沟通是现代政府的基本工作，也是农村公共危机事件发生后，政府进行危机信息传播的重要途径。政府要主动及时地将危机信息通报给各类媒体，充分利用媒体的公开平台，使政府的主张得到公众的支持与理解。

（3）完善危机舆情监测机制和舆情引导机制。以大数据为支撑，对媒体传播的危机信息进行自动采集、分类与聚焦，全面掌握舆情演变动态，适时引导舆论发展方向。

9.3.5.4　提高公众危机认知能力

公众既是危机信息的接收者，又是危机信息的传播者。但是由于广大公众受知识结构和社会背景的差异，在危机信息传播中起到不同作用，有些人能理性认知和判断危机事件，而有些人则成为危机信息“噪音”的制造者和传播者。因此，有必要提高公众的危机信息认知和判断能力。一方面，要加强公众的媒介素养教育。媒介素养就是指人们对于媒介信息的选择、理解、质疑、评估的能力，以及制作和生产媒介信息的能力。通过媒介素养教育培养人们对媒体本质、媒体常用的手段以及这些手段所产生的效应的认知力和判断力[①]，进而使广大社会公众能够较为准确地研读和判断政府和媒体传播的危机信息的基本内涵，优化危机信息的传播效率。另一方面，要加强对公众的危机教育。要大力加强平时对公众的危机教育，提高公众的危机意识。主要是通过学校课堂、媒体、宣传资料、专家讲座、模拟演练等形式，加大有关危机管理法规、应急办法等内容的宣传教育[②]，提高公众的危机认知、判断和应对能力，使危机意识入脑入心。

---

① 谭泓. 媒介素养教育——培养公众对传媒信息的选择能力[N].学习时报，2007-10-29.

② 龙晓涛. 社会转型期的公共危机管理创新[N].光明日报，2014-07-13.

第10章　基本结论与研究展望

10.1　基本结论

大数据时代农村公共危机防控是一项系统工程，涉及面广，任务艰巨，而且由于全国各地不同区域、不同生态环境、不同社会经济条件和不同产业特点等因素的影响，在推进农村公共危机防控信息化建设的时候所面临的问题也纷繁复杂。本书结合大数据技术应用日益广泛的时代背景，通过理论和实证的方法对农村公共危机防控信息化建设过程中农村信息化建设的基本问题与农村公共危机管理信息化建设中的具体问题进行了深入分析，得出了一系列观点与结论。

10.1.1　农村信息化建设是大数据时代农村公共危机防控信息化的重要基础

大数据技术是现代信息技术发展的最新成果，大数据技术的广泛应用也将信息化推进了一个崭新的时代——大数据时代。就我们的国情而言，农村信息化水平依然比较低，这是在我国推进大数据技术在农村公共危机防控中应用中面临的一个现实问题。没有较高水平的农村信息化，根本谈不上农村公共危机防控信息化，更别奢言大数据技术在农村公共危机防控中的应用。因此，农村信息化建设大数据时代农村公共危机防控信息化建设的重要基础和前提。加强农村信息化建设是实现大数据时代是农村公共危机防控信息化的必经途径。加强农村信息化建设，具体来说主要注意以下方面。

1. 农村信息化建设需要多主体共同参与协力促进

农村信息化建设是需要社会各方共同参与的一项事业，根据我国农村信息化建设现状，要着力形成“政府主导，企业参与，多方合作”的农村信息化建设格局。

（1）政府要在农村信息化建设中起主导作用。其主导作用主要通过加强对信息化建设的统筹规划，健全政策法规与标准体系，引导和激励各方参与建设，加大各种资源的投入等方面得以体现。

（2）事业单位是服务于农村信息化建设的重要力量。其作用体现为：研发与推广适农信息技术，多措并举促服务水平提高，放开搞活以发挥人才优势等方面。

（3）各类企业要积极参与和主动布局农村信息化建设。企业可以在农村信息化建设中实现业务运营与社会责任的双赢，通过力争获取政府部门的支持与配合，推行信息项目与服务的共建共享，加强对农村信息用户的教育培训，创新融入农村信息化市场的策略等方式促进农村信息化建设。

（4）农民合作组织要积极融入农村信息化进程。当前需进一步发展和完善农民专业合作组织，多渠道筹措合作组织信息化建设资金，提高农民合作组织信息设施装备水平，增强信息化技术应用能力和服务水平，提高合作社建设队伍的整体信息素质等途径发挥农民合作组织在农村信息化建设中的作用。

（5）要明确农民在农村信息化建设中的主体地位。要充分调动广大农民群众的积极性、主动性和创造性，充分发挥他们的主体作用，重在提高农民的信息意识和观念，增强农民信息技术应用能力，围绕农民需求搞农村信息化，降低农民参与信息化的成本。

2．扎实的基础设施是农村信息化建设的物质支撑

信息化基础设施建设是农村信息化建设最基本的内容和环节，是推进农村信息化建设有序进行的前提条件，是农村信息化服务和信息技术应用的物质支撑。

（1）要提高对农村信息化基础设施建设的充分认识。要将农村信息化基础设施建设像农村公路、农田水利等基本建设一样看作政府应当提供的农村基本公共产品，纳入到各地的经济社会发展规划与新农村建设规划的范畴中来。

（2）以“三网融合”统筹城乡信息化基础设施建设。利用信息化基础设施建设的后发优势，调整优化城乡信息要素资源的配置结构，整合信息基础设施，推进“三网融合”体制改革，着力扩大市场化运作的水平，加快建立统一监管，统一执法的运行机制。

（3）建立健全多元化的农村信息化投入机制。“三网融合”涉及多行业部门利益主体，任务繁重。应建立以政府投入引导，以多渠道筹集建设资金为重点，以市场运作为主体的投入机制。继续整合信息基础设施，调整城乡信息化建设的要素投入结构，加快向农村倾斜的力度；设立国家“三网融合”建设专项资金，以更多地吸纳社会各方资金，并建立良好的运行机制，进一步引导电信运营商积极参与农村“三网融合”信息化基础设施建设；延伸“家电下乡”政策框架，调整三农补贴结构。

（4）促进适农信息化终端设备的研发与普及。开发研究出廉价且简便实用的农村信息化终端，让广大农户买得起、用得上是当前农村信息化基础设施建设的一个重要方面，这也是关乎农村信息化服务能否入户的关键所在。

3．信息资源开发利用是农村信息化建设活的灵魂

基层农村信息资源的开发利用及有效整合为核心的“最初一公里”问题已成为农村信息化发展的最大瓶颈。加强农村信息化资源开发利用是农村信息化建设取得成效的关键。

（1）加强农村信息资源的整合与共享。主要是加强农村信息资源建设的统筹与规划，制定和实施农村信息化建设的技术标准、工作标准和管理标准等。

（2）加强农村信息资源建设力度。建立起包括农村信息需求调研系统、农村信息采

集系统、农村信息处理系统等在内的健全的农村信息资源建设体系，为农村信息资源的开发利用提供保障，重点加强各类涉农数据库、涉农网站及涉农图书文献资源的建设。

（3）多途径提高农村信息资源开发利用水平。主要是加强农村信息资源开发利用技术的创新与应用，加强农村信息用户的信息素养教育与培训，整合农村信息资源发布和传输渠道。

4．队伍建设是农村信息化建设持续化推进的关键

（1）加强农村信息化服务队伍建设规划管理。重在提高政府部门及社会各方对农村信息化服务队伍建设的认识，将农村信息化队伍建设纳入到各级农村信息化建设范畴来，并制定农村信息化服务队伍建设规划为抓手促其有序发展。

（2）逐步有序推进农村信息化服务队伍建设。要推进农村信息化建设向纵深发展，必须建设一支结构完整、数量齐全的农村信息化服务队伍，主要包括建设高水平的农村信息化专家咨询服务队伍；建设既懂信息技术、又懂农业技术还懂管理的农村信息化管理服务队伍；建设区县、乡（镇）、村各级农村信息员队伍，同时鼓励农民经纪人等社会力量参与农村信息化服务，全面开展面向“三农”的信息化服务工作。

（3）加强农村信息化服务队伍培训。分层逐级推进农村信息化服务队伍培训，通过多途径构建稳定的培训平台和基地，要特别注重培训内容的针对性及实用性，完善农村信息化服务队伍培训形式方法。

（4）建立农村信息化服务队伍建设长效机制。主要是建立健全农村信息化服务人才的选拔与引进机制，考核评价机制、激励约束机制等。

5．紧抓效率以促进农村信息化建设多快好省发展

（1）提高农村信息化建设的效率对加强信息化服务及促进农业科技进步具有重要作用。故需提高各方的信息化意识，促进农村信息化技术的发展应用。

（2）管理水平低下、资源投入有限等因素导致农村信息化建设效率低，因此效率提升的空间很大。故关键在于提高信息化服务水平。

（3）农民对政府所提供信息的认可和信任是影响农村信息化建设运行效率的至关重要的因素，故应拓宽政府-农户交流渠道，加强双向交流与沟通，增进彼此信任。

10.1.2　公共危机管理信息化是大数据时代科学防控农村公共危机的关键

科学防控农村公共危机是促进国家治理体系和治理能力现代化的内在要求。十八届五中全会提出“坚持创新发展，必须把创新摆在国家发展全局的核心位置……实施网络强国战略，实施‘互联网+’行动计划，发展分享经济，实施国家大数据战略。”在信息化时代，特别是大数据技术应用日益广泛的趋势下，加强农村公共危机管理信息化建设是大数据时代科学防控农村公共危机的核心和关键。大数据技术对于加强农村公共危

机管理信息化建设具有十分重要的意义：拓宽了公共危机信息采集渠道；提升了公共危机信息处理能力；能优化公共危机信息传播情势。

（1）大数据时代农村公共危机管理的信息化建设离不开政府统筹规划。农村公共危机管理的信息化是整个农村信息化建设的有机构成部分。加强农村公共危机管理的信息化建设，需要相关部门及其领导者要具有强烈的信息化意识和大数据思维，要将农村公共危机管理信息化建设纳入到农村信息化建设中来，必须通过科学的顶层设计和相关方协同治理予以推动。

（2）信息基础设施建设是大数据时代农村公共危机管理信息化的前提。农村公共危机管理信息化是农村信息化的具体领域，需要大量的一般信息基础设施，如宽带网络“进村入户”等，同时由于有其自身的特殊性，还需要以大量成熟公共危机管理信息基础设施为重要前提，如大力开发和创新适用于农村公共危机的大数据技术，加强农村公共危机信息化平台、信息终端设备等农村公共危机信息基础设施建设。完善“纵横连通，交互协同”的农村公共危机信息化管理系统。

（3）信息资源建设是大数据时代农村公共危机管理信息化的重要内容。大数据技术得以发挥作用的重要前提是海量数据的存在。因此，加强大数据时代农村公共危机管理信息化的重要内容就是加强公共危机信息资源建设，使大量的公共危机信息资源“数据化”“电子化”和“标准化”，主要途径有：加强农村公共危机基本信息数据库建设，切实提高农村公共危机信息数据采集能力，建设公共危机管理领域统一的数据标准等。

（4）充分信息共享是实现大数据时代农村公共危机管理信息化的关键。海量、异构的公共危机信息资源的互联互通和充分共享是利用大数据技术进行危机防控的关键所在，因此，有必要采取措施建设公共危机管理领域统一的数据标准，建设适应危机管理体制的数据共享机制等。

（5）大数据时代农村公共危机信息有序传播依赖于社会各方通力合作。信息传播是农村公共危机管理的重要环节，要促进大数据时代农村公共危机信息有序传播需要政府、媒体和社会公众等社会各方的通力合作。主要是政府需转变危机信息传播观念；通过简化危机信息传播环节、完善危机信息报告制度、健全危机信息披露机制等途径优化政府危机信息传播；通过引导媒体树立正确的新闻观和价值取向、加强政府与媒体的信息沟通、完善危机舆情监测机制和舆情引导机制等措施来引导媒体危机舆论传播；通过加强公众的媒介素养教育、加强对公众的危机教育等方式提高公众危机认知能力。

10.2　研究展望

对于农村信息化建设相关领域研究，笔者认为未来可能的研究方向和领域，主要集中在以下几个方面。

10.2.1 农村信息化建设问题研究方法创新

长期以来，农村信息化建设相关领域的研究方面主要采用理论阐释和逻辑推理分析等进行定性研究，定量研究少，而在定量研究方面又缺乏科学的指标和一手数据。本书综合运用了定性与定量分析方面对相关问题进行了研究，特别尝试了运用主成分分析法进行关键问题的筛选和判断，并在对农村信息化建设运行效率评价方面率先运用DEA-Tobit两步法进行研究，取得了较好的效果。但是，由于数据的限制，在五个主要问题的研究方面主要采用定性分析方法。今后，对于农村信息化建设相关问题的研究可以借鉴在其他领域已成熟的定量研究方法，继续探索适宜的定量研究方法在本领域的运用。

10.2.2 农村信息化建设问题研究视角突破

现有的农村信息化研究主要集中在信息学、情报学及农业推广学等方面，学科视角较窄。事实上，农村信息化涉及公共管理学、社会学、法学、经济学、教育学、传播学等学科领域，从多学科视角展开农村信息化建设研究将是一大趋势。特别是农村信息化具有公共产品属性，从公共管理学角度研究农村信息化十分必要。

10.2.3 农村信息化建设问题的精细化研究

现有大多数研究主要从宏观角度展开，研究深度仍显不足。本书初步探索了农村信息化建设关键问题的精细化分类，但研究深度仍然有限，有待于今后继续深化和完善。随着农村信息化建设的推进，将有更多相关研究成果不断涌现，服务于我国农村信息化建设实践。

参 考 文 献

[1] 周清明，李燕凌，吴松江.政府效能与行政体制[M].长沙：湖南人民出版社，2012.

[2] 符少辉, 刘纯阳.湖南农业史[M].长沙：湖南人民出版社，2012.

[3] 曾福生，李燕凌，匡远配.农村公共产品供求均衡论[M].北京：中国农业出版社，2006.

[4] 李燕凌.农村公共产品供给效率论[M].北京：中国社会科学出版社，2007.

[5] 李燕凌.县乡政府财政支农支出效率的实证分析[J].经济研究，2011（10）.

[6] 李燕凌.农村信息化公共服务中农户需求满意度研究[J].中国行政管理，2013（11）.

[7] 李燕凌.基于DEA-Tobit模型的财政支农效率分析——以湖南省为例[J].中国农村经济，2008（9）.

[8] 李燕凌.农村科技服务与管理[M].北京：高等教育出版社，2011.

[9] 李燕凌，胡扬名.发展有中国特色现代农业的对策研究[J].甘肃行政学院学报，2009（12）.

[10] 李燕凌，车卉，王薇，等."黄浦江漂浮死猪"事件应急处置实证研究[J].中国应急管理，2014（2）：15-21.

[11] 刘冰.大数据时代的应急管理变革[N].学习时报，2014-12-22.

[12] 李博，谢斌.大数据与危机决策[N].光明日报，2015-06-10.

[13] 沙勇忠.公共危机信息管理[M].北京：中国社会科学出版社，2014.

[14] 唐皇凤，陶建武.大数据时代的中国国家治理能力建设[J].探索与争鸣，2014（10）.

[15] 张云霞，范春波，刘哲.国家自然灾害灾情管理系统建设实践与思考[M].中国减灾，2013（9）.

[16] 范维澄，陈涛.国家应急平台体系建设现状与发展趋势[A].见：中国灾害防御协会选编：中国突发事件防范与快速处置优秀成果选编[C].2009-04-01.

[17] 寇江泽.国家预警信息发布中心运行[N].人民日报，2015-05-19.

[18] 《农业部关于进一步加强农业应急管理工作的意见》，2013.6.6.

[19] 《农业应急管理信息化建设总体规划（2014—2017年）》，2014-1-13.

[20] 陈宇达，汪新庆，刘艳梅.地质灾害数据共享模式研究[J].国土资源信息化，2007（2）.

[21] 陈一鸣.美国：以国家战略应对大数据时代[N].人民日报，2013-01-17.

[22] 谭泓.媒介素养教育——培养公众对传媒信息的选择能力[N].学习时报，2007-10-29.

[23] 龙晓涛.社会转型期的公共危机管理创新[N].光明日报，2014-07-13.
[24] 张小明.应急科技：大数据时代的新进展[N].光明日报，2013-10-14.
[25] 邓培军，陈一智.我国农业信息化与农村经济增长相关性研究[J].资源开发与市场，2010（26）.
[26] 邓寿鹏.中国社会主义新农村信息化发展报告：2007[M].北京：赛迪电子出版社，2008.
[27] 董晓红.信息化的经济学分析[M].北京：中国财政经济出版社，2005.
[28] 杜璟，李道亮，陈英义.我国农村信息化影响因素的关系结构分析[J].江西农业学报，2013（7）.
[29] 杜乃凡，常中威.以信息化推动现代农业建设[J].农业经济，2007（3）.
[30] 杜青林.农业信息化是构建现代农业的绿色通道[J].人民论坛，2005（10）.
[31] 丁晓云.吉林省实施万名骨干农村信息员培训计划. http: //www.moa.gov.cn/fwllm/qgxxlb/qg/201111/t20111128 2418467.htm，2011-11-28.
[32] 樊纲.公有制宏观经济理论大纲[M].北京：经济管理出版社，2007.
[33] 房崇珺，李旭辉.安徽省农村信息化体系构建影响因素分析[J].农业网络信息，2011（9）.
[34] 符福峘.信息管理学[M].北京：国防工业出版社，1995.
[35] 甘国辉，徐勇著.农业信息协同服务——理论、方法与系统[M].北京：商务印书馆，2012.
[36] 高梦滔，等.信息服务与农户收入：中国的经验证据[J].世界经济，2008（6）.
[37] 高万林.新农村信息化建设探索[M].北京：中国农业大学出版社，2011.
[38] 高伟，陶诏灵，孙胜楠.农村信息化体系及发展对策[J].现代农业科技，2007（12）.
[39] 管向群.科学发展观：当代中国的发展哲学[N].光明日报，2007-04-14.
[40] 郭婧等.农业信息化“最后一公里”问题的典型调研与分析[J].河北农业大学学报（农林教育版），2006（4）.
[41] 郭庆然.农业信息化推进农业产业化的策略研究[J].农业经济，2009（4）.
[42] 郭晓燕，王俊平.通过农业信息化解决农民增收难的问题[J].农业经济问题，2002年增刊.
[43] 郭永田.发达国家农业信息化发展实践与经验[J].农村工作通信，2011（23）.
[44] 郭永田.试论发展农村信息化[J].农业经济问题，2007（1）.
[45] 郭永田.英国农业、农村的信息化建设[J].世界农业，2013（2）.
[46] 郭永田.中国农业农村信息化发展成效与展望[J].电子政务，2012（2-3）.
[47] 郭作玉.“十一五”农业农村信息化取得四方面成就[N/OL].新华网，2011-12-22.
[48] 郭作玉.中国农村市场信息服务概论[M].北京：中国农业出版社，2005.

[49] 国家标准化管理委员会.农业标准化[M].北京：中国计量出版社，2004.
[50] 国家发展和改革委员会.农村基础设施建设发展报告（2011年）[R].2011.
[51] 国家统计局.2013中国统计摘要[M].北京：中国统计出版社，2013.
[52] 胡昌平.现代信息管理机制研究[M].武汉：武汉大学出版社，2004.
[53] 胡大平，陶飞.农村信息化建设的基本内涵及解决对策[J].科技进步与对策，2005（3）.
[54] 胡晋源.农民主体地位视角下新农村信息化建设策略研究[J].农业现代化研究，2007（9）.
[55] 胡扬名，吴松江.论行政程序设计的五维目标[J].理论探讨，2013（5）.
[56] 湖南省国家农村农业信息化示范省建设试点工作领导小组.湖南省国家农村农业信息化示范省建设实施方案[R].2011.
[57] 黄烨.我国农业信息化测度及其相关影响因素[J].河北理工大学学报（社会科学版），2010（7）.
[58] 黄志文，杨立新.中部农村信息化探索[M].北京：中国农业科学技术出版社，2009.
[59] 纪秋发.中国数字鸿沟——基于互联网接入、普及与使用的分析[M].北京：社会科学文献出版社，2010.
[60] 贾善刚.农业信息化与农业经济发展[J].农业经济问题，1999（2）.
[61] 国务院文件.国务院办公厅转发发展改革委等部门鼓励数字电视产业发展若干政策的通知（国办发〔2008〕1号），2008-1-1.
[62] 姜奇平，汪向东."五个统筹"与中国特色信息化道路[J].数量经济技术经济研究，2004，（3）.
[63] 孔祥智，等.西部地区农户禀赋对农业技术采纳的影响分析[J].经济研究，2004（12）.
[64] 赖茂生，等.信息资源开发利用基本理论研究[J].情报理论与实践，2004（5）.
[65] 李道亮.零公里的探索：基层农业信息服务体系建设研究[M].北京：中国农业出版社，2007.
[66] 李道亮.农村信息化新阶段的"最初一公里"[J].中国信息界，2008（3）.
[67] 李道亮.农村信息化与数字农业[M].北京：中国建筑工业出版社，2010.
[68] 李道亮.农业信息资源开发利用[J].中国信息界，2008（6）.
[69] 李道亮.我国农业信息化面临的新机遇与发展建议[J].山东农业科学，2013（10）.
[70] 李道亮.现代农业与农业信息化[J].中国信息界，2008（5）.
[71] 李道亮.中国农村信息化发展报告（2008）[M].北京：电子工业出版社，2008.
[72] 李道亮.中国农村信息化发展报告（2010）[M].北京：北京理工大学出版社，2011.
[73] 李道亮.中国农村信息化发展报告（2011）[M].北京：电子工业出版社，2012.

[74] 李广乾.农村信息化：政府主导公共服务[N].人民邮电报，2008-01-16.
[75] 李国亭.信息网络效应论[M].北京：国防大学出版社，2006.
[76] 李国亭，等.信息社会：数字化生存的地球村[M].北京：军事科学出版社，2003.
[77] 李荣华，柳思维.借力信息化，实现城乡和谐发展[J].中国电信业，2007（7）.
[78] 李思.基于DEA及超效率 DEA模型的农业信息化评价研究[J].湖北农业科学，2011（6）.
[79] 李习文，梁春阳，张玉梅.宁夏新农村信息化建设的基本经验与存在的问题[J].宁夏社会科学，2009（3）.
[80] 李治宇，胡志全.农村信息化与农村经济发展分析[J].农业经济问题，2010年增刊.
[81] 李松.重庆市基本建成覆盖全市的气象灾害信息员队伍[EB/OL]. http: //news.sina.com.cn/c/2009-12-06/164116726859s.shtml，2009-12-06.
[82] 湖南省应急管理办公室.湖南省基层突发事件信息员队伍建设情况[EB/OL]. http: //www.hunan.gov.cn/zwgk/yjgl/gzdt/201301/t20130108_801814.html，2012-11-28.
[83] 李琳，赵一雪.基于DEA模型的黑龙江省农业信息化效率测度[J].安徽农业科学，2012（16）.
[84] 厉以宁.经济学的伦理问题[M].上海：生活・读书・新知三联书店，1995.
[85] 李应博，乔忠，彭影，等.我国农业信息服务体系的科技人才保障机制研究[J].农业科技管理，2005（5）.
[86] 梁春阳.论农业信息服务绩效评价体系的构建[J].图书馆理论与实践，2012（9）.
[87] 梁敬东.我国新农村信息化建设现状、内涵与技术对策[J].南京农业大学学报（社会科学版），2006（9）.
[88] 林涛.论农业信息化建设的“最前一百米”问题[J].西南农业学报，2006（5）.
[89] 林万龙.经济发展水平制约下的城乡公共产品统筹供给理论分析及其现实含义[J].中国农村观察，2005（2）.
[90] 林毅夫.信息化——经济增长新源泉[J].科技与企业，2003（8）.
[91] 刘芬.信息化背景下农业旅游业发展对策研究[J].中国证券期货，2009（10）.
[92] 刘丽伟.美国农业信息化促进农业经济发展方式转变的路径研究与启示[J].农业经济，2012（7）.
[93] 刘丽伟.农业信息化与农业经济增长[M].沈阳：东北大学出版社，2009.
[94] 刘世洪，许世卫.中国农村信息化测评方法研究[J].中国农业科学，2008（4）.
[95] 刘世洪.农业信息技术与农村信息化[M].北京：中国农业科学技术出版社，2005.
[96] 刘世洪.中国农村信息化测评理论与方法研究[D].北京：中国农业科学院，2008.
[97] 刘玮，李燕凌.农业信息化服务现状的个案研究[J].科技与管理，2011（3）.
[98] 刘泽云，孙志军.计量经济学实验教程[M].北京：北京师范大学出版社，2011.

[99] 刘忠岫.试论农业信息化[J].计算机与农业，1998（4）.
[100] 卢光明.农业信息化是促进农业产业化的重要手段[J].中国管理信息化，2007（6）.
[101] 卢丽娜，于风程，范华.我国农业信息化水平测度的理论与应用研究[J].理论学刊，2010（6）.
[102] 卢泰宏，孟广均.信息资源管理专集[J].国外图书情报工作，1992（3）.
[103] 卢泰宏.国家信息化政策[M].北京：科学技术文献出版社，1993.
[104] 陆益民.加快农业农村信息化建设促进城乡统筹发展[N].学习时报，2011-11-04.
[105] 陆铭.湖北省88名优秀气象信息员喜获表彰[EB/OL]. http: //www.hb.chinanews.com/news/2011/1012/92651.html，2011-10-12.
[106] 马费成.信息资源开发与管理[M].北京：电子工业出版社，2009.
[107] 马秀霞.宁夏农村信息化现状计量研究[J].宁夏社会科学，2009（5）.
[108] 梅方权.农业信息化带动农业现代化的战略分析[J].中国农村经济，2001（12）.
[109] 缪小燕.试论我国农业信息化的发展[J].图书情报知识，2003（4）.
[110] 农业部.全国农业和农村信息化建设总体框架（2007—2015），2007-11-21.
[111] 农业部信息中心.新农村建设信息服务：农业网站发展和信息中心工作[M].中国农业出版社，2006.
[112] 庞井君.中国广播电影电视发展报告（2013）[M].北京：社会科学文献出版社，2013.
[113] 霍华德.明日的田园城市[M].上海：商务印书馆，2010.
[114] 钱学军.中国农业现代化进程中的农业信息化研究[D].北京：中国农业大学，2005.
[115] 秦向阳，潘瑜春，李瑾，等.中国农村信息化研究[M].贵阳：贵州人民出版社，2010.
[116] 邱建军.地方政府在农村信息化建设中的作用分析[J].中国信息界，2010（3）.
[117] 璩静，赵一鸿.2012年我国新闻出版业营业收入超过1.6万亿元[N/OL].新华网，2013-07-09.
[118] 石泓.中国公共财政支持现代农业发展问题研究[M].北京：中国农业出版社，2011.
[119] 宋富胜，赵邦宏，等.河北省农业信息化发展研究[M].北京：中国农业科学技术出版社，2009.
[120] 苏时鹏，郑逸芳，黄森慰.基于DEA-Tobit模型的农业科技推广服务效率研究——对福建省306个农业科技推广项目的实证分析[J].技术经济，2011（9）.
[121] 孙艳玲，等.基于DEA的西部农业网站效率评价[J].情报杂志，2009（2）.
[122] 唐启明.量化数据分析：通过社会研究检验想法[M].北京：社会科学文献出版社，2012.
[123] 涂俊，吴贵生.基于DEA-Tobit两步法的区域农业创新系统评价及分析[J].数量经济技术经济研究，2006（4）.
[124] 万学道.农村信息员培训教材[M].北京：中国林业出版社，2010.

[125] 汪礼俊，初蕾.浅析新农村建设过程中信息化的战略、模式及文化意义[J].中国软科学，2007（12）.

[126] 王飞，刘奕湛.广播电视村村通工程已覆盖全部行政村和20户以上通电自然村[N/OL].新华社，2012-10-24.

[127] 王雪，丁宝富.国家信息化正在走向以信息资源开发利用为核心的新阶段——国务院信息化工作办公室推广应用组董宝青副司长访谈[J].中国传媒科技，2006（1）.

[125] 王恒玉.甘肃农业信息基础设施建设问题研究[J].开发研究，2005（3）.

[129] 王来等.农村信息化发展“最后一公里”问题浅议[J].农业科技管理，2011（3）.

[130] 王绍峰，施韶亭.农村信息化政府主导推动模式绩效评价[J].甘肃科技，2012（7）.

[131] 王松梅.我国农村信息化建设存在的问题及对策[J].理论导刊，2007（10）.

[132] 王文强.以信息化促进中国农业产业化发展[J].世界农业，2003（3）.

[133] 王艳霞.中国农业信息服务系统构建与评价研究[M].北京：中国农业出版社，2008.

[134] 王玉洁.新农村文化建设与信息资源开发[M].北京：金盾出版社，2010.

[135] 王玉珍.我国农村信息化建设存在的问题及对策研究[J].农业网络信息，2005（9）.

[136] 王正瑄.农村信息化知识读本[M].哈尔滨：哈尔滨地图出版社，2008.

[137] 魏权龄.评价相对有效性的数据包络分析模型——DEA和网络DEA[M].北京：中国人民大学出版社，2012.

[138] 温铁军.政府退出之后的农村信息化问题[J].华夏星火，2007（7）.

[139] 乌家培.信息资源与信息经济学[J].经济学动态，2006（2）.

[140] 吴宝华.我国农业信息化发展的战略构想[J].计算机与农业，2001（11）.

[141] 吴炳科，饶珠阳.加强信息员队伍建设，推进广西农业农村信息化与现代农业发展[N/OL].人民网，2013-01-08.

[142] 吴元升，等.我国农村信息资源开发与利用存在的问题及对策[J].现代农业科技，2011（1）.

[143] 习近平.之江新语[M].杭州：浙江人民出版社，2007.

[144] 谢方，等.农业信息到户“最后一公里”问题探讨[J].西北农林科技大学学报（社会科学版），2005（4）.

[145] 徐丽敏，等.试论农业信息化与农业现代化[J].农业经济，2002（10）.

[146] 许大明，修春亮，王新越.信息化对城乡一体化进程的影响及对策[J].经济地理，2004（3）.

[147] 杨伯坚.2004—2008年中国财政农业支出效率的实证分析——基于省际面板数据的DEA-Tobit两步法[J].财政研究，2012（3）.

[148] 杨成洲，余璇，何树燕.对加快我国农业和农村信息化建设的整体思考[J].农业经济，2009（3）.

[149] 杨诚，蒋志华.我国农村信息化评价指标体系构建[J].情报杂志，2009（2）.

[150] 杨熹连.农村信息化建设的思考[J].情报科学，2009（6）.
[151] 杨晓蓉，王文生，姜丽华.中国农村信息化建设的思考[J].世界农业，2008（3）.
[152] 杨艺，刘雅文.韩国农业信息化发展的特点及启示[J].经济纵横，2007（7）.
[153] 杨印生，赵罡.基于DEA的吉林省农业信息化系统投入产出效率测度[J].现代情报，2008（4）.
[154] 杨永燕. 卫生应急信息系统建设重要维度："平战结合"[EB/OL]. 中国数字医疗网，2014-07-17.
[155] 宋国梵. 卫生应急信息系统启动建设[N]. 解放日报，2006-09-30.
[156] 代群. 安徽建成突发公共卫生事件应急指挥与决策系统[EB/OL]. 新华网，2008-11-2.
[157] 闻英奇. 全省突发公共卫生事件应急指挥系统实现省市县互通[N]. 华商晨报，2015-07-29.
[158] 民政部国家减灾中心. 民政部部署推广使用移动报灾APP应用软件工作[EB/OL]. 2015-05-20.
[159] 叶继元.信息组织[M].北京：电子工业出版社，2010.
[160] 于淑敏，朱玉春.农业信息化水平的测度及其与农业全要素生产率的关系[J].山东农业大学学报（社会科学版），2011（3）.
[161] 俞慧友.湖南："无线三网融合"给力农村信息化建设[N].北京：科技日报，2012-08-14.
[162] 俞慧友，任彬彬.湖南"三网融合"服务农村信息化[N].科技日报，2012-10-01.
[163] 俞乔，童晓渝.信息化与农村发展——基于四川联通"天府信息网"的实证研究[M].北京：人民邮电出版社，2008.
[164] 张贺.60万农家书屋基本覆盖所有行政村[N].人民日报，2012-09-28.
[165] 张红胜.我国新农村信息化建设的问题与对策探讨[J].中共四川省委省级机关党校学报，2008（1）.
[166] 张鸿，等.农村信息化对农业经济增长的影响[J].统计与决策，2008（1）.
[167] 张家麟，等.论农村信息化建设与我国农村可持续发展[J].农业科技管理，2006（2）.
[168] 张晶，等.我国农业信息资源开发问题探析[J].农业图书情报学刊，2009（11）.
[169] 张珺，李立清，周华兰.加强农业信息化建设，促进农业的可持续发展[J].农业网络信息，2006（1）.
[170] 张雷，许云华，郑霞.论农业信息化对我国农业产业化的影响[J].现代农业科技，2009（8）.
[171] 张立新.试论农业和农村信息化建设[J].农业经济，2011（2）.
[172] 张少明，李习文，梁春阳.从试点到示范的跨越——宁夏新农村信息化实践与理论探索[M].银川：宁夏人民出版社，2009.
[173] 张维迎.中国电子政务发展报告 2010年[M].北京：北京大学出版社，2011.

[174] 张新红，于凤霞，唐斯斯.中国农村信息化需求调查研究报告[J].电子政务，2013（2）.
[175] 张新红.信息改变中国[M].北京：新华出版社，2009.
[176] 张玉香.农业信息化理论与实践[M].北京：中国农业出版社，2005.
[177] 张忠德.美、日、韩农业和农村信息化建设的经验及启示[J].科技管理研究，2009（10）.
[178] 赵保佑.依托信息化推进城乡经济协调发展[J].中州学刊，2008（3）.
[179] 赵苹.步入21世纪的农业信息化信息资源开发理论探讨[M].北京：经济科学出版社，2000.
[180] 郑京平，杨京英.中国信息化评价与比较研究[M].北京：中国统计出版社，2005.
[181] 中国出版科学研究所《全国国民阅读与购买货向抽样调查报告》课题组.2004年全国国民阅读与购买倾向抽样调查报告[EB/OL].http：//news.xinhuanet.com/book/2005-02/25/content_2618050.htm.
[182] 中国工程院信息与电子工程学部.中国信息化持续发展战略研究[M].北京：科学技术文献出版社，2007.
[183] 中华人民共和国商务部.中国电子商务报告（2012）[M].北京：清华大学出版社，2013.
[184] 《中国信息安全》编辑部. 世界主要国家的大数据战略和行动[J].中国信息安全，2015（5）.
[185] 姚燕清. 政策频出大数据产业步入快速发展期[N]. 上海证券报，2015-07-23.
[186] 周宏仁，徐愈中国信息化形势分析与预测（2012）[M].北京：社会科学文献出版社，2012.
[187] 周宏仁.信息化论[M].北京：人民出版社，2008.
[188] 周宏仁.信息化与“三农”问题研究[J].电子政务，2006（1）.
[189] 朱红.信息资源管理导论[M].北京：国防工业出版社，2006.
[190] 朱虹.农家书屋工程提前三年完成任务[N].人民日报，2012-9-28.
[191] 朱金周.以信息化带动新农村建设的思考[N].人民邮电，2007-06-27.
[192] 朱启贵，李建阳.信息化：可持续发展之路[M].北京：中国经济出版社，2005.
[193] 钟义信.信息化：现代生产力的呼唤——兼评现代通信技术[J].电子展望与决策，1995（4）.
[194] 白桂清.新农村信息化建设模式与对策研究[J].情报科学，2010（7）.
[195] 白硕.论农业信息化与农民增收[J].农村经济，2003（6）.
[196] 包萨日娜.中日农业信息化的比较研究——以农业信息化政策，互联网和手机在农业中的应用为例[J].中国农业信息，2011（7）.

[197] 北京市农林科学院农业科技信息研究所.农村信息化理论与实践[M].北京.中国农业科学技术出版社，2010.

[198] 北京邮电大学三网融合研究所.三网融合受制于产业隔阂　亟需明确配套法律政策[N].通信信息报，2011-4-6.

[199] 蔡东宏.热带农业信息化[M].北京：中国农业出版社，2007.

[200] 常青.网络农业科技信息资源的开发与利用[M].长沙：湖南人民出版社，2008.

[201] 陈力，周洪成.电信运营商挺进农村市场的途径探析[J].中国管理信息化，2007（9）.

[202] 陈立平.农村信息服务途径和模式研究[D].北京：中国农业科学院，2006.

[203] 陈晓华.推进农业信息化促进现代农业发展[J].农村工作通信，2010（12）.

[204] 陈晓春，胡扬名.建设以公共利益为导向的服务型政府[N].光明日报，2005-04-13.

[205] 陈仲常，张峥.我国地方政府公共财政支出效率的影响因素分析——基于DEA-Tobit模型的实证研究[J].南京财经大学学报，2011（5）.

[206] 程海梅.论大学生村官带动农村信息服务的路径选择[J].中共桂林市委党校学报，2011（1）.

[207] 崔保国.信息社会的理论与模式[M].北京：高等教育出版社，1999.

[208] 崔岩.农业信息化组织体系研究[M].杨凌：西北农林科技大学出版社，2007.

[209] 党跃武，谭祥金.信息管理导论[M].北京：高等教育出版社，2006.

[210] 丁晓云.2013年吉林省骨干农村信息员培训计划启动实施[EB/OL].http: //www.agri.gov.cn/V20/ZX/qgxxlb_1/jl/201308/t20130805_3548169.htm，2013-08-05.

[211] 刘杰.新农村信息员培训开始[EB/OL].http: //news.sina.com.cn/c/2007-03-30/044211526772s.shtml，2007-03-30.

[212] 邓大海.长沙市举办农村气象信息服务站信息员培训班[EB/OL].http: //www.hnqx.gov.cn/，2011-6-24.

[213] 郑子勇.2011年耒阳市农村党员教育信息员培训班开班[EB/OL].http: //www.hnleader.gov.cn/Index/City/ViewCityNews/?NewsID=3778，2011-11-14.

[214] 湖南衡阳市农村党建网格化管理信息员培训班开班，http: //www.hnredstar.gov.cn/djdt/t20130717_428810.html，2013-07-19.

[215] 湖南省科技信息研究所.湖南省国家农村农业信息化示范省基层信息站点信息员郴州专场培训班成功举办[EB/OL].http: //www.hnst.gov.cn/kjdt/hnkjkx/201307/t20130718_328402.htm，2013-07-18.

[216] 大公网.救灾物资分配：相距10公里待遇大不同[EB/OL].http: //news.takungpao.com/mainland/focus/2013-04/15719 04.html，2013-04-25.

[217] 阿瑟·奥肯.平等与效率[M].北京：华夏出版社，1987.

[218] 埃弗雷特.M.罗杰斯.创新的扩散[M].北京：中央编译出版社，2002.
[219] 彼得・德鲁克（PeterF.Drucker）.后资本主义社会[M].张星岩，译，上海：上海译文出版社，1998.
[220] 卡尔・马克思.政治经济学批判[M].上海：群益出版社，1950.
[221] 柯克・约翰.电视与乡村社会变迁——对印度两个村庄的民族志调查[M].北京：中国人民大学出版社，2005.
[222] 肯尼迪.计量经济学指南[M].北京：中国人民大学出版社，2010.
[223] 列宁.列宁全集（第40卷）[M].北京：人民出版社，1959.
[224] 马克思，恩格斯.马克思恩格斯选集（第4卷）[M].北京：人民出版社，1995.
[225] 曼昆.经济学原理（原书第5版・上册）[M].梁小民，译.北京：北京大学出版社，2005.
[226] 萨缪尔森.经济学[M].北京：中国发展出版社，1992.
[227] 塞缪尔・亨廷顿.变化社会中的政治秩序[M].上海：三联书店，1989.
[228] 申农（C.E.Shannon）.通信的数学理论[M].上海：上海译文出版社，1979.
[229] 斯蒂格利茨.信息经济学: 应用[M].北京：中国金融出版社，2009.
[230] 威・约・马丁.信息社会[M].胡昌平，译.武汉：武汉大学出版社，1992.
[231] 韦里克，孔茨.管理学：全球化与创业视角[M].北京：经济科学出版社，2011.
[232] 维纳.控制论：或关于在动物和机器中控制和通信的科学[M].郝季仁，译.北京：北京大学出版社，2007.
[233] 西奥多・W・舒尔茨.改造传统农业[M].北京：商务印书馆，2011.
[234] 夏・贝尔泰，符・梅古罗夫.信息管理[M].庄维泽，译.北京：新华出版社，1989.
[235] 伊藤阳一.日本信息化概念与研究的历史[J].李京文，等，译.信息化与经济发展[M].北京：社会科学文献出版社，1994.
[236] 约翰・奈斯比特.大趋势——改变我们生活的十个新方向[M].梅艳，译.北京：中国社会科学出版社，1984.
[237] 那什.农村互联网市场逐渐被唤醒[J].人民邮电，2013-07-22.
[238] Anthony G. Oettinger. Information Resources：Knowledge and Power in the 21st Century.Harvard University，Program on Information Resources Policy，Center for Information Policy Research，1981：8.
[239] Boulding，K. E.（1966）.The economics of knowledge and the knowledge of economics. American Economic Review，56，1-13.
[240] B.S.Blackmore，“An Introduction of Precision Farming”，Outlook on Agriculture，Vol.23，No.4，1994.
[241] Claude Shannon.“The Mathematical Theory of Communication”，Bell Systems Technical Journal，July and October，1948.

[242] Daniel Bell，The Coming of Post-Industrial Society，New York，Basic Books，1976.

[243] Dertouzos，Michael（1997） What Will Be：How the New Information Marketplace will Change our Lives. San Francisco，CA：Harper.

[244] DFID（2004）Public Information Note：Drivers of Change.http：//139.184.194.47/docs/open/DOC59.pdf,（accessed 21 February 2011）.

[245] Forest W.Horton.Information Resources Management：Englewood Cliffs. New Jersey：Prentice-Hall，Jhc.，1985.

[246] Friz Machlup，The Production and Distribution of Knowledge in the United States，Princeton，NJ：Princeton University Press，1962.

[247] George Berkley & John Rouse（1991）.The Craft of Public Administration（fifth edition），Wm.C.Brown Publishers，at35.

[248] Gigler，Bjorn-Soren，‘Empowerment through the Internet：Opportunities and Challenges for Indigenous Peoples’，(November 17，2004）.

[249] GlennH.Sulliva，WilliamJ.Ooms，Gerald E.Wileox.An Expert System for Integrated production Management in Muskmelon.HORT SCIENCE，1992，27（4）：305-307.

[250] Hall，K.（1981）. The economic nature of information. The Information Society，1，143-166.

[251] Hegenbart，B.（1998）. The economics of the Internet public library. Library Hi-Tech，16，69-83.

[252] History of Technology Homepage. History of the Information Revolution and Communications Technology Timeline，Web document. http：//www.geocities.com/Athens/Acropolis/6461/COMM.HTM.

[253] Hollifield C.A.;Donnermeyer J.F.Creating demand：influencing information techn-ology diffusion in rural communities，Government Information Quarterly，Volume 20，Number 2，May2003，pp. 135-150（16） Publish- er：Elsevier.

[254] Holt D.A，Sonka.S T.Virtual，agriculture：Developing and transferring agricultural technology in the 21st century [EB/OL].http：//www.agr.uiuc.edu/virtag 1.html，2003.

[255] Ivar Tallo.爱沙尼亚的公共政策经验：如何克服数字鸿沟？[R].“首届中欧信息社会项目论坛”，昆明，2007年2月.

[256] James Love.Pricing Government information Journal of Government Informatio-n. 1995.363~387.

[257] James Tobin. Estimation of relationships for limited dependent variables[J]. The Econometric Society，Vol. 26，No.1（Jan.，1958），pp. 24-36.

[258] K.A.Stroetmann.Information Management for Information Service Economic Challege for the 90s. Berlin：Deauteches Bibliothekeinstiut，1992.

[259] Kerry McNamara.Role of Information and Communication Technology in Support of Poverty Alleviation Policies for Rural Populations—AGRI-ICT Project Report（Working Paper 76），UNESCAP-CAPSA，Centre for Alleviation of Poverty through Secondary Crops' Development in Asia and the Pacific，Bogor，Indonesia.

[260] Lamberton，D.（1998）. Information economics：Research strategies. International Journal of Social Economics，25，338-356.

[261] Marianne Broadbent.Information Management and Educational Pluralism，Education for Information，1984.

[262] M.A.Tomaszewskia.Determining farm effects attributable to the introduction and use of adairy management information system in the Netherlands.Agricultural Eco.

[263] Neil Couch, Bill Robins, Big Data for Defence and Security[EB/OL]. https: //www.rusi.org/downloads /assets / RUSI _ BIG DATA _Report_2013.pdf.

[264] Peter Otto and Philipp Sonntag，Wege in die Informations gesells chaft，Muchen，dtv，1985.

[265] R. D. Banker，A. Charnes and W. W. Cooper. Some Models for Estimating Technical and Scale Inefficiencies in Data Envelopment Analysis[J]. Management Science，Vol. 30，No. 9（Sep.，1984），pp. 1078-1092.

[266] Rober P.C，Rust，R.H.etc.Precision Agriculture. ASA-CSSA-SSSA, 2009.

[267] Robin Mansell and Uta When，Knowledge Societies：Information Technology for Sustainable Development，Oxford University Press，1998.

[268] S.R.Harrison.Electronic and Management Information in Agriculture[J]. Prometheus，1986（4）：344-365.

[269] ShiPP JL.Clarlce ND，Jarvis WR.Expert system for integrated crop management of green house cucumber.Bulletin——OILB——SROP，1992，16（2）：149-152.

[270] The National Information Infrastructure： Keeping Rural Values and Purposes in Mind [EB/OL]. http：//www.eric.ed.gov，2007-01-20.

[271] Takeshi Amemiya.Tobit models：a survey[J]. Journal of Econometrics，1984，（24）：3-61.

[272] Tim Coelli. A multi-stage methodology for the solution of orientated DEA models [J]. Operations Research Letters，Volume 23，Issues 3-5，（Oct.，1998），pp.143-149.

[273] Tanja Kirjavainen. Efficiency differences of finish senior secondary schools： An application of DEA and Tobit analysis[J]. Economics of Education Review. Volume 17，Issue 4，（Oct.，1998），pp. 377-394.

[274] Vilfredo Pareto. Manual of Political Economy[M]. Augustus M. Kelley，1971.

[275] Watcharasriroj B，Tang，John C S. The effects of size and information technology on hospital efficiency[J]. Journal of High Technology Management Research. 2005（15）：1-16.

[276] W.J.Martin.The Information Society.London：Aslib，1988.

后记

本书以我的博士学位论文为基础，经过博士毕业后长达两年多时间的深化研究并作了大量修改完成的。本书终于付梓，与老师、学界前辈的悉心指导，同学朋友的无私帮助和亲人的全力支持密不可分。

湖南农业大学公共管理与法学学院院长、博士生导师李燕凌教授既是我学业上的恩师，也是生活和工作中的楷模。李老师广阔的学术视野、严谨的治学态度及诲人不倦的师者风范令我如沐春风。李老师在工作、学习和生活方面给予了我全方位的关心、关怀和鞭策。在工作上，李老师忘我的工作精神令我敬佩不已，也常常激励我不断前行；在学习上，不管是课堂授课，还是撰写学术论文及申报课题标书，李老师都给了我莫大的帮助，李老师的每一次指导都给我一种“豁然开朗”、“柳暗花明又一村”的感觉。李老师无疑是一名“严师”，对弟子们常以鞭策，正是这种鞭策，催促着我不断进步。纸短情长，难以言尽，一言以蔽之：感谢！同时，我还要深深地感谢师母李立清教授。李立清教授有自己的博士、硕士研究生指导任务，学术事务繁多，但她从未因此而放弃对我这样一位在定量研究方法上的“门外汉”不厌其烦的指导。师母诲人不倦、淡泊名利、潜心治学、忍辱负重的良师品格，常令我感动，亦使得自己的成长受益匪浅！

回顾自己在农村信息化问题研究这一领域内的研究过程，我还要由衷感谢周清明教授、符少辉研究员、杨治平副厅长等老师和领导。正是他们中肯的批评、精辟的评论，方使得我在学术研究上少走了许多弯路。我的研究工作不仅融入导师李燕凌教授的大团队，得到吴松江、贺林波、熊春林、刘玮等博士同学的大力支持，而且在导师的带领下深入实践进行了丰富的调查研究，得到湖南省科技厅信息化情报研究所领导、湖南省农业厅市场信息处张琼英副处长、湖南省科技厅周晓迅副处长、湖南农业大学信息科学院沈岳院长、刘波博士及安乡县科技局、湘北集团、湘北水产养殖农民专业合作社、桑植县政府、龙山县委、汝城县政府等相关单位及领导同志的大力支持。

华中农业大学陶建平教授、西北农林科技大学王礼力教授、王征兵教授、北京林业大学吴保国教授、武刚教授对本书提出了非常宝贵的意见。博士生导师、湖南农业大学副校长方逵教授、科技处处长陈光辉教授对本著作的研究工作给予了悉心指导和大力支持！湖南农业大学研究生院、公共管理与法学学院的领导和老师们，给予了我学习和工作上的关照并提供诸多方便，在此一并表示衷心感谢！

博士毕业又有两年，人过而立，感慨万千。如果没有大学期间彭国甫、颜佳华、成志刚等一批良师的栽培，我何以能够步入公共管理学界。如果没有硕士研究生导师陈晓春先生的指导，我何以能够圆满完成学业并打下今天从事研究工作的基础。我还要感谢我的妻子胡赞医师，她处于“救死扶伤”的一线，业务工作十分繁忙，我因工作、学习任务繁重，很少给她分担家务、分担忧愁，她少有怨言，给予了我最大的包容，在我遇到瓶颈和困难而情绪低落时还经常给我鼓励和支持，这最温柔的支持也是我最坚强的动力。本书的成书过程正是小儿胡芮铭从呱呱坠地到咿呀学语之时，小儿的日益成长给我带来了莫大的欣喜，也给我枯燥的写作时光带来慰藉，给我以不断进行下去的动力，感谢上天赐予的小天使！此外，还要感谢我的父母、岳父母及兄弟姐妹的支持和关心。

本书是国家社科基金重大委托项目“突发性动物疫情公共危机演化机理及应急公共政策研究”（11&ZD171）、国家社科基金项目“基于双层效率评价的农村公共产品与服务供给模式研究”（13CGL084）的阶段性成果，并得到了湖南省高校科技创新团队“农村公共危机演化机理与防控政策”、湖南农业大学公共管理“十二五”省级重点学科的资助。最后还要衷心感谢北京理工大学出版社的编辑老师对本书的最后校对和精心设计。在此一并感谢。

胡扬名

2015.11